JN411549

진료실에서 벌어지는 에피소드를 통한 삶의 진솔한 이야기

최용현 지음

명문출판사

글쓴이의 말

치과신문에 3개월만 쓰기로 했던 '진료실에서 본 환자 심리이야기' 란 칼럼을 4년 가까이 써오면서 벌써 두 번째 책이 출간되는 것에 감회가 새롭습니다. 글을 일주일에 한 번씩 쓰는 것이 어렵기보다는 누군가가 나의 글을 읽는다는 것에 두려움이 있었습니다. 행여 누군가에게 상처가 되지 말아야 한다는 생각에 쓴 것을 지우고 다시 고치고 하였습니다. 일상생활에서의 힘든 일, 어려운 일, 억울한 일에 대한 하소연에서 출발하였던 글이 시간이 지나면서 그 원인을 찾아보니 결국에는 세상에 대한 배려하는 마음과 사람들에 대한 존중하는 마음의 부족이었다는 생각으로 귀결되어갔습니다.

세상은 침묵하는 다수보다 말이 많은 소수의 편인 듯합니다. 이런 세상을 향하여 '그건 아니다' 라고 말하고 싶은 것도 많지만 일개 치과의사의 생각은 무슨 말을 하여도 항상 다수에 묻혀버리고 마는 군중 속에 한 명일 뿐이었습니다. 하지만 그 누군가의 공감을 얻을 수 있다면 바위를 뚫는 낙숫물의 한 방울의 역할을 할 것이라는 믿음이 있습니다.

4년간 글을 쓰면서 나름대로 사건의 원인과 결과를 분석하는 과정에서 자신을 돌아보고 반성할 수 있는 계기가 된 것에 감사합니다. 지금 생각해보면 누군가에게 보이기 위한 글이었다기보다는 나 스스로의 세상을 보고 느끼며 생각과 사상을 정립했던 시간이었다고 생각됩니다. 더불어 의과 공부를 하여 문과적인 사고가 적었던 필자에게 이 기간 동안 인문학적인 소양과 역사관을 적립하는 기회가 되었기에 감사합니다. 이 책의 소재는 비록 치과라는 장소에서 벌어지는 에피소드이지만 결국 사람이 사람을 만나며 나타나는 일들이라서 생업에 종사하는 이들이 겪은 일입니다. 더불어 누군가 한명이라고도 이 글을 통하여 사회의 현장에서 겪는 어려움에 좌절하지 않고 조그만 위로라도 되었으면 하는 바램입니다. 끝으로 저의 생각과 철학에 도움을 주신 여러 선생님들과 항상 마감을 정리해주시는 치과신문의 김영희 기자님 그리고 치과신문 편집부와 책을 출판해주신 명문출판사의 사장님과 임직원 모두에게 고마움을 전합니다. 끝으로 글을 읽고 수정해주신 임수경 실장과 가족들에게 고마움을 글로나마 전달하는 바입니다.

사람을 존중하고 세상을 배려한다면 더불어 행복할 수 있다는 생각에 모두에게 희망을 걸어봅니다. 항상 행복하시길 기원합니다.

갑오년 정월

霄智評 최용현

Ⅰ. 존중
-치경에 비친 사람 이야기

Ⅱ. 배려
-치경에 비친 세상이야기

Ⅲ. 힐링

- 배려와 존중으로 본 병원이야기

첫번째 이야기

Ⅰ. 존중

– 치경에 비친 사람 이야기

치과신문 제573호

배려보다 아름다운 존중

갑오년 새해가 시작되었다. 새해엔 모두가 행복하고 편하기를 기원한다. 언제부터인가 행복이 삶의 화두가 되었기에 항상 행복하길 기원하는 것이 버릇이 되었다. 자기 전과 눈을 뜨자마자 모두가 행복하길 기원한다. 물론 크게는 세계의 경제가 어렵고 인접 국가들 간의 알력이 쉽지 않고 북한문제도 그러하다. 이런 조건은 한반도에 사는 우리 모두에게 해당되는 어려운 환경이다.

사회의 경제적 어려움이 자영업에 가장 크게 나타나니 치과를 포함한 모든 자영업이 힘든 것이 현실이다. 작게는 개개인에게 수많은 어려움이 있다. 경제적으로나 건강으로나 심적으로 수없이 많은 일들이 있다.

이런 많은 일들을 누르고 이 시대에 행복을 느끼는 것은 어쩌면 기적과도 같은 어려운 일이 아닐 수 없다.

하지만 뒤돌아보면 인류가 탄생하고 어느 한때라도 그렇지 않은 적이 있었나를 반문하여 본다. 2000년 전에 '사기'를 집필한 사마천 또한 정직하고 착한 백이와 숙제는 굶어서 죽고 욕심 많은 악인들이 권력과 권세로 잘 먹고 잘 사는 세상에 대하여 한탄하며 그 문제를 고뇌하였다. 그리고 책 속에 인간과 역사의 모순을 기록하여, 그 또한 자연의 한 모습임을 가르쳐주었다. 그 후 2000년이 지났건만 인간의 삶의 형태는 그 때와 한치의 변함없이 똑같이 살고 있다. 결국 인간들이 사회를 결성하고 각자의 욕심에 따라 사는 이상에 행복한 환경이란 주어지지 않는 것은 당연한 일이다.

행복한 환경이란 예전부터 극소수에게만 주어지는 우연적 필연이었다. 따라서 대다수에게 행복이란 스스로 개척하고 만들어가야 하는 길인 것이다. 이에 성인들은 행복의 조건을 외부가 아닌 내면의 마음에서 찾았다. 심지어 러셀은 '행복의 정복'에서 반어적으로 행복을 정복해야 할 대상으로 말하고 그냥은 주어지지 않기에 적극적인 노력을 요구하였다. 프롬이 사랑에도 기술이 필요하다고 하였듯이 행복을 위하여 노력이 필요하다. 이런 노력들은 개인뿐만 아니라 사회도 하나의 생명체이기에 사회에서도 필요하다.

몇 년 전에는 '배려'라는 책이 베스트셀러가 됐었다. 그리고 지난해에는 '힐링'이 사회적인 화두였다. 개인이든 사회든 생명력을 지닌 것은 모두 행복을 위하여 진행되어야 하는 필연적 사명을 지니고 있다. 그리고 이렇게 진행되어 가는 것을 우리는 '역사적 흐름'이라고도 하고 '역사의 발전'이라고 한다. 이를 필자는 '역사의 진화'라고 표현하기를 좋아한다.

지난해에 개인적으로나 사회적인 힐링이 시작되었다면 새해는 그것의 완성을 위하여 노력해야 할 때이다. 과거의 '배려'라는 단어에는 왠지 배려하는 자의 여유가 느껴진다. 하지만 이 시대에는 모두가 어려워서 여유가 있는 자들만의 노력뿐만 아니라 모든 이들이 다 같이 행하고 공유하여야 하기에 '존중'이 더 필요하고 절실하다. 남녀노소를 막론하고 모든 이들에 대한 존중이 결국 그들의 힐링을 도와주고 빠르게 치유하여 줄 것이다. 더불어 나 또한 존중받음으로써 삶의 가치를 깨달을 수 있을 것이다. 가까이는 자식을, 아내를, 남편을, 부모 그리고 나아가서는 환자뿐만 아니라 만나는 모든 이를 존중해 줄 수 있다면 그들의 치유에 도움이 된다.

새해가 시작되면 항상 많은 다짐을 한다. 담배를 끊고, 운동을 하고, 어학을 하는 등 많은 계획을 세우고 다짐을 한다. 필자도 다짐을 하여본다. 우선 새해의 다짐(decision)이 시간의 흐름에 따라 다 짐(load)이 되고 결국 나중에는 다~짐(fail)이 되지 않으면 좋겠다. 새해에는 누구든지 존중받는 사회였으면 좋겠다. 그리고 모두가 만나는 모든 이들을 존중하였으면 좋겠다. 나 또한 환자뿐만 아니라 만나는 모든 이들을 가식 없이 존중하였으면 좋겠다.

배려를 넘어 힐링을 지나 이젠 존중이 필요한 때이다.

치과신문 제572호

멈추고 싶은 자전거의 꿈

항상 그러듯이 '다사다난' 한 해가 지나간다. 그러고 보면 필자가 사회생활을 시작한 이후부터 한번이라도 '다사다난' 이란 말을 안 들어 본 적이 없는 듯하다. 항상 매해가 다사하고 다난하였건만 올해의 '다사다난' 는 유독 심한듯하다. 동대문시장에서는 건국 이래 처음 겪는 불황이란 말도 나온다고 하니 말이나.

올해의 테마는 '힐링' 이었다. 모두가 힘들고 지치다보니 '힐링' 이란 말이 화두가 되었고 그것은 이 해의 마지막에 "안녕하십니까" 라는 모 대학 벽에 붙은 대자보에 실린 글귀 한마디가 모두의 가슴에 울렸다. 어느 누구 하나 안녕하지 못하였기 때문이다. '안녕' 이란 말로부터 자유롭지 못하였기 때문이다. 사실 '안녕하세요' 란 인사말은 역사적으로 가난하고 먹을 것이 없던 시절에 하룻밤을 자고 나면 죽는 이들이 많았다. 그래서 '지난밤 죽지 않고 살아있었습니까?' 란 의미였다. 그리고 죽지 않고 살아났는데 밥은 먹었는지를 물어서 '식사하셨는지요?' 를 묻는 것이 인사말이 된 것이다. 이렇듯이 안녕이란 역사적으로 아픔이 있는 단어가 다시 모두의 가슴에 이 시대의 어려운 상황을 대변하는 단어로 떠오른 것이다. 결국 지금의 현실이 그 만큼 아프고 시리다는 것을 보여주는 한 단면이다.

시대가 이렇게 아프다보니 혜민스님이 쓰신 '멈추면 비로소 보이는 것들' 이란 책도 베스트셀러가 되고 스님 또한 유명한 연자가 되셨다. 너무나도 좋은 이야기가 많다. 더불어 필자는 그 책을 볼 때 요즘 어느 케이블방송에서 제작한 '나는 자연인이다' 라는 방송이 생각난다. 한 개그맨이 산속에 자연과 더불어 살고 있는 사람들을 찾아서 며칠을 지내는 이야기이다. 그 방송을 볼 때마다 부러움이 몰려온다. 인간 속에서 부대끼지 않으며 자연 속에서 평안하게 사는 삶 말이다. 자연 속의 한 존재로서 사는 삶 말이다. 그리고 왜 그 방송이 사람들에게 인기가 있는지를 생각해본다. 대다수의 사람들은 책에서 처럼 멈추어 본 적이 없다. 그러기에 멈추면 보이는 것을 보지 못하고 지나친 것이다.

필자는 멈추어 보려고 참으로 많은 노력을 해보았다. 하지만 매번 깨닫는 것은 멈출 수 없다는 것이었다. 마치 우리의 삶은 멈추면 쓰러지는 자전거와 같다는 것을 알게 되었다. 결국 우리가 멈출 수 있는 때는 목적지에 도달하거나 아니면 자전거가 고장이 났을 때이다.

또 하나 있다면 아마도 자전거를 포기하고 걷는 것을 선택할 때이다. 하지만 갈 길이 먼 사람들에게 자전거의 포기는 너무도 잔인한 일이 될 수도 있다. 필자도 '나도 자연인이다' 방송을 볼 때마다 현실을 떠나 자연 속에서 살고 있는 환상 속에 접하곤 한다. 그러나 현실로 돌아오면 운영해야 할 병원, 달마다 찾아오는 결재날, 공부하는 아이들 그리고 매일 만나야 하는 환자들이 기다리고 있다. 물론 한 선배님이 말씀하신 '치과의사는 정년퇴직 없이 나이가 들어서도 일을 할 수 있기에 너무도 감사한다' 는 말에도 충분히 공감은 하지만 항상 반복되는 생활은 멈출 수 없는 자전거와 같다는 생각 또한 멈추지 않는다. 아마도 모두가 그런 마음이었기에 그 책이 베스트셀러가 되고 '안녕하십니까' 라는 대학의 한 대자보가 내용과 무관하게 그 문구 하나만으로 모두의 마음을 울렸을 것이다. 이 시대를 사는 대다수의 모든 사람이 비슷할 것이다.

그리고 도달할 목적지라도 있으면 밟는 페달에 희망이라도 있을 터이지만 목적지마저 없이 단지 쓰러질 수 없기 때문에 구르는 페달이라면 그 다리의 무게는 천근만근일 것이다.

이제 며칠 남지 않은 계사년을 지나면서 올해는 유난히도 모두가 힘든 한 해였다는 생각이다. 새로이 오는 갑오년은 모두가 평온하길 기원해 본다. 오늘따라 시인 고은님의 "내려갈 때 보았네, 올라갈 때 못 본, 그 꽃"이란 시가 더욱 가슴에 와 닿는다.

치과신문 제471호

빠름과 느림의 미학

스마트폰이 울려서 받아보니 뉴질랜드에 있는 지인의 이름이 뜬다. 반가운 마음에 받았는데 내용은 편하지 않은 사연이었다. 뉴질랜드에 아이가 공부하러 간지 3년 정도 되는 분이었다. 지금 12학년인 아들이 학교에서 선생님과 언쟁을 하고 교실을 박차고 나오면서 분에 못 이겨서 화단에 있는 조각물을 발로 차서 약간 쓰러졌는데 학교 측에서는 징계위원회를 열겠다는 내용이었다.

필자의 아이들이 오랜 세월 유학을 해서 조언을 듣고 싶어 전화가 온 것이었다. 외국에서 12학년은 우리나라의 고3이다. 한국과 마찬가지로 많은 스트레스를 받는 것은 매한가지이다. 학교에서 많은 사건 사고가 발생하는 것 또한 같다. 다만 외국이란 특성상 폭력적인 것에 대한 배려가 우리보다는 많지 않다는 것이다.

이야기의 내용인즉, 학교에서는 한국으로 돌아갈지, 그곳에서 전학할지를 선택하라는데 졸업을 6개월 앞두고서 너무 억울하다는 내용이었다. 이에 필자는 어머니는 아이에게 뭐라고 말했냐고 물었다. 어머니는 아들이 마지막 6개월을 못 참은 것이 화가 나고 아쉬워서 야단을 치셨단다. 그런데 어머니의 이야기를 듣는 동안 내내 아이에 대한 이야기는 없었다. 아이가 왜 그랬는지, 아이를 어떻게 위로해야 하는지도 없었다. 다만 그동안 고생한 것과 향후 잃어버릴 것에 대한 억울함만이 가득하였다. 이에 필자는 아이의 상태를 물어 본 후, 아이가 원하는 대로 해주라고 하였다.

더불어 지난 세월이 아쉬울 수도 있고 조금 남은 6개월이 아까울 수도 있지만, 당사자에게는 삶을 포기할 만큼의 큰 일일 수도 있으며, 모 재벌 그룹의 딸도 그러하였듯 잘못된 선택을 하기까지는 고작 2분밖에 안 걸린다고 조금 강한 어조로 이야기 해주었다. 대부분의 엄마들이 '자식을 위해서' 라는 미명 아래 잠깐 동안 숨 쉴 수 있는 여유마저도 쥐어짜는 경우를 많이 보았기 때문이다.

어느 노래 가사 중에 '가다가 힘들면 쉬었다 가지' 란 말이 나온다. 어쩌면 앞만 보고 살아가는 우리의 삶에 대한 조언인지도 모른다. 외과에서 수술은 잘했는데 환자가 숨을 안 쉬면 끝인 것과 같은 이치일 것이다. 최소한 80~90년을 살아야 할 인생 여정에 1년 정도 정비하고 가다듬고 간다고 그리 많이 달라지는 것은 없으리라.

전통춤 중에 살풀이란 춤이 있다. 이 춤은 느림 속에 빠름이 있고 빠름 속에 느림이 있다. 그리고 느림이 있었기에 빠름이 돋보이고 빨랐기에 느림이 아름답다. 빠름과 느림의 적절한 조화가 최고의 미를 보여준다. 장단 또한 굿거리장단으로 시작하여 느리지만 처지지 않게 하고 도중에 자진모리로 빠르게 진행되다가 다시 굿거리장단으로 천천히 마무리한다. 넘쳐도 안 되고 모자라도 안 되며 너무 빨라도 안 되고 너무 느려도 안 된다. 그러려면 진행과

멈춤을 알아야 한다. 넘치지 않고 자연스럽게 넘어가야 한다는 말이다. 즉, 힘들면 쉬었다 가야 한다는 말인 것이다. 가끔 필자도 지나온 세월을 돌아보곤 한다. 그리고 언제 멈추어본 적이 있나하고 생각도 해본다. 아니, 안식년을 갖고 외국에 나가는 친구들을 보며 한없이 부러워한 적도 적지 않았다.

필자는 골프를 좋아하지만 즐기지는 않는다. 물러섬을 허락하지 않고 오직 전진만이 있는 운동이기 때문이다. 그리고 쉬었다 갈 수가 없음이 더욱 그러하다. 결국 골프는 시작하면 18홀이 끝날 때까지 멈출 수 없는, 돌아갈 수 없는 그런 비정한 게임이란 생각이 들기 때문이다. 물론 많은 사람들이 즐기는 운동이라 뭐라고 이야기 할 것은 아니지만 필자의 느낌이 그렇다는 것이다.

우리 어른들이 볼 때는 아이에게 대단한 일이 아닐 것이지만 정작 본인에게는 아주 힘들고 어려운 상황이 있었을 것이다. 그것을 시간이라는 지혜로 녹여서 희석시키기를 바라는 마음이다. 세월이 약이란 말이 있다. 시간이 지나면 잊혀진다는 말이다. 이는 다른 말로 한 템포를 늦추어 쉬었다가라는 말이다. 사람들은 고객이 많으면 바빠서 못 쉬고, 고객이 적으면 왜 적을까 노심초사하느라 못 쉰다.

갓 내린 거품이 뽀얀 커피 한 모금에 잠시 시간을 잊을 수 있다면 그것이 작으나마 진정한 행복이 아닐까?

짜릿함의 미학

'짜릿함' 이란 단어의 사전적 의미를 보면 '심리적 자극을 받아 마음이 순간적으로 조금 흥분되고 떨리는 듯하다' 라고 정의된다. 이런 짜릿함은 삶의 활력소가 될 수도 있고 촌철적 의미의 행복을 줄 수도 있다.

심리학에서는 사고의 방식에 따라, 긍정적 사람과 부정적 사람으로 나눈다. 종교에서는 동일한 상황에 대처하는 행동에 따라서 결과가 천차만별로 달라진다고 말한다. 즉 긍정은 긍정을 낳고 부정은 부정을 낳는다고 한다. 그런데 필자는 긍정적 생각을 지속하려면 그것을 유지할 수 있는 힘이 필요하고, 그 중의 하나가 삶 속에서 느낄 수 있는 짜릿함이라 생각한다. 불행하다고 느끼는 사람들도 사실은 발견되지 않은 매 순간 아주 작은 짜릿함 속을 지나가고 있다. 그리고 그것을 발견할 수만 있다면 조금 더 행복에 가까워질 수 있다.

오늘 아침처럼 촉촉이 내리는 가을비 속에서 느껴지는 고즈넉한 도시의 차분함이 행복을 자극한다. 진료실 창밖으로 어슴푸레 내린 안개 속의 이국적인 정취가 느낌이 좋다. 갓 사온 커피 원두의 봉지를 처음 열 때, 코끝에 감도는 커피 향은 영혼을 자극하는 듯하다. 분쇄기에 넣고 원두를 갈 때의 소리 또한 침샘을 자극한다. 갈려나온 원두커피 위의 뽀얀 거품과 함께 마시는 한 모금의 커피 맛은 짜릿하다.

꽁꽁 얼린 250cc 맥주잔에 막 담긴 맥주를 잔 바닥에서 올라오는 잔 기포를 보며 거품과 같이 마시는 첫 한 모금의 맥주는 하루에 있었던 모든 시름을 털어버리기에 충분하다. 힘들게 땀 흘리고 올라간 산의 정상에서 불어오는 한줄기 시원한 바람은 짜릿하다. 하산 길에 마시는 살얼음이 동동 뜬 막걸리 한잔은 등산의 고됨을 모두 잊을 만큼 짜릿하다. 야구장에서 9회말 역전의 내야 안타는 짜릿하다.

이탈리아전에서 나온 안정환 선수의 역전골은 짜릿함을 넘어선 절정의 감정이었다. 허스키하면서도 저음에서 고음으로 바뀌는 임재범의 '너를 위해' 가 짜릿하다. 애이불비(哀而不悲)의 극치를 보여주는 장사익의 '찔레꽃' 또한 짜릿하다. 칙칙함 속에 짜릿함을 지닌 스나이퍼의 '글루밍선데이' 는 한번 듣기에는 좋다. 사물놀이의 흥과 난타의 리듬은 처진 어깨를 움직이게 하는 짜릿함이 있다. 소나기가 내릴 때 차 안에서 듣는 빗방울 부딪히는 소리는 어떤 인위적인 리듬보다 짜릿하다.

차가운 공기가 코끝에 스밀 때, 첫 번째 티업에서 잘 맞은 드라이버에서 울리는 '쨍' 하는 맑은 금속성 소리는 비할 데 없이 짜릿하다. 원거리를 지나 겨우겨우 굴러서 홀컵에 떨어지고 울리는 맑은 소리는 영혼조차 즐겁게 한다. 드리워진 낚싯대 찌의 움직임과 손끝에 전해오는 가느다란 울림의 손맛은 경험하지 않으면 모른다. 한 번에 착 맞은 크라운이 익스플로러로 마진을 긁어서 걸리지 않을 때 또한 짜릿하다. 외출할 옷이 한 번에 색감, 느낌, 착용감이 딱 떨어질 때 또한 짜릿하다.

시원한 바지락 칼국수에 청양고추의 싸함이 깔끔하게 짜릿하다. 스시에 두 배로 넣은 고추냉이의 매운맛이 머리끝까지 올라왔을 때 눈물이 핑 돌만한 짜릿함은 환상적이다. 잘 삭힌 홍어에 막걸리 또한 잊을 수 없다. 아침 산사에서 울려오는 북소리의 진동은 영혼을 울린다. 한겨울, 부산 파라다이스와 제주 라마다에서 바다를 내려다보며 살을 에는 찬바람에 밀려오는 바다 비린내는 살아있다는 생명감을 느끼게 한다. 노량진 새벽시장에서 살아 통통 튀는 왕새우 또한 자극적이다. 남이섬에서 새벽 북한강에 피어오르는 물안개의 정취는 또 다른 삶의 자극을 준다. 동해 낙산사에 떠오르는 일출은 황홀하고 토함산 일출은 장엄하다. 강화에서 떨어지는 노을은 노을빛이 비추어져 빛나는 내상산 단풍만큼이나 자극적이다.

이런 짜릿함이 필자의 삶을 자극하며 하루하루를 살 수 있는 원동력이 되어 준다. 아무리 복잡하고 힘든 현실일지라도 이런 짜릿함은 어디에든지 존재하고, 한걸음만 내딛으면 바로 곁에 있다. 어렵고 힘든 시절을 보내고 있는 모든 이들이 자신만의 짜릿함을 찾기를 바란다.

남녀의 차이

남녀 간의 차이는 수없이 이야기되어 왔다. 심지어 남녀 간의 생각과 행동의 차이를 한마디로 정리한 제목의 '화성에서 온 남자, 금성에서 온 여자' 라는 책이 베스트셀러가 된 것을 보아도 한눈에 알 수 있는 부분이다. 특히 미국 펜실베니아의 Verma는 해부학적으로 여자와 남자의 뇌구조가 다르다는 결과를 발표하여 설득력을 얻고 있기도 하다. 즉 여자의 뇌는 좌우측 뇌가 소통을 하여 멀티태스킹이 가능한 반면 남자는 좌우측 뇌가 소통하지 않아서 한 곳에 집중하면 다른 일에는 신경을 쓸 수 없다고 하였다. 그래서 여자는 설거지를 하면서도 아이들 일에 참견을 할 수 있는 반면 남자들은 신문을 읽으면 아내의 말소리가 들리지 않는다. 이런 해부학적인 차이가 서로를 이해하지 못하게 하는 한 가지 원인이 되기도 한다.

반면 심리학에서는 남녀에 대한 여러가지 재미있는 이론들이 있다. 진화론적인 입장에서 설명하면 배우자 선택에 있어서 확연한 차이가 난다. 여기에는 부모투자이론과 친자관계 가능성 이론이 있다. 부모투자이론은 여자가 남자에 비하여 부모로서의 투자를 많이 하게 된다는 이론이다. 즉 여자는 임신을 통하여 자신이 낳을 수 있는 자식이 제한되는 반면 남자는 그렇지 않기 때문이다. 따라서 남자는 배우자 선택에 있어서 상대방이 재생능력(매력과 젊음)을 중시하는 반면 여자는 자신의 보호와 자원제공에 가치를 부여하게 된다. 그리고 이것은 Bass(1989)가 33개 나라를 조사한 결과에서 이 이론의 가설과 일치하는 것을 확인하였다. 또 친자관계 가능성 이론은 여자는 자궁 속에 아이를 기르기 때문에 자신의 자식인 것을 확신할 수 있는 반면에 남자는 여성만큼 확신할 수 없기 때문에 성적인 경쟁자에게 훨씬 관심을 많이 보이고 잠재적 배우자의 순결에 더 많은 가치를 부여한다고 가정하는 이론이다.

이에 세 가지의 재미있는 실험을 하였다. 첫 번째는 대학생들에게 성적 배신과 정서적 배신 중 어느 것이 더욱 고통이 클 것인가를 질문하였다. 실험결과로 남성 집단의 60%는 성석 배신이 고통이 더 클 것이라고 보고한 반면, 여성 집단의 83%는 경쟁자에 대한 정서적인 애착에 훨씬 더 큰 고통을 받을 것이라 답변하였다. 두 번째는 자신의 애인이 다른 사람과 성적인 관계를 맺는 다는 상상과 정서적으로 친밀해진다는 상상을 할 때의 고통을 생리적으로 측정하였다. 결과에서 남자는 성관계를 맺는다는 상상에서, 여자는 정서적 친밀한 상상에서 더 큰 생리적 고통을 보였다. 세 번째로 상대방과의 성적 관계의 유무가 질투에 미치는 영향을 조사하였다. 그 결과에서 남자는 성적관계가 있었던 경우에 고통이 증가하는 반면 여자에서는 정서적 배신에서 성적인 관계의 경험 유무가 무관하였다. 결국 질투 또한 남녀 간에 있어서의 차이가 있으며 이것도 진화론적인 심리적인 한 가지 현상으로 해석할 수 있다는 실험 결과였다.

요즘 유행하는 유머로 10대부터 70-80대까지 남자의 이상적인 여자는 예쁜 여자이고, 여자의 이상적인 남자는 10대부터 40대까지가 돈 많은 남자이고 그 이후는 아들이라 한다. 물론 Bass 이론이 이 유머를 증명해주고 있다고 하면 너무 확대 해석한 것은 아닐까 생각해 본다. 또 여자가 남자보다 더 오래 산다고 보고되고 있다. 한국 평균수명으로 남자가 75세, 여자가 82세이다. 의학적 원인으로는 여자의 면역체계의 노화가 느린 것이라고 설명하고 있다. 반면 일부 심리학자들은 여자들이 남자보다 더 감정적이기 때문이라고 한다. 감정을 잘 사용할 수 있으면 스트레스를 감정적으로 잘 풀 수 있다. 그래서 스트레스에 노출되는 시간을 줄일 수 있으므로 오래 산다는 것이다.

남녀는 이런 차이로 인하여 서로 이해하는 것은 거의 불가능에 가깝다. 남편은 왜 부인이 벗어 놓은 양말이 뒤집어져 있는 것에 집착하는 지를 영원히 이해할 수 없다. 아내 또한 양말을 벗어서 뒤집어진 체로 아무데나 두는지를 영원히 이해하지 못한다.

다만 나이를 들면서 양말을 벗고 세탁기에 넣으면 조용하다는 것을 경험으로 알 뿐이다.

치과신문 제474호

행복만들기

책상 위에 놓인 달력을 집어 들고 1월부터 한 장씩 넘길 때마다 지난 일 년간 겪었던 많은 일들이 생생하게 기억을 스치고 지나간다. 힘들었던 일, 마음고생 했던 일, 기뻤던 일들이 떠오름과 동시에 지금은 타인을 보는 듯한 객관적인 시선으로 돌이볼 수 있는 것에 조금은 성숙해진 느낌을 받는다.

요즘은 세상이 복잡하고 시끄럽고 어렵고 힘들어서 대중매체나 인터넷 등이 부정적인 단어로 도배되다시피 한다. 단어에는 힘이 있어서 부정적인 단어는 부정적인 생각을 낳고 부정적인 생각은 부정적인 행동을 낳는다. 따라서 지금은 긍정적인 단어와 긍정적인 생각이 절실히 필요한 때이다. 즉, 희망, 행복, 사랑, 믿음, 기쁨, 배려 등과 같은 긍정적인 단어가 더욱 빛을 발할 때인 것이다.

필자도 요즘은 가능한 긍정적인 단어를 많이 사용하려 노력하고 있다. 딸아이와 전화 할 때도 "사랑하는 딸!"이란 단어를 꼭 사용한다. 아들에게도 카카오톡으로 대화할 때 "사랑하는 아들아"

라는 인사말로 이야기를 시작한다. 그리고 신문, 방송, 뉴스 등에서 부정적인 단어가 나오면 의도적으로 다른 채널로 돌리는 행동을 두어 달 하다 보니 세상 돌아가는 일은 잘 모르지만 내 마음 속에는 많은 평화가 왔고 속 시끄러운 일들은 거의 없다. 그리고 지인들과 문자할 때도 꼭 빠뜨리지 않고 '행복한 하루 되십시오' 하고 마무리를 짓는다.

행복이란 단어 자체가 행복을 가져다 줄 수 있는 힘이 있다는 생각이 든다. 그리고 내일의 행복이 아닌 오늘의 행복이 더욱 중요하다는 생각에 행복한 하루를 강조하여 본다. 더불어 행복이란 저절로 주어지는 것이 아니라 조금씩 노력하여 만들어가야 하는 것이 아닌가 생각하여 본다. 젊었던 시절에는 미래의 커다란 행복을 위하여 앞만 보고 저돌적으로 돌진만 하였다. 그리고 행복이란 하늘에서 떨어지는 것으로 생각하고 처해진 상황에 대해 불평하고 불만하고 원망하였던 기억들이 있다.

그런데 요즘은 주어지는 것이 아니라 화가가 그림을 완성해가듯, 조각가가 조각품을 만들듯, 음악가가 악보를 완성해가듯, 그렇게 스스로 조금씩 조금씩 만들어가는 것이 아닌가 생각해 본다. 그래서 그림도 그리다가 아니면 지우고 다시 그리듯이 우리들의 행복도 조금 불행하다고 느끼면 수정하고 고쳐가면서 작은 행복을 느껴가며 평안을 찾아가는 것이 아닌가 생각한다.

따라서 행복은 주어지는 것이 아니라 행복해지기 위하여 노력하는 것이 필요하다. 그러기 위해 생각을 바꾸고, 말을 바꾸고, 행동을 바꾼다면 그제야 비로소 조금씩 행복을 느끼기 시작할 것이다. 안해 본 사람들이라면 처음에 아들이나 딸에게조차 사랑한다는 말을 쓰기에도 무안하고 멋쩍을 것이다. 그러나 처음에는 이상

하지만 쓰다보면 그런 감정에 몰입도 되고 상대가 즐거워하는 모습을 보면 나 또한 행복해지는 것을 느낄 수 있다.

심리학에서는 '사람의 마음에 과거는 극약이다' 라는 말이 있다.

과거의 힘들었던 일, 고통스러웠던 기억 등이 현실의 행복을 방해하는 주요 요소라는 말이다. 몇 년 전 방송되었던 연속극 중에 기억을 상실한 재벌 여사장에 관한 내용이 있었다. 모든 기억이 없으면서 하루하루의 삶 속에서 진실한 사랑을 느끼는 내용이었다. 그렇듯이 과거의 모든 아픈 기억들을 놓아버릴 수 있다면 지금 행복해질 수 있다. 미운 사람, 용서 못할 자, 나쁜 일 등에서 용서를 하려고 하면 괴로워지니 가장 좋은 방법은 놓아버리는 것이다. 즉, 마음을 비우는 것이다.

기억상실에 걸린 것처럼 그렇게 놓아버리는 것이다. 그리하면 괴로움을 먹는데 쓰던 마음의 에너지가 긍정의 에너지로 바뀌게 되며, 작은 일에도 감동을 하고 작은 마음의 움직임에도 행복을 느낄 수 있다. 결국 또 다른 세상을 보는 눈이 생기게 된다. 자연계에 마크로의 세계와 마이크로의 세계가 있듯이, 마음 속 세계에서는 작은 마음의 움직임을 보고 감동할 수 있게 된다. 무용수의 작은 손짓에 감동을 받듯이, 오케스트라에서 작은 플룻의 소리에 감동을 받듯이….

풀이와 풀기

연말이 되면 대부분의 모임은 망년회(忘年會)로 하루하루가 바쁘다. 그런데 재미있는 것은 송년회라는 말보다는 망년회라는 말이 더욱 많이 들린다. 망년회는 국어사전에 '연말에 한 해를 보내며 그해의 온갖 괴로움을 잊자는 뜻으로 베푸는 모임' 이며, 송년회는 '연말에 한 해를 보내며 베푸는 모임' 이란 뜻이다.

그런데 망년회는 忘年會(ぼうねんかい)라고 하여 일본에서 들어온 문화이다. 일본에서는 신년회와 망년회를 한다. 신년회는 4월 초에 시작하며 그때가 벚꽃이 만발할 때이다. 그래서 벚꽃구경한다는 명분 아래 신년회를 한다. 아주 일본적인 방법이란 생각이 든다. 그리고 그때를 시작으로 한 해의 모든 일정이 시작된다. 그것이 우리에겐 '벚꽃놀이' 로 알려져 있는 'お花見' 인데 아직도 우리나라에서 일본의 잔재적인 요소로 여의도에서 벚꽃축제가 열릴 때마다 필자의 마음은 마냥 편하지만은 않다.

그리고 연말에는 망년회를 한다. 다 잊자는 것이다. 직장에서 억울한 일이나 힘들었던 것들을 다 잊어버리고 새 출발하자는 의미이다. 이 역시 곰곰이 생각해보면 아주 일본적인 내용이다. 일하는 동안에는 꾹 참고 일을 하고 연말에는 잊어버리라는 것이다.

하지만 마음속에 섭섭함이 있었다면 그것이 어찌 하루 만에 잊어질 수 있겠는가. 그리고 그것은 심리학적 측면에서 보아도 정신건강에 너무 좋지 않다. 하지만 우리나라는 조금 다르다. 얼마 전 필자가 현재 배우고 있는 '살풀이'의 대가인 인간문화재 정재만 교수님과의 대화에서, 교수님은 우리 민족의 정서는 '푼다'라는 말씀을 하셨다. 살을 풀면 '살풀이'고, 한을 풀면 '한풀이'고, 화를 풀면 '화풀이'라고 하시며, 따라서 우리나라 사람들은 맺힌 것을 풀어야 하는 정서를 가진 민족이라고 하셨다.

그래서 연말이 되면 어떻게든 만나서 풀어야 끝나는 것이란 말씀을 하셨다. 더불어 같이 나누는 것이 베푸는 것으로 그 또한 '푸는' 것이라 하였다. 결국 남의 것을 풀어주는 것이 '살풀이'고, 내 것을 푸는 것이 '한풀이'고, 남을 위해 푸는 것이 '베푸는 것'이란 말이다.

그러기에 우리의 전통적인 연말의 정서는 엉키고 맺힌 것들을 잊어버리는 망년회가 아니라 그것을 지혜롭게 풀어가면서 한해를 베풀고 보내는 송년회(送年會)인 것이다. 그러던 것이 일본의 잔재와 더불어 너무도 힘든 현실을 풀려고 또 노력해야 하느니 풀기보다는 그냥 덮어버리는 망년회로 바뀌어버리지 않았나 하는 생각이다. 무엇이든 '풀기'에는 역시 노력이 필요하다.

그래서 그 어려운 수학문제를 '푼다'고 하지 않겠는가. 그러기에 사람과 사람의 일 또한 수학문제를 풀듯이 쉽지만은 않을 것이다. 필자는 요즘 매주 수요일과 일요일 새벽 7시에 '살풀이' 춤을 배우고 있다. 탈춤을 배우고 싶어서 시작한 것이 정재만 교수님의 '춤과 전통의 깊이를 맛보려면 살풀이를 먼저 배워야 한다'는 조언에 살풀이로 바뀐 것이다. 아침 일찍 일어나는 것이 싫어서 골프도 끊었던 필자이지만 요즘은 상큼한 새벽 공기와 차가운 연습실의 마루바닥을 버선신으로 느끼는 감이 좋아 일찍 연습실로 향한다. 그리고 그 순간은 오롯이 나만을 위한 시간이다.

그리고 몸과 마음이 같이 움직인다. 어떠한 잡념도 없다. 그러기에 좋다. 살풀이는 하늘에 대한 공경으로 시작하여, 땅에 대한 감사로 이어져, 인간의 삶을 매끄럽게 풀어주는 춤이다. 즉, 천지인 사상을 바탕에 깔고 있다. 그러기에 춤에 깊이가 있고 품격이 있고 멋이 있고 맛이 있다.

손끝 하나의 움직임도, 버선발 한끝의 움직임도 감동을 주며, 여리디 여린 살풀이 비단수건이건만 무겁기가 한이 없을 때도 있고 가볍기가 잠자리 날개 같기도 하다. 우리의 것은 너무도 흔한 듯하며 튀거나 잘난 척을 스스로 하지 않기에 스치고 지나기 쉽다. 그러나 조금만 관심을 갖고 들여다보면 한없는 깊이가 있다. 그런데 알게 모르게 그것들이 사라져가고 있으니 그저 안타까울 때가 많다. 신묘년 끝자락에 올해가 다하기 전에 아직 풀지 못한 것이 무엇인가를 생각해본다.

치과신문 제450호

정동극장 가는 길에서

살다보면 하루 이틀쯤은 한가하고 여유로운 날도 있다. 어떤 때에는 그런 여유로움마저 사치스럽게 느껴지는 날도 있지만, 그래도 그런 날은 정말 고마운 날이다. 거기에 촉촉한 봄비나 고즈넉한 가을비 혹은 찬바람 없는 눈바저 내려준다면 금상첨화이다. 그런 날이면 옛 정취가 어려있는 곳으로 필자의 발길이 향한다.

서울 강북에 정릉이라는 곳이 있다. 그곳은 태조 이성계의 부인이신 계비를 모신 능이다. 그런데 그 능은 원래 지금의 덕수궁 근처에 있었다. 아니 그 능의 근처에 덕수궁이 놓였다는 표현이 더 정확할 것이다. 이성계의 아들이 살던 집이 훗날 운현궁으로 바뀌어 궁이 되었기 때문이다. 이 후 고종 때, 임금이 오래 살란 의미로 덕수궁이라 이름을 지었건만 그리 오래 살지 못할 것을 미리 알고 그리했나 하는 생각이 들기도 한다. 그래서 그 곳은 정릉이 있었다하여 정동이라 이름이 지워졌다.

지금 그곳은 건물하나 돌 한조각 조차도 살아있는 역사이고 정취이다. 정동 길의 정취는 덕수궁 돌담길에서 시작한다. 돌담길에 첫발을 디딜 때 조그만 설레임이 있다. 가슴 속에 편안하고 정감스러운 운치가 스며든다. 얼마 전 유행했던 '써니' 란 영화에서 마지막 장면을 이곳에서 찍은 걸 보면 모두에게 같은 느낌을 주나 보다. 그리고 조금 걷다보면 어느새 서울시립미술관이 보인다. 그곳에는 얼마 전 고호 그림 전시회가 있었듯이 항상 전시회가 열린다. 한동안 그림의 색감이 좋아서 인사동과 이곳을 토요일마다 오간 적도 있었다. 그림 감상하다가 2층에서 잠시 마시는 커피 한잔은 창밖에 보이는 옛날 건축양식들의 분위기와 덕수궁의 정취등과 어우러지고 거기에 비까지 와주면 최고라 할 수 있다.

정동은 한국 근대사에 있었던 아관파천 등 격동의 시절의 무대로 살아있는 역사관이라 할 수 있다. 미술관을 나오면 오른 편에 아기자기하고 운치 있는 정동극장의 석주문이 보인다. 고종이 연극을 보기위해 한국 최초로 원각사란 극장을 만들었는데 그것이 불에 타 없어졌던 것을 한국무용을 공연하는 장으로 복원한 곳이 바로 정동극장이다. 그러기에 정동극장에 가면 한국무용의 정취를 맛볼 수 있다.

정동극장의 예쁜 석주문을 들어서면 왼편에 '길들여지기' 라는, 이름만큼이나 정갈하고 운치 있는 레스토랑이 보인다. 그곳 2층에 앉아 밖으로 보이는 정취를 느끼며 먹는 크림스파게티에 와인 한잔은 느끼하지도 않고 고소하며 상큼하게 어울린다. 고소함과 느끼함의 차이가 무엇인지는 모르겠으나 그 곳의 운치와 무관하지만은 않으리라. 그리고 공연장에서 보는 한국무용의 가락과 흥은 넘치지도 모자라지도 않는 딱 떨어지는 멋이 있다. 정동극장을 지나면 한국 최초의 서양식 건물이 눈에 들어온다. 덕수궁의 중명전으로 을사늑약이 이루어진 슬픈 장소이기도 하다. 이런 조선 개

화기 격동의 시절의 모든 것이 이곳 정동에 고즈넉이 살아 숨 쉬고 있기에 필자는 촉촉이 비 내리는 날에는 정동으로 발길을 옮긴다.

요즘은 한국무용 살풀이를 취미로 배우다보니 발걸음이 정동극장으로 향하여진다. 그곳에서는 하루에 두 번의 공연이 열린다. 예전엔 몰랐었건만 살풀이를 배워보니 이제 그 공연을 위하여 준비하는 모든 스텝들과 무용수들의 노력과 정열이 느껴진다. 춤의 손끝하나, 발끝 세움 하나까지에서도 수많은 노력이 보인다. 가끔 살풀이를 왜 배우느냐는 질문에 특별하게 할 말은 없다. 다만, 가락을 따라 춤동작이 이어질 때, 모든 것을 잊고 몰입하게 된다. 가락에 몸을 실고 흥 따라 움직이다 보면 그 속에서 세상의 때가 묻지 않은 자신을 본다. 그러기에 좋다. 병원 문을 들어설 때의 긴장감이 없어서 좋다. 집에 들어 설 때의 늘어짐이 없어서 좋다. 어린 시절 어머니기 저녁을 먹으라고 부르는 소리를 들으며 뛰놀던 그 느낌이기에 좋은 것이다.

자신을 사랑하기

우리가 흔히 아는 노래 중에 '믿음과 소망과 사랑 중에 그중에 제일은 사랑이라' 란 노랫말이 있다.

성경 속에 나오는 글귀인 것은 대부분 아는 이야기이며 너무도 유명한 말이다. 그런데 재미있는 것은 대부분의 사람들은 사랑이란 단어를 떠올릴 때에 남에 대한, 남을 향한 사랑을 떠올린다. 그것은 사랑이란 단어가 처음으로 우리에게 다가올 때, 남녀간의 사랑으로 다가왔을 가능성이 컸기 때문이지 않았나 생각한다. 또한 종교적으로도 '원수를 사랑하라' 는 말이 있듯이 남을 사랑해야 한다고 무의식적으로 강요를 받은 탓도 있을 것이다. 그리고 사랑 중에 최고는 어머니의 사랑이라 알고 있다. 그러다 보니 부지불식간에 '사랑' 을 남에 대한 사랑으로 인식하게 되었다.

결국 그 어느 곳에서도 자기에 대한 사랑을 배워본 적이 없다. 게다가 자기를 사랑하는 이는 이기적인 사람으로 몰리는 풍토 속에서 자기를 누르고 참고 인내를 해야만 좋은 사람이라고 강요되어 왔다. 그러나 자기를 사랑한다는 것과 이기심은 분명히 다르다.

예를 들어 상점에서 불만 고객이 있다고 가정했을 때, 자신을 사랑할 줄 아는 사람은 최소한의 품위를 지킨다. 그것은 사랑하는 자신의 격이 떨어지는 것을 싫어하기 때문이다. 그러나 이기적인 사람은 자신을 사랑하는 것이 아니고 오로지 욕심만이 있기에 자신의 품격 따위는 아랑곳하지 않고 격 떨어지는 행동과 행위를 취할 수 있는 것이다. 그래서 자신을 소중히 하고 자신을 사랑하는 것 또한 배워야 한다. 공자는 '신체발부 수지부모, 불감회상 효지시야(身體髮膚, 受之父母, 不敢毁傷, 孝之始也 : 우리 몸은 부모로부터 받은 것이니, 감히 함부로 손상을 입히지 않는 것이 효의 시작이다)' 라 했다. 자신의 신체를 소중히 여기라는 것으로 현대식으로 표현한다면, 자기를 사랑하라는 말일것이다. 결국 자신을 사랑할 수 있는 사람이 남도 사랑할 수 있다. 남을 해치며 자신의 이익을 추구하는 이기심과는 다르기 때문이다. 자신을 사랑하고 자신이 행복하여야만 남에게도 행복을 나누어 줄 수 있다. 나의 사랑이 넘쳐야 남과 나눌 수 있는 것이다. 그것을 공자는 수신제가치국평천하(修身齊家治國平天下)라 하였다. 자신을 바로 세워야 가정, 즉 가장 가까운 이들이 바로 되고 그래야 치국도, 평천하도 가능하다는 말이다.

많은 이들이 남을 위하여 희생을 하거나 강요당하고 산다. 물론 희생이 잘못된 것만은 아니다. 하지만 본인의 행복을 잃은 희생은 잘못이다. 가족을 위하여 희생하는 경우가 가장 많지만 정작 본인이 행복하지 않다면 그 가정은 화목하기 어렵다. 끝없는 희생은 있지만 자기 자신을 위하여 사용하는 절대시간이 부족한 경우가 많다. 자신을 위하여 하루 중 얼마의 시간을 사용하느냐는 질문에 당당하게 이야기 할 수 있는 이들은 그리 많지 않다. 우리는 자신을 사랑하는 법을 어디서도 배워 본 적이 없는 반면 상대를 누르고 쟁취하는 이기심만 배웠다. 그러나 기쁨은 잠시이고 결국엔 외로움으로 돌아온다. 이기심이 아닌 진정 자기를 사랑할 수 있을 때에 비로소 남도 사랑할 수 있다. 내가 소중할 때 남도 소중한 법이다. 요즘 쉽게 자살하는 풍토를 보며, 얼마나 자신을 사랑할 줄 모르는가 하는 생각이 든다.

필자는 딸에게 항상 예쁜 그릇에 식사하라 말한다. 스스로 자신을 소중히 대접하라고 말이다. 그리고 공주처럼 예쁜 말을 쓰라고 한다. 그래야 남도 그렇게 대접하고 본인도 그렇게 살려고 노력하기 때문이다. 요즘 아이들의 말 속에는 욕이 반쯤 된다고 한다. 이는 스스로의 품격을 못 찾기 때문이고, 또한 이를 방관하고 이기심과 자기 사랑에 대한 생각이 없는 부모들의 탓이다. 아이가 어리다는 생각에 방관하다가 사춘기가 넘으면서 고쳐 줄 시기를 놓치는 경우가 많으며 이 또한 부모의 직무유기이다. 이기적인 부모가 이기적인 아이를 만든다. 부모가 자기를 사랑할 줄 모르기에 아이들이 모르는 것이다. 결국 부모가 변해야 아이가 변한다. 자신을 사랑하는 법은 그렇게 부모로부터 배워야 하는 것이다.

학교폭력이 사회의 이슈인 지금 진정한 자기 사랑에 대하여 생각해 본다.

자신을 사랑하는 방법

자기를 사랑하는 방법에는 무엇이 있을까?

대부분의 사람들은 기본적으로 스스로를 사랑한다고 생각하기에 자신을 특별하게 사랑하는 방법이 있다고 생각하지 않는다. 물론 그런 특별한 방법이 있을 리 없다. 다만 너무 당연하다는 이유로 무심코 흘려버리기에 짚어보고자 하는 것이다. 조금만 생각해보면 그리 어려운 일은 아니다. 강아지를 기르는 집에서 강아지를 돌보는 일과 거의 다르지 않다는 것이 필자의 생각이다. 강아지에게 하듯이, 본인에게 제일 먼저 해주어야 할 일은 육체적 건강을 유지시켜 주어야 한다.

그 중 첫째가 정량에 상관없이 반드시 하루 3끼를 먹어주어야만 인슐린 펌프가 정상으로 작동하게 되며, 이로 인하여 가장 많은 성인병 중의 하나인 당뇨를 예방할 수 있다. 두 번째는 적당한 운동을 함으로써 노화에 따른 근육의 소실을 막아주어서 최소한의 젊음을 유지시켜주는 것이다. 더불어 항상 체중을 체크하여 더 이상의 비만을 막아주어야 한다. 이렇게 병들지 않는 몸을 유지해 주는 것이 자기 사랑의 시작이다. 그러기에 자기를 사랑하는 것도 쉽지만은 않다. 역시 사랑에는 고통과 인내가 필요하다. 그리고 나쁜 것 적게 먹이고 좋은 것을 골라 먹이는 수고를 하여야 한다. 그 중 첫째가 담배와 술이다. 좋은 것만을 먹어도 모자랄 판에 나쁜 담배는 자기 사랑에 최악 중의 최악이다. 그 다음은 폭음이다. 적당히 즐기는 음주가 아니라면 독이라 할 수 있다. 더불어 좋은 것만 먹여준다. 좋은 것을 먹을 정도로 열심히 살았다면 그것은 당연한 일이다. 게다가 좋은 장소에서 좋은 것을 먹는다면 금상첨화일 것이다. 그 다음은 좋은 옷을 입혀주는 것이다. 좋은 옷은 기분도 좋게 만들며 격에 맞는 행동을 만들어내기에 필요하다. 맘에 드는 액세서리까지 했다면 더욱 상승효과가 있을 게다. 그런데 이것에는 경제적인 부담이 따를 수 있으니 적당한 선이 필요하다.

다음으로 정서적인 건강이 필수적이다.

강아지도 마찬가지 듯이 외로워지는 것을 막아주어야 한다. 그래서 본인과 놀아주어야 한다. TV 드라마도 보여주고 가끔 영화도 보여주고 음악도 들어주어야 하고, 문화적인 공허감을 충족시켜주기 위해 공연장이나 전시회 등에도 가주어야 한다. 그렇게 하여 스스로 외로워지는 것을 막아주어야 정신 건강에 좋다. 게다가 긍정적 자기애를 지녀야 한다. 여자라면 스스로 거울을 보며 예쁘다고 칭찬하여 주어야 한다. 충분히 사랑스럽다고 생각해 주어야 한다. 그래야 자신감이 생기고 좀 더 매력적인 여성이 되려하고 그에 따라 그렇게 변해가게 된다. 남자도 마찬가지로 거울 속의 모습을 보며 배에 힘을 주더라도 멋있다고 해주어야 한다. 그래야만 자기 자신을 사랑하는 첫 번째인 운동과 담배 안하기가 가능해진다. 역시 자기사랑을 위해 고통을 감내해야 한다. 좋아하는 일을 하게 해주는 것 또한 중요하다. 야구를 좋아하면 야구장으로,

등산을 좋아하면 산으로, 골프를 좋아하면 골프장으로, 낚시를 좋아하면 바다로 가주는 것도 매우 중요한 일 중 하나이다. 물론 말은 간단하지만 가정이나 직장 등으로 인하여 쉽지는 않다. 그래도 조금만 지혜로워진다면 그리 어려운 일만도 아닐 것이다. 하지만 멀리 집 나간 강아지가 못 돌아오는 우는 범하지 말아야 한다.

끝으로 스트레스로부터 빨리 해방시켜주는 것도 중요하다. 항상 스트레스 속에 사는 현대인이기에 스스로 담배나 술이 아닌 긍정적으로 푸는 방법을 찾아야 한다. 예를 들어 필자는 일주일에 두 번은 노래방에서 고음노래를 부르는 것을 즐긴다. 이상과 같이 자기를 사랑하는 데에도 시간과 정열과 노력이 필요하다. 그리고 정말 하기 싫은 운동도 해주어야 하니 자기를 사랑하는 방법은 결코 쉽지 않다. 그래서 많은 사람들이 자기애의 부족에 따른 병에 들어 있는 경우가 많다. 이렇듯 자기애는 이기심과 전혀 다른 것이다. 육체적으로 정신적으로 많이 피곤한 일을 하는 현대인들이기에 행여나 하는 노파심에 지극히 당연한 일들을 적어보며 건강하길 기원하는 바이다.

치과신문 제485호

봄비

아침에 눈뜨고 일어나 열어보는 스마트폰의 창에 빗물이 들이치는 모습을 보고 거실 창밖을 보니 봄비가 내리고 있다. 요즘은 눈, 비 오는 것마저 스마트폰을 보고 먼저 아는 것에, 어떤 정서를 빼앗긴듯하여 아쉬움이 남는다.

운전하며 출근하는 길에 비에 젖은 한강변의 고즈넉하고 차분한 모습이 눈에 들어오면 문득 할리우드의 명화 '애수(哀愁)' 에서, 비오는 날 런던의 워털루 다리에서 미남 장교 '로버트 테일러' 와 발레리나 '비비안 리' 가 처음 만나던 장면과 Auld Lang Syne 음악이 흐르던 클럽에서의 이별 장면, 그리고 비를 맞으며 서로를 애타게 찾던 모습이 생각나는 것을 보면 아직도 정서적으로 아주 메마르지는 않았구나 하는 생각에 혼자 빙그레 웃어보았다. 요즘 들어 필자가 감성적이란 증거가 슬픈 영화나 드라마를 보면서 흘리는 눈물 외에는 그리 많지 않은 것 같다. 바쁘게 하루하루를 사는 것도 이유 중 하나겠지만, 감동받을 만한 일들이 많지 않은 탓도 있을 것이다.

이렇듯 비오는 날이면 병원도 덜 북적거려 한결 여유가 생긴다.

전부터 의료계에서 농담처럼 들어왔던 '유비무환' 이란 말처럼 말이다. '비오는 날에는 환자가 없다' 라는 말은 선배님들의 해학이 고스란히 담겨있는 듯하다.

역시나 오늘은 여유롭게 커피 향을 느끼며 글을 쓴다. 글을 쓰면서도 장사익의 '봄비' 라는 노래가 귓가를 봄비처럼 촉촉이 적시며 들려오는 듯하다.

봄비는 가을비와는 느낌이 조금 다르다. 가을비가 쓸쓸한 코트 깃을 연상시킨다면 봄비에는 희망이 담겨있다. 어린 시절 추위 속에 뛰어놀다가 잠시 추위를 녹이려 따뜻한 햇살 아래 옹기종기 모여 쬐던 그런 따스함 말이다. 비록 지금도 바람은 쌀쌀하지만 혹독한 냉기의 독기를 품고 있지는 않다. 그렇기에 봄비는 편안한 느낌이 든다.

이런 날이면 군고구마 까먹으며 따끈한 이불 속 아랫목에서 만화책을 보던 그런 편안함이 그리워진다. 그런데 이젠 이런 정서를 다시 느끼기가 쉽지 않다. 침대를 사용하니 아랫목이 없어졌고, 책을 빌려 볼 만화방도 인터넷에 자리를 빼앗겨서 컴퓨터로 봐야 한다. 이젠 그마저도 스마트폰에 빼앗겼다. 이런 것들이 못내 아쉬워만 진다.

게다가 더욱 안타까운 것은 요즘 아이들에게는 전혀 바랄 수 없는 일이라는 것이다. 사람은 경험하지 못한 것을 스스로 느낄 수는 없다. 어려서의 이런 정서가 없는 아이들이기에 나이 들면서 느껴야 할 공허감이 점점 더 커질 것이고 그것이 외로움에서 우울증으로 진화하여 극단적으로는 자살로까지 연결되는 불행을 겪기도 할 것이기에 더욱 안타깝다. 그것이 요즘 젊은이들의 자살이 증가하는 한 요인이기도 하다.

결국 이런 환경 속의 아이들에게 무엇을 해주고 어떤 환경을 만들어 주어야 하는지가 우리들 기성세대가 생각하고 책임져야 할 부분이다. 그런데도 자랑스러운 치과의사 아빠보다 무슨 수를 쓰든 돈만 잘 버는 치과의사가 되고자하는 분들이 많은 것도 안타깝다.

기계 문명이 생활 구석구석까지 침투해 나의 일정을 관리하는 것부터 친구의 연락처까지 모두 스마트폰이 관리하니 언제부터인가 전화번호 하나 제대로 외우는 것이 없다. 심지어는 가까운 가족의 번호도 외우지 못하는 경우가 허다한 게 현실이다. 이런 기계 속 삶에서 조금 벗어나 봄비 내리는 오늘은 일찍 집으로 퇴근하고 싶어진다.

고등학교 시절 무슨 뜻인지도 모르며 배운 이수복의 시 '봄비'가 지금 이 순간 왜 이리 구구절절한지…

"이 비 그치면 / 내 마음 강나루 긴 언덕에 / 서러운 풀빛이 짙어 오것다. 푸르른 보리밭길 / 맑은 하늘에 / 종달새만 무어라고 지껄이것다. 이 비 그치면 / 시새워 벙글어질 고운 꽃밭 속 / 처녀애들 짝하여 새로이 서고, 임 앞에 타오르는 / 향연(香煙)과 같이 / 땅에선 또 아지랭이 타오르것다"

치과신문 제487호

스트레스에 대하여

현대인들이 가장 많이 사용하는 단어 중 하나가 스트레스일 것이다.

스트레스는 동 · 식물뿐만 아니라 비행기, 건물 같은 무생물에까지 사용하는 다양성을 지닌 단어이다. 무생물의 스트레스는 붕괴나 파괴로 이어지지만 동 · 식물의 스트레스는 생명력과 관련된다. 무생물은 스트레스가 없을수록 오래 사용하는데 도움이 되지만 동 · 식물은 적당한 스트레스가 없으면 도태되거나 스스로 퇴화하는 현상까지 나타난다. 그래서 분명 적당한 스트레스는 필요하지만 그 적당함의 경계가 모호하다. 적당함이란 것이 일관성을 지닌 것이 아니고 상황이나 환경에 따라 수시로 변화하기 때문이다. 이 역시 자연계의 자연조절기능 중의 하나이다.

하지만 동 · 식물과 인간이 받는 스트레스는 조금 차이가 있는데 이는, 인간의 스트레스 속에는 생각에 따라서 스트레스를 받는 정서적인 부분이 동식물들이 받는 환경적인 요인보다 큰 경우가 많기 때문이다.

심리학자 박지영은 인간이 받는 스트레스는 두 가지 유형으로,

인식하기 쉬운 형태와 어려운 형태로 나누었다. 쉬운 형태는 압박감, 갈등, 좌절, 자극의 결핍 등으로 본인 스스로가 알기 쉽다. 압박감, 갈등, 좌절은 흔하게 쓰는 단어이고, 자극의 결핍은 심한 무료감이라 할 수 있다.

사람은 일상생활을 정상적으로 하려면 일정수준 이상의 각성상태를 유지해야하기 때문에 적당한 자극이 필요하다. 만약 외부적 자극이 없으면 불안정해지고 심하면 주의력이나 판단력 장애를 가져오고 더 심하면 환각을 경험하기도 한다. 가끔 사회 지도층 부인 중에서 도박이나, 도벽 등이 발생되는 이유가 그것이다. 반면 잘 인식하지 못하는 형태에는 너무 당연하고 옳은 것처럼 인식되는 많은 규칙과 관습 중에서 스스로를 속박하는 것들이 있다.

그중 대표적인 것이 흑백 논리에 따른 이분법 사고이다. 예를 들면 항상 A학점을 받던 학생이 어쩌다 한번 B학점을 받고는 스스로 실패자라고 생각하는 것이나 정치적으로 좋아하는 당이 없는데 싫어하는 당이 있어서 반대되는 당에 투표하는 것 등이 이에 속한다.

두 번째는 과잉일반화로, 데이트를 한번 거절당한 사람이 자기는 매력이 없다고 생각하고는 데이트를 피하는 현상이다. 세 번째는 부정적인 면에 대한 주의집중이다. 자신의 좋은 면은 인정하지 않고 잘못된 부분에 집착하는 현상으로 시험문제를 2개 틀리고는 그 틀린 것에 집착하고 자책하는 경우이다. 이는 겸손과는 다르게 자긍심과 자존심을 약화시키고 스스로를 무력감과 우울증에 빠지게 만든다.

네 번째는 성급한 결론이다. 확실한 증거도 없이 부정적인 해석으로 결론을 내리는 경우로 처음 데이트한 여성에게 전화를 하려다가 자신의 전화를 싫어할 것이라고 생각하고는 포기하는 경우를 말한다. 다섯 번째는 자신의 실수나 타인의 성공은 확대 과장하고 자신의 성공이나 타인의 실수는 축소시킴으로서 스스로 열등감에 빠지는 경우이다.

여섯 번째는 주관적 판단인 자신의 감정이나 느낌을 사실의 증거라고 믿는 것으로 사실을 왜곡시키기 쉽다. 일곱 번째는 해야만 하는 것의 과용이다. 즉 약속은 반드시 지켜야 하고 시간은 엄수해야 하기 때문에 조금 늦으면 스스로는 죄책감, 수치심, 자기혐오를 유발하고 타인에 대해서는 분노와 실망을 만들기 쉽다.

여덟 번째는 부정적 이름이나 별명을 붙여주어서 지속적인 부정적 악순환을 만드는 것이며, 마지막은 '모든 것이 내 탓이오' 이다. 이는 불행한 사건에 대하여 실제적인 원인이 아님에도 불구하고 비현실적인 죄책감을 갖는 경우이다. 이 또한 스스로를 우울하고 무기력하게 만드는 원인이 된다.

이상과 같은 것은 우리들의 내적 관념이나 사고체계들이며 사회의 교육이나 자신의 경험을 통하여 스스로 만든 내적 규칙이다. 이것이 때로는 사회생활에 도움을 주기도 하지만, 그것을 지키려는 노력이 스트레스의 원인 중 많은 부분을 차지한다.

따라서 오늘은 스스로 만든 내부규칙들이 왜곡되어 있지 않은지 혹은 비합리적인 부분은 없는지 차 한 잔을 마시며 잠시 생각해 보는 것도 좋을 듯하다.

색채 심리

출근길에 차창 너머 멀리 보이는 달맞이 동산을 뒤덮은 개나리의 노란색과 한강이 어우러져서 절경을 이룬 모습이 무척 아름다웠다. 일요일에 운동 삼아 나가본 한강변에 흰색에 약간의 핑크빛을 머금은 벚꽃은 정말 예뻤다. 더불어 땅 위에 돋아나는 쑥이나 민들레 같은 파란 싹들의 초록빛은 마음에 평화를 준다.

겨울이 지나고 봄이 오면서 산천초목의 변화와 함께 환경에서 보여지는 색채 또한 다양한 변화를 보인다. 색채심리학자에 의하면 색채는 사람의 마음을 표현하는 반면에 색채에 따라서 마음의 변화가 오기도 한다. 이에 심리학에서는 색채를 이용하여 마음의 병을 치료하려는 시도로 색채 테라피가 있기도 하다.

필자가 생각해보니 봄철에 발견되는 색들은 사람의 마음에 평화, 위안, 희망 등을 주는 긍정의 에너지를 지닌 색인 경우가 많은 것 같다. 아마도 수만년을 겪으며 살아온 인간에게는 혹독한 겨울을 참고 견디며 처음 봄이 왔을 때 보이는 색채들에 반가움과 안

도감을 느끼는 유전자가 있는 것은 아닐까.

녹색은 마음에 평화를 준다고 한다. 이는 아마도 녹색이 있을 때는 동식물의 먹을 것이 풍요롭다는 것이 기본으로 전제되었기에 마음의 평화를 느끼지 않았을까 생각해본다. 붉은색은 따뜻함과 정열을 나타낸다. 이 또한 혹독하게 추운 겨울의 긴긴밤을 지내고 아침에 떠오르는 따스한 태양에 대한 고마움이 인간의 내면적 유전자 속에 기록되어진 것이 아닌가 생각해본다. 노란색은 희망과 기대의 빛이라 한다. 봄에 피어난 개나리의 모습과 일치한다. 추운 겨울을 지내며 봄의 개나리를 얼마나 그리워했던가. 이는 고흐가 '해바라기' 라는 그림에서 불행했던 삶 속의 강한 희망을 강렬한 노란색으로 표현한 것과 일치한다. 벚꽃은 하얀색에 약간의 핑크빛을 띄고 있다. 하얀색은 순백의 순결을 의미하며 핑크빛은 행복의 에너지를 나타낸다. 특히 여성적 아름다움을 지닌다. 따라서 벚꽃은 순결과 행복을 표현하면서 꽃이 떨어짐으로 인하여 안타까움마저 느끼게 하기에 많은 이들의 사랑을 받는 게다.

색채는 인간의 내면적인 표현뿐 아니라 사회적인 기호로도 작용한다. 예를 들면 '초록=자연=건강', '빨강=불=에너지', '파랑=물=상쾌함' 등이 연상된다. 그래서 이것이 현대에는 상품광고에 많이 도입되어 사용되고 있다. 그렇듯이 분홍색은 여성적 이미지에 달콤함, 부드러움, 행복함을 지닌다.

이상의 색들과 달리 파란색은 상실과 재생을 의미한다. 이는 물의 속성을 지녔기 때문이라고 설명한다. '절망, 이별, 고독' 을 표현하기도 하지만 '자기탐구, 정화, 치유, 해방감, 희망, 자립' 등을 나타내기도 한다. 필자의 생각에 파란색은 자연에서 하늘과 바다를 연상시킨다. 그리고 겨울에도 여름에도 항상 존재한다. 더불어 겨울에는 차가움으로 느껴지는 반면 여름에는 시원함으로 다가온다. 그래서 상반된 이미지가 같이 결합되어 있는 것이 아닌가 생각하여 본다.

무채색은 마음에서 색이 사라질 때라고 한다. 흰색이 그렇고 검정 또한 그렇다. 모든 색이 없는 흰색과 모든 색이 다 모여서 생긴 검정은 감정의 극단을 보일 때이기에 조문색상이 되었다고 생각된다. 보라색은 신비한 색이라고도 하고 화려한 색이라고도 한다. 그리고 부정에서 긍정으로 바뀌어가는 이미지로 '고통을 치유의 힘으로 바꾼다' 라는 표현을 하기도 한다. 보라색은 빨강과 파랑을 혼합해서 만든 색이다. 파랑의 '침체' 와 빨강의 '양양' 이 융합되어 있다. 따라서 보라색은 기분의 침체를 극복하고 양양되는 방향으로 진행된다고 한다.

이러하듯이 색채는 인간 내면의 의식 속에 많은 영향을 미치며 이미지를 지니기도 하고 사회적인 심볼을 나타내기도 한다. 그러기에 정치권에서도 툭하면 색깔론이란 말을 자주 하나보다. 심신이 지치고 우울해질 때, 야외나 등산을 가서 색색의 꽃을 보고 녹색의 자연을 보며 즐긴다면 그것이 진정한 색채 테라피일 것이다

공황장애

아침 TV프로그램에서 공황장애를 호소하는 환자가 5년 동안 66% 급증했다는 내용의 이야기를 다루는 것을 보았다. 최근 연예인들이 공황장애로 고통을 겪고 있다는 기사가 인터넷이나 신문지상에 거론되어 이젠 대부분의 사람들이 한두 번쯤은 들어본 단어로 조금은 익숙해진 질환이다.

이를 보던 필자는 결국 이런 증상을 확증하기까지나 아니면 질환이 진행되고 있는 동안에는 환자가 많은 고통을 겪는 바도 있지만 그 주변 사람들 또한 심리적으로나 이해하기 어려운 행동으로 인한 고통을 받아야 하는 경우가 많을 것이 안타까웠으며, 또한 그런 환자가 치과 치료를 받고 있는 중이었다면 치과에서도 스트레스를 많이 받을 수 있으므로 치과의사 또한 이해할 수 없는 환자의 행동이나 반응으로 놀라는 경우가 있을 수 있었겠다는 생각이 들었다.

심리학에서 공황장애는 이상심리로 분류한다. 이상심리에는 기분장애, 불안장애, 성격장애, 신체형 장애, 정신분열증 등과 같은 것이 있으며, 그 중 불안장애에 범불안장애, 공황장애, 강박장애, 공포증 등이 포함된다.

공포증에는 고소공포증 같은 특정공포증, 사회공포증, 광장공포증 등이 있다. 공황장애는 특별한 이유 없이 예상치 못하게 나타나는 극단적인 불안 증상, 즉 공황발작(panic attack)이 나타나는 질환이다. 이때 극도의 공포심을 느끼며 심장이 터지도록 빨리 뛰고, 가슴이 답답하고 숨이 차고 막히며 땀이 나는 등의 신체증상을 동반하는, 죽음에 이를 것 같은 극도의 불안 증상을 말한다. 또한 공황장애는 광장공포증과 같은 증상을 동반하는 경우가 있다.

요즘의 연구에 의하면 정신분석적인 심리적인 요인과 더불어 생물학적인 요인이 공황장애의 주요 원인임이 밝혀지고 있다. 노아에페네프린, 세로토닌, 가바 등 신경전달물질 시스템의 이상, 측두엽, 전전두엽 등의 뇌 구조의 이상등도 관여가 된다고 한다. 특히 공황장애의 진단기준은 필자의 관심을 끈다.

미국정신의학회의 진단기준에 의하면, 1)심장이 두근거리거나 빨라짐 2)땀이 많이 남 3)손, 발 혹은 몸이 떨림 4)숨이 막히거나 답답한 느낌 5)질식할 것 같은 느낌 6)가슴이 아프거나 압박감 7)매스껍거나 뱃속이 불편함 8)어지럽거나 쓰러질 것 같음 9)비현실적인 느낌 또는 이인증 10)미쳐 버리거나 자제력을 잃어버릴 것 같은 두려움 11)죽을 것 같은 두려움 12)지각이상(둔하거나 따끔거림) 13) 몸에서 열이 오르거나 오한이 남 등의 13가지 증상 중에서 4개 이상이 갑자기 나타나면 공황발작이라고 본다고 정의되어 있다.

그런데 상기의 증상들은 치과 외래에서 발치하려고 국소마취하고 나서 종종 환자들이 호소하는 유사한 증상들이다. 과연 환자들이 국소마취제를 맞고 나서 약제에 의한 증상인지 심리적인 공포감에 의한 것인지 구분이 어려워지는 대목이다.

결국 필자의 생각에는 약제에 의한 영향보다는 심리적인 영향이 더 강한 것 같다. 그런 증상을 호소하는 환자 중에는 본인은 인식을 못하지만 공황장애 같은 심리적인 어려움을 겪고 있는 환자들일 가능성이 높다.

그런데 이런 공황장애 환자가 5년 동안에 66% 증가했다는 보고는 앞으로 치과 외래에서 이런 유사 증상을 호소하는 환자가 더욱 증가할 것을 의미한다. 더욱이 공황장애가 증가했다는 의미는 다른 심리장애들 또한 더욱 많이 증가한 것으로 유추할 수 있다. 결코 치과의사들에게 반가운 일이 아니다. 우리 치과의사들이 치료 도중에 환자들의 이상 증상 발현으로 받는 스트레스는 결코 적지 않다. 더불어 심리적인 문제가 있는 환자가 병원을 자주 찾는 경향을 지녀서 더 많이 경험할 가능성도 있다. 대부분 사람들이 조금씩은 이와 비슷한 증상을 지닌다.

필자는 고소공포증을 갖고 있다. 그래서 스카이다이빙이나, 놀이공원에서 떨어지는 기구를 못 탄다. 유리 엘리베이터는 피한다. 어떤 지인은 자동차를 2명 이상을 같이 못 탄다. 산소가 부족한 느낌에 숨이 막힌다고 한다. 이렇듯 흔해지다 보면, 성향을 알수 없는 고객을 상대해야 하는 사람들은 주의력과 세심함이 더욱 요구될 것이다.

세대 차이

병원에 근무하는 남자선생이 아들을 출산하였다. 지면을 통하여 진심으로 축하드린다. 임진년이란 세대교체의 시기에 새 생명의 탄생은 새로운 일들의 시작과 출발을 의미한다. 더불어 구시대의 생각과 습성의 소멸을 의미하기도 한다. 그러기에 이 시대에 탄생의 의미는 구세대의 퇴장이자 새로운 패러다임의 시작이라고 할 수 있다.

'세대'란 사전적 의미로 공통의 체험을 기반으로 하여 공통의 의식이나 풍속을 전개하는 일정폭의 연령층이다. 생물학적으로 보면, 아이가 성장하여 부모의 일을 계승할 때까지의 기간으로써 약 15~30여년 간을 표준으로 한다.

서양의 사회학자 만하임은 세대를 사회학적 의미로 해석하여 세대의 상황, 세대의 관련, 세대의 통합이라는 측면에서 고찰하였다. 세대의 상황은 세대가 태어나는 사회적 기반을 말하는 것으로, 역사적 사회적으로 동시대에 태어난 사람들이 일정한 사회에 존재하는 상태를 의미한다. 세대의 관련은 역사적, 사회적으로 공통된 문제를 가짐으로써 생기는 것을 말하고, 세대의 통합은 집단생활 속에서 서로 결합하고 서로 작용함으로써 일정한 힘이 생긴다는 것이다.

반면 동양적 개념의 세대는 '세'와 '대'의 합성어로 '세(世)'는 사람의 한평생을 뜻하고, '대(代)'는 대신하여 잇는다는 의미를 지녔다. 즉 전통사회에서 앞서 있는 선대와 뒤를 잇는 후대의 연속성을 의미하는 단어였다. 그래서 족보에서 본인을 포함한 개념에서 선조를 1세로 하고 자신까지 세며, 대는 본인을 빼고 위로는 아버지를 1대, 할아버지는 2대로 선대를 세었으며, 아래로는 아들을 1대, 손자를 2대로 후대를 세었다. 이렇게 세대에는 연속성이란 깊은 의미를 담고 있다.

그런데 요즘은 통념적으로 10년을 한 세대라고도 한다. 그리고 세대란 단어를 사용할 때면 연속적 의미가 아닌 세대 간의 분리나, 세대 간의 교체적 의미로 많이 사용하고 있다. 심지어 농담 삼아서 3개월 차이만 나도 이해하기 어렵다는 말이 있을 정도다. 그 외 우리 사회에는 많은 세대가 있다. '386세대'는 1960년대에 태어나 1980년대 대학을 다닌 학생운동과 민주화 투쟁에 앞장섰던 세대로 필자의 세대이다. '베이비 붐 세대'도 있다. 한국전쟁 이후에 출생률이 높았던 1955년도에서 1964년도까지의 출생자들을 말하며 필자도 포함된다. 'X세대'는 1961년에서 1984년에 출생한 연령층으로 386세대의 뒤를 이은 1990년대의 젊은 세대를 말하고, 'N세대'는 네트워크세대로 1970년 중반에 출생하여 경제적 혜택과 문화적 혜택을 동시에 누린 X세대 중에서 컴퓨터에 익숙한 세대를 말한다. 'Y세대'는 1982년부터 2000년 사이에 출생한 세대로 베이비 붐 시대의 2세로 컴퓨터를 자유자재로 다루는 세대를 말한다.

그리고 요즘은 '88만원 세대' 라는 비정규직의 사회적 경제적인 비참함을 담은 단어도 있다. 그 외에도 월드컵 때 거리로 나온 W 세대, 참여와 열정을 지닌 P세대, 박세리, 박찬호로부터 김연아에 이르는 글로벌한 G세대 등이 있다. 요즘은 스마트 폰에 의하여 모든 것을 해결하는 S세대에 이르렀다. 그리고 지금 태어나는 아이들은 또 다른 세대를 살게 될 것이다.

386세대이며, 베이비 붐 시대를 살아온 필자의 세대에서는 아이가 출생하였을 때, 직장에 말도 잘못하고 빨리 직장을 마치고 집에 갈 생각만 가득하였다. 그런데 지금은 아이가 태어나면 남편도 3일간의 출생휴가를 받을 수 있다고 한다. 20년 사이에 참 많은 변화가 있었다. 이것은 일례일 뿐, 그 외에도 수많은 변화들이 생겼다. 관심을 조금만 끊어도 너무 빠른 세상의 변화에 이해하기 쉽지 않은 일들이 생기니, 어쩌면 생각 없이 그저 받아들이는 것이 정신 건강상 좋은 일이 아닌가라는 생각이 들 때도 많다.

출근한지 며칠 안된 직원이 무단결근하고 휴대폰마저 꺼 놓아도 화내지 말고 '세대 차이려니' 하고 그냥 받아들이는 방법도 이 시대를 살아가는 한 방편일 수 있지 않을까?

치과신문 제496호

휴일 남편

"선생님, 드디어 남편이 일요일에 TV 야구를 안 보기로 했어요!^^"하고 뿌듯한 듯 제자가 이야기한다. 개업의를 남편으로 둔 제자이다.

제자도 같은 직종의 종사자로 같이 일하고 힘든데도 남편이 휴일에 설거지도, 아이를 돌보는 일 등의 가사 일도 전혀 돕지 않는다는 것이 전부터 불만이었다. 그래서 필자가 왜 그리 생각하느냐고 물었더니 "다른 친구들은 모두 남편이 가사 일을 도와주는데…"라고 답변한다. 이에 필자가 "그럼 다른 직장인 남편보다 의사라서 경제적으로 나을텐데 그것에 대한 보상은 무엇으로 해 주고 있나요?"라고 물었다.

남보다 더 많은 혜택을 받는 것은 당연한 일이고 남보다 조금이라도 못 받는 것은 용납이 안된다는 것인가? 아니면 다 받아야 한다는 욕심인 것인가? 물론 아내에게 휴일에는 아무 것도 하지 않고 쉬고 싶은 본인의 상황을 충분히 설명하지 못한 남편에게도 잘못은 있다.

그런데 야구장에 직접 가서 현장에서 생맥주 한 잔 마시며 목이 터져라 응원하며 관람하고 싶은 마음을 접은 이유가 휴일에 가족을 버리고 나간다는 말이 차마 입에서 떨어지지 않아서 십분 양보하여 집에서 TV를 보는 마음을 아내는 전혀 이해하지 못한다. 야구가 무엇인지 모르는 사람에게 말을 꺼내면 마치 외계인처럼 생각하는 사람에게 할 말이 없는 것은 당연하다. 코미디에 나오는 대사처럼 "야구장에서 생맥주 한 잔 들이키며 소리 한번 질러보지 않았으면 말을 하지 마!"이다. 그래서 필자가 "휴일에 집에서 TV 보는 남편이 아침 일찍 나가서 새벽에 들어오는 것보다는 낫지 않나?"라고 답했다.

그리고 얼마 후에 들리는 이야기가 집에서 이젠 야구 시청을 안 하기로 했다는 것이다. 이는 무엇인가 모종의 거래가 있었다는 것을 의미한다. 상대가 좋아하는 것을 접었다는 것은 비록 거래에는 응하였지만 결국은 참음에 대한 후유증이 올 것이고 그것은 다른 무엇인가로 터져 나오는 것이 인간의 심리이다. 그래서 필자는 "거래를 하지 말고 TV 시청이라는 선물을 남편에게 주면 안되나? 감동할 텐데…"라고 말했다.

사람들은 항상 먼저 받고 그 후에 사랑을 확인하고 주려는 준비가 되어있다. 그런데 모두가 그러하기 때문에 받지 못해서 주지를 못한다. 이를 소통의 부재라고도 말한다. 이에 필자는 먼저 주라고 말한다. 먼저 주면 받은 자가 풀기 시작한다. 서로 공감하기 때문이다.

요즘은 성공해서 행복해지는 시대라기보다는 행복해야 성공하는 시대이다. 지금까지 받으면 주려고 얼마나 많이 준비하고 쌓아 놓았던가? 받지 못해서 베풀지 못한 것은 또 얼마나 많은가? 그것을 먼저 푼다면 더 많은 것을 얻을 것이다.

주고받는 거래가 아니라 사랑하는 이를 위하여 TV 시청이란 선물을 준다면 말은 안 해도 감동을 받을 것이다. 이는 TV 시청을 해서가 아니라 본인을 이해해준다는 것에 대한 감동이다. 지금은 너나없이 모두가 힘든 때이다. 그러니 남편들도 휴일은 집에서 정말 쉬고 싶다. 아무런 간섭도 없이 쉬고 싶은 마음뿐일 것이다. 그런데 아내는 휴일에 밀린 가사 일들을 해야만 한다. 특히 일을 미루지 못하는 성격이라면 더욱 그럴 것이고, 가득 쌓인 가사 일을 바라보며 마음이 바쁜 아내의 눈에 빈둥거리는 남편의 모습이 절대로 곱지 않은 건 사실이다. 이것은 이 시대 모든 맞벌이 부부의 애환이다.

결국 서로가 서로를 이해해야 하고 도와주어야 하건만 남자와 여자의 뇌구조가 다르기 때문에 문제가 있다. 여자의 뇌는 좌우뇌가 소통하기 때문에 두 가지 일이 가능하다. 설거지를 하면서도 남편 일에 참견도 한다. 즉, 한 가지 일을 하면서 놀이를 하는 것이다. 남편 일에 참견하는 것도 놀이이다. 그러나 남자는 다르다. 좌 · 우 뇌가 소통하지 않기에 한 가지 일 밖에 못한다. 따라서 남자는 가사 일을 하는 순간부터 일에 집중하니 결국 쉬지 못하게 된다. 즉, 일의 연속이다. 그래서 남자들은 본능적으로 가사 일을 기피하는 것이고 이를 보는 아내는 남편이 한없이 미울 것이다.

이는 영원히 만날 수 없는 뫼비우스의 띠와 같음을 어찌하겠는가?

스마트 귀신? 스마트 좀비?

옛날 우리 어른들은 새로이 집에 들어오는 물건이나 남이 쓰던 물건을 집에 들일 때에는 화장실에 반나절 두었다가 집안으로 들이는 풍습이 있었다.

남이 쓰던 물건이나 다른 곳에서 새로이 집에 들어오는 물건에는 나쁜 귀신이 붙어서 따라올 수 있는데 화장실에 반나절 정도 놓아두면 냄새가 고약하여 도망가기 때문이라는 이유였다. 그러나 조금 생각해 보면 남이 입던 옷에는 이나 벼룩과 같은 다른 병원체가 있을 수 있는데 그것이 화장실의 암모니아 냄새로 인하여 적어질 수 있다는 선조들의 지혜였다는 생각이 든다.

그런데 얼마 전 우리 가족들의 스마트폰을 모두 걷어서 화장실 변기통 위에 올려놓은 일이 있었다. 물귀신처럼 스마트폰의 귀신이 계속해서 부르기 때문에 필자가 붙인 귀신이름이다.

방학이 되어 외국에 있던 아들과 딸이 귀국해 모처럼 한집에서 식사를 하는데 집중이 안 된다. 또한 식사가 끝나도 서로 대화할 시간이 없다. 스마트폰에 컴퓨터까지 잡고 살다보니 식사시간 마저 대화가 없다. 그래서 식사시간에 스마트폰을 놓게 하였더니 밥을 먹는데 정신이 나가있다. 허둥지둥 식사하고는 다시 스마트폰을 집어든다. 이에 필자가 스마트폰에는 물귀신보다 더 심한 귀신이 사는 것을 감지하고 식구 전원의 스마트폰을 모두 모아서 화장실 변기통 위에 올려놓고는 문을 닫았다. '스마트폰 귀신' 을 쫓기 위해서였다. 귀신을 쫓는 데는 부적이나 굿을 해야 하건만 이 귀신은 너무 강해서 부적으로도 굿으로도 소용 없다. 굿하는 대부분의 무녀도 스마트폰에 중독되어 있으니 말이다. 그런데 더 웃긴 것은 스마트폰 귀신을 만나면 모두가 스마트폰 좀비가 된다는 것이다. 좀비란 자체적인 생각을 못하는 일종의 서양 강시인데 어찌된 일인지 스마트폰 귀신만 뜨면 모두가 강시가 된다. 한 번도 눈을 떼지 못하고 그것을 보며 웃고 울고 한다. 그리고 하루 종일 손에서 놓지 못한다. 심지어 분리불안까지 생긴다. 그러다가 어쩌다 배터리라노 떨어지면 거의 패닉 상태에 빠진다. 아니 알이 한 개만 남아도 불안 증세를 보인다. 이것을 보면 지독한 귀신임에 틀림이 없다. 그리고 또 수시로 스마트폰을 확인한다.

이런 증세를 가만히 생각해보니 두 가지의 마음인 것 같다.

하나는 분리불안이다. 누군가에게서 인정받지 못하고 누군가가 나를 찾지 않을까 하는 두려움 말이다. 그리고 다른 하나는 외로움이다. 현대인은 모두가 외롭기에 누군가가 나를 찾아준다면 조금이라도 행복해질 수 있다. 요즘은 부부지간에도 메일로 대화를 하는 경우가 많다고 한다. 우리 집도 가족 간의 대화가 거의 카카오톡에서 이루어지는 것을 보면 이해가 되는 부분이기도 하다. 물론 외국생활을 하다 보니 가장 저렴하고 빠르기 때문에 사용한 것인데 온라인이 오프라인에서까지 진행형으로 되는 것이 우습다.

그런데 요즘은 그 귀신이 병원에도 나타났다.

젊은 선생님들이, 또 젊은 직원들이 손에서 스마트폰을 내려놓지 못한다. 이 귀신의 특징은 나이가 어린 사람일수록 떼기가 어렵다는 것이다. 그래서 의사실 정면에 부적처럼 크게 글을 써서 붙여 놓았다. '스마트폰은 병원의 공공의 적' 이라고 말이다. 아마도 우리 병원만의 문제는 아닐 것이다. 이미 스마트폰 귀신은 지구 위 모든 곳에 만연해 있다. 모든 회사나, 학교, 가정에서 말이다. 지하철만 타도 모두가 스마트폰 강시들이다. 각자 목적지까지 스마트폰만을 쳐다보고 있다. 대단한 귀신이다. 이 귀신과 강시는 회사나 학교, 가정에서의 구성원 상호간의 소통을 단절시키는 문제를 유발한다. 그로 인하여 스스로를 고립시키게 한다. 따라서 더욱 외로워지게 된다. 자살하는 경우가 예전보다 더 많아진 이유에도 한몫을 했을 것이다.

스마트폰 귀신을 막을 특별한 방법은 없다. 빠져나간 혼을 어찌 다시 불러들여야 하는데 방법이 없다. 그 귀신을 퇴치하려고 말을 하면 몰래 책상 밑으로 들어간다. 그래서 스마트폰을 책상 밑에서 본다. 오늘도 스마트폰 귀신과 싸우며 하루를 보낼 원장님들에게 위로의 말을 한마디 던진다.

치과신문 제503호

표현하라!

며칠 전, 이제 여든 셋이신 어머니를 모시고 한국 전통무용 구경을 다녀오는 길에 유난히 수척해진 모습에 혹시 체중이 줄었냐고 물으니, 3kg이 줄었다는 말씀을 하셨다. 항상 규칙적인 운동과 정확한 시간에 식사를 하는 분이기에 무슨 특별한 변화라도 있나 싶어서 "요즘 무슨 일이라도 있으신가요?"하고 천천히 말을 건네 보니, 틀니가 아파서 식사하기가 불편해진 지 4~5개월 되셨다고 답변하신다.

어머니의 말씀을 듣는 순간 이해하기가 힘들었다. 아들과 며느리가 치과의사고 집도 걸어서 10분 걸리는 거리인데 틀니가 아픈 것을 4~5개월이나 참으며 말을 하시지 않았다는 것이 이해가 되지 않았다. 이유를 물어보니 자식들 바쁜데 폐를 끼치는 것 같은 생각이 들어서 얘기하지 않으셨다고 한다. 결국 만들어 드린 틀니를 잘 쓰시는지 물어보지 못한 자식의 잘못으로 결론을 짓고 이야기의 화제를 돌렸지만 아들 입장에서 무엇인지 억울한 마음이 들었다. 무엇이든 말씀이 없으시면 편안하다고 생각하는 것도 문제는 있지만, 조금의 힌트만 주었어도 좋았을 것이라는 아쉬움 말이다.

그런데 어제 일이다. 병원으로 꽃이 한 다발 배달되어 왔다. 근무하는 예쁜 여선생의 생일이란다. "남편이 보내주어서 좋으시겠어요?"라고 말을 건네니, 여동생이 보내 준 것이라는 답변에 왠지 남편으로부터 꽃이 오지 않는 것에 대한 아쉬움의 여운이 묻어 있었다. 이에 필자가 "남편에게 받고 싶으면 기다리지 말고 표현을 하십시오! 그것이 남편을 도와주는 것입니다. 본인도 행복해지구요. 물론 남편이 알아서 챙겨주는 것보다는 못하지만 생각보다 한국의 남편들이 와이프 생일을 잊지 않고 챙길 만큼 녹록치 않습니다. A+급 상황을 바라지 말고 A-급 정도에서 평화를 지니는 것도 나쁘지 않습니다." 그리고 몇 시간 후에 남편으로부터 커다란 꽃바구니가 병원에 배달되었다.

심리학에서 마음의 안정을 찾고 분노를 삭이고 카타르시스를 얻는 데에는 말로 표현하는 것이 가장 중요한 행위이다. 어떤 스트레스나 사건에 의한 감정이 표출되지 못하면 가슴 안으로 감아넣게 된다. 그것이 반복되며 점점 더욱더 깊이 들어가게 되면 그때는 마음의 병이 생기게 된다. 물론 마음의 병으로 가기 전에 대부분은 폭발되어 튀어나오게 된다. 그런 경우에는 싸움으로 번지는 경우가 흔하다.

이런 싸움에서 서로가 현명하게 가슴 속에 있는 것을 남김없이 다 풀어내고 더 이상 남을 것이 없다면 관계가 급격히 좋아지고 감정적으로도 안정되므로 아주 좋은 싸움이 되겠지만, 일반적으로는 상대방의 황당한 반응에서 시작된 싸움이기에 받아들이지 못하는 경우가 되어 싸움을 통해 다 풀지 못하거나 아니면 더욱더 쌓이게 되는 경우가 더 많다. 이런 반복이 마음의 골을 더욱 깊게 만들고 급기야는 대화가 단절되는 사태에까지 이르게 한다.

사랑하기에 미워한다고 한다. 사랑하기에 다른 사람이 아닌 그에게 받고 싶은 것이다. 그런데 불행하게도 남자와 여자의 뇌구조는 다르다. 남자는 동물적 본능 구조가 경쟁 구도와 생존 구도이다. 따라서 평온한 상태에서는 상태유지가 우선이다. 잡아놓은 고기에 먹이를 주지 않는 것이 아니고 지키기 위하여 경계를 하는데 더욱 신경이 가있는 것이다. 그래서 여자는 알아서 해주는 것이 가능하지만 남자에게는 불가능하다. 물론 가능한 남자들도 있다. 직업이 제비이든지, 아직 지켜야 할 단계가 아닌 작업의 단계이든지 말이다.

여자들이 흔히들 결혼 전과 후에 남자들이 달라진다고 말한다. 이는 당연한 이야기이다. 내 것으로 만들기 위한 노력이 내 것을 지키기 위한 노력으로 바뀌기 때문이다. 사랑이 식은 것이 아니라 형태가 바뀐 것일 뿐이다. 이런 차이로 아직도 많은 커플들이 지속적인 싸움을 한다. 아니 영원히 할지도 모른다.

신이 남녀를 만들 때 심심하지 말라고 장난을 친 모양이다.

치과신문 제505

눈물의 1초

대한민국 펜싱 여자 국가대표 신아람 선수가 런던올림픽에서 1초의 시간만 지나면 승리를 할 수 있는 상황에서 1초가 흐르지 않고 멈추어 버린 상태로 경기가 지속되어 패배하였다. 잘못된 판정 후에 경기장을 떠나지 못하고 고개를 숙이고 주저앉아 있는 사진을 보고 있으면 편파 판정에 대한 분노보다도 이제 20대 나이인 젊은이가 추악한 세상의 모습을 보고 저항할 수도 없는 상황에서 느껴야 할 마음이 전해져 가여움과 안쓰러움에 가슴이 미어지는 아픔을 느낀다. 메달을 잃어버린 것에 대한 안타까움보다도 그렇게 믿어왔던 신사 스포츠라는 펜싱의 추악함을 본 것에 대한 실망감이 더욱 가슴 저리도록 아플 것이다. 실망감이라기보다는 배신감이라는 표현이 더욱 맞을 게다.

요즘 흥행하는 영화 중에 배트맨 3편이 있다. 내용 중에 배트맨이 믿고 모든 것을 맡겼던 여주인공이 배신을 하며 최고의 반전을 준다. 그때 배트맨이 받은 느낌이 아마 이런 배신감이었을 게다. 영화에서도 그런데 실제 삶 속에서의 반전은 얼마나 가혹할 것인

가. 심리학에서 '사람의 마음에 과거는 극약이다' 라는 표현이 있다. 차라리 모르고 살다가 죽으면 좋을 것을 너무 많이 아는 죄라고 할 수 있다. 그래서 사람들은 너무 아프고 괴로울 때는 잊어버리는 심리현상이 나타나기까지 한다. 분하고 억울해도 신아람 선수는 축복받은 선수이다. 그의 억울함을 경기장의 관중들이 보았고, 한국 국민들이 알고, 전 세계의 사람들이 보았기 때문이다. 비록 지금은 조직이라는 큰 흐름의 바퀴가 구르기에 어쩔 수 없겠지만 이 억울함은 두고두고 잘못된 조직과 권위와 기득권의 추악함에 경종을 울리게 될 것이고 양심있는 정의로운 자에 의하여 다시 새로운 변화로 나타나게 될 것이다. 그러기에 그의 눈물은 결코 나쁜 것만은 아니다. 아무도 모르는 곳에서 그와 같이 억울한 일을 당하고 있는 사람들이 너무도 많기 때문이다.

그럼 그런 추악한 일들을 행하는 사람들의 마음구조는 무엇일까?

첫째는 자기방어다. 자기의 이익을 위하여 정의를 포기하는 것이다. 나라를 팔아먹은 이완용이나 악덕기업주 등 주변에서 가끔 볼 수 있는 비열한 인간들이 여기에 속한다. 두 번째는 정신적 신념이나 사상이다. 히틀러식 나치즘이나 일본 옴진리교의 테러가 여기에 속한다. 셋째는 강압에 의한 어쩔 수 없는 수행이 있다. 잘못된 명령을 받은 군인들의 위치라고 설명할 수 있다. 그럼 펜싱 경기장에서의 여자심판은 어떤 생각이었을까? 두 번째에 속하는 경우다. 결코 본인은 잘못했다고 생각하지 않을 것이다. 변방의 동양인이 펜싱을 한다는 것 자체가 싫은 사람일 수도 있다. 그래서 본인은 신성한 펜싱을 구했다고 합리화를 할 수 있는 것이다. 이것이 극대화되었을 때 납득하기 어려운 자살폭탄테러가 될 수도 있다. 다른 또 하나는 공동체의식이다. 모두가 그러하고 나는

따라한 것뿐이니 내 잘못이 아니라는 것이다. 경기 종료 후에도 잘못을 인정하지 않는 것이 그 증거이다.

이런 일들이 올림픽뿐이겠는가. 우리 주변에서 너무나도 흔하게 보고 접하는 일들이 아닌가. 자기의 이익을 위하여 무엇이든지 하는 집단 때문에 세상이 얼마나 시끄러운가. 일본대사관 앞에서 1인 시위를 하시는 할머니들도 또 다른 눈물의 1초에 대한 항의가 아니었던가. 살면서 억울하거나 황당한 일들을 얼마나 많이 당했던가. 특히 돈이나 기득권이 없는 자가 기득권의 지위를 넘볼 때 항상 겪어야하는 일이지 않은가. 한동안 사회의 이슈였던 '유전무죄 무전유죄' 가 이것이 아닌가. 이제 쉰 살을 넘긴 필자 또한 말해 보았자 남들이 믿지 못할 일들을 얼마나 많이 경험하였던가. 어디 필자뿐이었겠는가. 얼마나 많은 이들이 남모르는 억울함에 혼자서 분을 삭혔겠나.

이제 우리가 할 일은 눈물의 1초를 당하지 않을 만큼 힘 있는 국가를 후손에게 물려주는 것이고 노력한 만큼 얻는 그런 사회를 우리 자식들에게 만들어 주는 것이다.

산미치광이의 딜레마

'딜 레마' 의 어원은 그리스어의 di(두번)와 lemma(제안 · 명제)의 합성어로서 두 가지의 명제 사이에서 한쪽으로 판단하기 어려운 상황에 놓여 있는 상태를 의미한다. '산미치광이' 란 고슴도치처럼 몸과 꼬리가 가시 털로 뒤덮인 동물로 '호저' 라고도 한다.

그런데 심리학에는 '산미치광이의 딜레마' 혹은 '멧돼지의 딜레마' 라는 표현이 있다. 미국의 정신과의사인 벨락이 쇼펜하우어의 멧돼지 우화를 인용하여 인간의 갈등관계를 해석했다. 우화의 내용은 멧돼지 두 마리가 있었다. 날씨가 유난히 추운 겨울날 밤이 되자, 서로의 체온으로 추위를 견디기 위해 몸을 기대려 하였는데, 너무 가깝게 가면 자신들의 피부에 돋아있는 가시와 같은 털이 서로에게 상처를 냈다. 그래서 떨어지면 추워지므로 멧돼지들은 서로의 몸에 상처를 주지 않고 상대의 체온이 느껴지는 거리를 찾아 붙었다 떨어졌다를 반복하며 적절한 거리를 찾는다는 이야기이다. 남녀관계에서 발생되는 갈등을 설명하면 쉽게 이해되기도 한다. 가까이 가는 것을 '사랑' 이라 하면 떨어지는 건 '미움'

이라 할 수도 있다. 따라서 사랑과 증오의 감정은 늘 공존한다는 숙명적인 이야기이기도 하다. 또한 붙지도 못하고 떨어지지도 못하는 어정쩡한 인간관계를 일컬을 때를 말하기도 한다. 적당한 거리를 유지하면서 관계를 계속해 나가는 것이다.

요즘 대부분의 사람들이 지닌 문제이기도 하다. 떨어져 있자니 외롭고, 너무 가까이 가면 상대방으로부터 상처를 입을 것 같기도 하고, 아니면 구속당하거나 자유롭지 않아질 것 같은 모순 말이다. 이것이 쇼펜아우어나 벨락이 말하고 싶었던 인간의 기본적인 감정이었을 것이다. 이것을 극복하는 것은 상처를 받을 것을 두려워하지 않으며 다가가는 것과 상대가 상처 받지 않도록 나의 가시를 없애는 방법이다. 부모와 자식 간의 관계에서 본다면, 자식이 어릴 때에는 부모와 자식 간에는 이런 관계가 성립하지 않는다. 이때는 힘에 있어서의 상대적이라기보다는 일방적이기 때문이다. 따라서 아이가 성장하여 적당한 거리를 유지할 수 있을 때까지는 부모의 영향을 많이 받을 수밖에 없다. 즉 아이들의 성격, 인격 형성에 부모가 절대적인 영향을 끼친다고 볼 수 있다.의사와 환자의 관계 또한 비슷하다. 환자와 너무 가까워지면 치료에 있어서 플라시보 효과가 줄어든다. 또 너무 멀어지면 의사를 불신하고 심지어는 미워하기까지 한다. 이것의 극단적인 상황이 현실에서도 나타난다. 너무 가까워졌을 때가 최근 발생한 강남산부인과의 마취제 투여 환자 사망사건이고, 너무 멀어졌을 때가 작년에 발생한 환자의 불만에 의한 치과의사 살인사건이라 볼 수 있다.

'산미치광이의 딜레마'에서 말하는 적절한 거리, 적당한 거리감이란 쉽지 않은 명제이다. 삼국지에 나오는 '계륵'과 같이 먹자니 먹을 것이 없고 버리기엔 아까운 것과 같은 그런 상황에 놓인 것이다. 지속적으로 인간의 욕심을 저울질당하기 때문에 어렵고 놓지 못하기에 힘들다. 이는 동양사상의 '중도' 와는 다르다. 중도사상은 극단적인 치우침으로 가지 않도록 항상 마음의 평정심을 유지하는 중도이다. 그리고 이것을 놓는 것이 중도이다. 반면 적당한 거리의 유지는 지속적인 피로감과 외로움을 동반한다. 남녀노소를 막론하고 현대를 사는 모든 이들 마음 속에 가장 큰 고통 중의 하나가 외로움이다. 사람이 없어도 외롭고 있어도 외롭다. 그래서 데이비드 리스먼은 이미 1950년대에 현대화된 사회 속에서 개인의 위치를 '고독한 군중' 이란 책에서 '군중 속의 고독' 이라 하였다. 결국 '산미치광이의 딜레마' 가 인간관계의 외로움의 원천이라 할 수 있다.

오늘도 이런 거리를 유지 하며 살아가야만 하는 필자를 포함한 현대인들이 안쓰럽기만 하다. 노자를 따라 자연으로 돌아가는 것이 아메리카노를 마시는 것처럼 쉬우면 좋겠다.

치과신문 제510호

"브라우니, 물어!"

모 방송사의 인기 코미디 프로그램 중에 남자가 여자 분장을 하고 상품 판매 매장에 가서는 말도 되지 않는 생트집, 즉 일명 '진상' 행동을 하는(백화점이라든지 화장품 매장 등 사회 많은 현장에서 벌어지는) 일들을 풍자한 코너가 인기리에 방영되고 있다. 그 내용 중에 진상녀인 정여사는 강아지 인형을 하나 가지고 다닌다. 그 인형의 이름이 '브라우니' 이다. 정여사는 본인이 어렵거나 곤란한 상황에 처하면 브라우니를 내밀며 "브라우니 물어!"하고 외친다. 그러면 나의 잘못과는 상관없이 어려운 상황을 타파하고 상대방을 제압할 수 있다. 그런 역할의 브라우니 인형이 지금 인기 연예인 만큼이나 유명한 대중적 인기를 누리고 있다. 말도 못하는 소품 중의 하나인 강아지 인형이 인기를 누리는 것을 보며 현 시대를 사는 사람들의 절박하고도 외로운 마음을 보는 듯하다.

그리고 그 이유는 무엇일까하고 생각해 본다. 브라우니는 누가 보아도 명백한 잘못인데도 불구하고 내 편이 되어주는 절대적인 믿음자이고, 해결사의 역할을 한다. 또한 말을 하지 않는다. 그러다보니 원하는 대로, 시키는 대로 다 해준다. 생각하지 않는다. 전에 어떤 유명한 원로배우의 '묻지도 말고, 따지지도 말고!' 란 대사가 유명해진 것과 상통하는 이유이다. 방송 중의 정여사뿐 아니라 시청하는 모든 사람들도 인생에 그런 역할을 해주는 해결사가 필요할 만큼 힘든 세상을 살고 있다고 역설적으로 말할 수 있다. 과거에는 절대적으로 나를 믿어주는 부모나 형제와 같은 가족이라는 존재들이 있었다. 그러나 지금은 핵가족을 넘어 개인생활 시대에 들어오면서 절대적으로 믿어주는 역할을 담당하는 담당자가 없어졌다. 그런 믿음의 구조가 취약해져서 부부지간, 부자지간에도 분쟁이 빈번해지고 대화를 하려다가 말싸움으로 끝나거나 대화가 사리지는 극단적인 형태를 띠게 되었다.

인형은 아주 오래 전부터 역할의 대행으로 시작하였다. 어린 아이에게는 부모의 대리 역할이었고 종교적으로는 신앙 중심의 신의 대리 역할로 시작되었다. 심리학에서 유아는 엄마와 1차적인 애착관계를 형성한 후, 성상함에 따라 엄마와 자기 사이의 중간대상, 예컨대 인형 같은 애착대상을 갖게 된다. 중간대상은 엄마와 자기가 아닌 중간지대에 있어, 엄마와 자기를 분리시키는 과도기에 인형이 존재한다. 그래서 여성들 중에서 인형을 안고 자거나 항상 지니고 다니는 이유는 잠재의식 속에 유아기 당시의 포근했던 기억이 있기 때문이다. 사람이나 동물은 누구나 다른 사람 혹은 대상물에게 접촉하고자 하는 동기가 있다. 따뜻함과 안락함을 느끼기 위해서이다. 인형은 비록 생명을 가진 대상이 아니지만, 포근한 느낌 자체가 접촉 동기를 만족시켜 준다.

저명한 미국의 심리학자 해리 할로의 '사랑' 을 주제로 연구한 원숭이 실험은 유명하다. 새끼원숭이를 어미에게 강제로 떼어 두

인형이 있는 방에 가둬두었다. 하나의 인형은 철망으로 만들어진 몸에 젖병이 매달려있는 원숭이 인형이었고, 다른 하나는 마분지로 만든 몸통에 천을 감아 만든 원숭이 인형이었다. 새끼원숭이는 처음에는 어미와 떨어져 공포에 울부짖고 사방에 대소변을 뿌리고 고함을 질렀지만 어떠한 노력으로도 어미에게로 돌아갈 수 없다는 것을 알고, 친어미 대신 인형 원숭이에게 매달렸다. 그런데 그 매달린 대상은 젖을 주는 철사인형이 아닌 대충 만든 천인형이었다. 이 실험을 통해 스킨십이 애정의 형성에 얼마나 크게 작용하는가를 알게 되었다. 아이에게 필요한 것은 단순한 '보상'이 아니었던 것이다. 그 후 새끼원숭이가 가짜 어미에게 애착을 갖게 만든 다음 그 가짜 어미가 새끼에게 물을 끼얹도록 만들고, 전기충격을 가하고, 날카로운 가시로 찔러도 새끼원숭이는 계속 어미를 향해 기어와서 안겼다.

애정의 힘은 무섭도록 강함을 보였다. 인형의 역할은 일차적으로 신체적으로 주는 보드라움과 따스함이다. 또 이차적으로는 유아시절에 느낀 정서적인 안정감과 위로감이다. 그리고 힘든 이 시대에는 나를 무한리필로 믿어주고 말을 들어주는 해결사 역할도 한다.

청소년은 다 폭주하고 싶은가

요즘 운전을 하다보면 달리는 차 옆으로 굉음을 내며 종횡무진 무법으로 질주하는 폭주족을 많이 본다. 어제도 퇴근길에 3~4명의 청소년이 헬멧도 쓰지 않고 굉음을 내며 위태롭게, 뒷좌석에는 여자를 전리품처럼 보란 듯이 태우고 자랑스럽게 달리는 것을 봤다. 가끔 서울 근교 국도를 가다보면 40~60대 정도의 중노년 층 10여명이 가죽옷을 입고 할리라는 오토바이를 타고 질주하는 광경을 목격되고는 한다. 필자가 아는 회장님 중에도 몇 분이 휴일이면 할리를 타고 드라이브를 나선다고 하신다.

이렇듯 오토바이를 타는 나이는 대략 10대와 40~60대의 장·노년기, 두 부류로 나누어진다. 장·노년층은 가죽옷을 입으면 폼도 나고 젊어진 느낌에 속도를 내면 스트레스가 풀린다고 말한다. 10대들은 또 조금 다르다. 얼마 전 어떤 방송에서 폭주족 뒤에 탄 여자아이와 인터뷰를 하였다. 그 여자아이는 자신이 원조교제로 돈을 벌어서 폭주족인 남자친구에게 바이크를 사주었고 그의 등 뒤에서 달릴 때 다른 모든 사람들이 부러워서 쳐다보는 시선이 너무 좋다고 했다.

장년층은 본인의 스트레스라든가 내부적인 갈등을 해결하기 위한 것이 원인인 반면, 10대 청소년들은 내부적인 갈등보다는 타인들이 본인들을 부러워서 쳐다보기 때문에 그것을 즐기기 위한 스타의식이 원인으로, 두 세대 간에 확연한 차이를 보인다. 40~60대의 할리족은 심리학적으로 해석을 하면 '심리적 퇴행'으로 분석할 수 있다.

심리적 퇴행이란, 힘든 현실을 벗어나는 일환으로 과거의 행복했던 한 시점으로 돌아가는 현상이다. 즉, 똥오줌을 가리던 3살짜리 아이가 동생이 탄생하여 부모로부터 관심이 적어지자 과거로 돌아가려고 똥오줌을 그냥 싸는 행동이나, 노인이 어느 날 갑자기 빨간 스포츠카를 타고 나타나는 등의 행동이나, 어느 날 갑자기 할리를 타는 행동이나 모두 같은 맥락의 심리적 퇴행인 것이다. 젊은 시절로 돌아가고 싶은 마음의 한 현상이다.

반면 청소년은 성인과는 전혀 다르다. 심리학자 엘킨드는 청소년기의 자아중심성을 '상상 속의 청중'과 '개인적 우화'라고 크게 두 개의 심리현상으로 설명하였다. '상상 속의 청중'은 한마디로 모두가 나를 본다는 것이다. 즉 과장된 자의식으로 인해 자신이 타인의 집중적인 관심과 주의의 대상이 되고 있다고 믿는 것이다. 여기서 늘 자신을 지켜본다고 생각하는 타인이 바로 상상 속의 청중인 것이다.

청소년들은 상상 속의 청중을 즐겁게 하기 위해 노력하고, 타인은 전혀 의식하지 않는데도 불구하고 자신의 작은 실수로 번민하게 된다. 상상 속의 청중에 대한 자신의 위신과 자존심을 위해 자기만의 비밀을 간직하며, 다른 사람에게 자신을 드러내기를 꺼려한다. 즉, 많은 사람들이 관심을 갖고 쳐다본다는 스타의식인 것이다. '개인적 우화' 는 한마디로 나는 다르기 때문에 죽지 않는다는 것이다. 청소년들이 자신이 특별하고 독특한 존재라고 생각하며, 자신의 감정이나 경험세계는 다른 사람의 그것과 근본적으로 다르다고 믿는 것이다. 청소년들은 자신의 우정, 사랑 등이 다른 사람은 결코 경험하지 못하는 것이라고 믿을 뿐만 아니라, 다른 사람이 경험하는 죽음, 위험, 위기가 자신에게는 일어나지 않으며, 혹시 일어나더라도 피해를 입지 않을 것으로 확신한다.

이런 덜 성숙된 자아중심성으로 인하여 폭주족이 생기는 것이다. 앞에 탄 남자아이는 "나는 사고나도 다치지 않는다"는 개인적 우화가 강하고, 뒤에 탄 여자아이는 "모두가 자신을 부러워한다"는 상상 속의 청중이 강한 것이다. 이렇듯이 청소년을 현실적 상식의 선에서 생각하고 설득하기엔 아직 미성숙한 부분들이 너무도 많은 것이다.

청소년을 진료하면서 유독 말을 듣지 않아 짜증나고 화가 나게 하던 몇몇 아이들이 10여 년의 세월이 흘러 어엿한 사회인이 되어 다시 병원에 내원한 모습을 보면서 이제야 비로소 'growth & development(성장과 발달)' 의 진정한 의미를 깨닫는다.

힐링의 의미

요즘 이 시대를 대변하는 것을 한 단어로 정의하라고 한다면 '힐링' 이라 할 수 있다.

힐링이란, 영어로 'healing' 이며 사전적 의미는 '몸과 마음의 치유' 이다. 특히 의학에서 질병이 치유되며 나아가는 것을 의미한다. 따라서 힐링의 전제 조건으로는 상처를 받거나 질환에 이환돼 있어야 한다. 결국 이 시대에는 힐링이 절실할 만큼 상처받고 지치고 아픈 이들이 많다는 것을 의미한다. 그런데 의학에서 힐링되어 가는 과정에는 두 가지가 있다. 원상태로 회복되는(reversible) 과정과 원상태로 되돌아가지 않는(irreversible) 과정이다. 즉, 감기나 복통 등은 치유되면 원상태로 회복되지만 깊은 상처나 암절제수술 등은 원상태로 되돌아가지 않으며 그에 따른 상흔(Scar)을 남긴다.

그리고 마음은 비록 눈에 보이지는 않지만 마음에서도 마찬가지로 이런 두 가지의 힐링 과정이 있다. 심하지 않은 마음의 상처는 금방 잊혀지지만 깊은 마음의 상처는 평생을 두고 잊지 못하는 상흔(Scar)을 남긴다. 더불어 상처가 조금의 자극에도 심하게 고통스럽듯이 마음의 상처도 약간의 자극에도 깊은 아픔을 느낀다. 몸과 마음이 조금 다른 것이 있다면 몸은 지속적인 자극에 적응하지만 마음은 지속적인 자극에 익숙해지기보다는 더욱더 고통이 배가된다.

이 시대를 사는 이들은 연령층과 무관하게 모두가 힘들고 아프다. 갓난아기는 엄마의 보살핌이 그리운데 2살이면 유아원으로 보내진다. 그 후엔 유치원에서 미리 한글을 배우고 초등학생들은 과도한 학원에 놀 시간조차 없다. 청소년은 자아를 찾고 정서를 함양할 시간도 없이 입시에 몰린다. 대학생은 취업준비에 시달리고 20~30대는 취업과 진급에, 40대는 조기 명퇴에, 50~60대는 노후 생활자금에 걱정이다. 70대 이후 경제적인 문제로 미래를 고민한다. 결국 어느 세대 하나 편한 세대가 없다. 모든 세대가 내일과 미래에 대하여 불안해하고 걱정을 한다. 여기에 가족 간 대화의 단절과 각자의 바쁨과 같은 의도되지 않은 무관심으로 인해 모두가 외롭다. 그러기에 이 시대를 대변하는 또 다른 단어는 힐링의 반대말인 현실과 미래에 대한 걱정과 불안, 그리고 외로움이라 할 수 있다.

그럼 어떻게 힐링을 도와줄 수 있을까?

몸의 힐링은 자극과 원인을 제거하고 쉬면서 치료에 필요한 약과 적절한 온도 등의 환경을 만들어주는 것이다. 마음의 힐링도 역시 쉬면서 자극과 원인을 제거하고 치유에 적절한 환경을 만들어주는 것이다. 우선 무소유까지는 아니더라도 무리한 욕심을 놓는 것이다. 성직자도 아닌 일반인은 무리한 욕심을 줄이는 것만으로도 대견하다. 욕심을 줄이는 것에는 크기를 줄이는 것도 있지만 속도를 줄이는 방법도 있다. 그래서 어느 스님은 멈추면 보이는 것들이란 글을 내신 것이다.

또 하나는 '긍정' 이다. 사촌이 땅을 사면 배가 아플 것이 아니라 덕분에 농사를 지어 얻어먹을 것이 있을 거라 즐거워하는 긍정의 마인드 말이다. 그러면 현대인들이 가장 고통 받는 상대적 빈곤감으로 부터 벗어날 수 있다. 다음은 가까운 이에 대한 조그만 관심의 한마디이다. '사랑해' 든 '힘들지' 든 무어라 건네는 한마디로 인하여 서로의 존재감을 확인하고 혼자라는 외로움을 줄일 수 있다. 대부분의 사람들은 먼저 받으면 많은 것을 줄 준비가 돼있다고 생각한다. 그런데 주는 이가 없다고 한다. 이는 대부분의 사람들이 위로받고 싶을 만큼 상처받고 힘들고 지쳐있기 때문이다. 그래서 먼저 건네는 '힘들지' 의 한마디가 힐링이란 말에 생명력을 불어 넣을 수 있다.

힐링이 절실한 시대에 마음의 조그만 변화가 세상을 바꾸는 나비의 날개 짓이 된다. 노래 한 소절, 그림 한 조각, 살풀이 한 마디의 감동이 상처 받은 마음의 힐링의 에너지원이다. 이것이 예술의 의미이다. 힐링에너지에는 active type(적극적 타입)의 사랑에너지가 있고 passive type(보존적 타입)의 순수한 자연에너지가 있다. 그래서 사랑받으면 생기가 나고 들꽃을 보면 마음이 편해진다. '힐링' 은 생명 보존의 자연적 현상이다. 따라서 마음을 자연에 맡길 때 가장 빠르게 치유된다.

라푼젤(Rapunzel), 프레셔스(Precious)를 아시나요?

두 단어의 공통점은 영화제목이라는 것이다. '라푼젤' 은 2009년에 디즈니사에서 만든 만화영화이고 '프레셔스' 는 2010년에 미국에서 만든 청소년관람불가 영화이다. 라푼젤의 신분은 18세의 꿈 많은 예쁜 공주이고, 프레셔스의 신분은 딸 둘을 낳은 16세의 몹시 뚱뚱하고 못생긴 불행한 미국 슬럼가의 흑인 여자아이이다.

이 두 영화는 볼수록 많은 의미를 던져준다. 특히 삶이 힘들고 무엇을 위해 살아야하는지 방향을 잃었다고 생각이 들거나 왜 살고 있는지에 대한 궁금함이 있다면 볼만한 영화들이다.

라푼젤은 한 생명의 꽃을 기르는 여인으로부터 시작된다. 그런 어느 날 그 나라 왕비가 병이 들고 왕비는 그 꽃을 강탈한 뒤에 병이 낫고 공주를 출산한다. 꽃을 빼앗긴 여인은 노파가 되었으며, 젊음을 다시 찾기 위하여 공주를 납치하고는 숲속의 성에 가두고 딸로 키운다. 가짜 엄마의 욕심으로 인해 과잉보호 아래 자라온

공주인 라푼젤은 세상은 무섭고 위험한 곳이라고 세뇌되며 탑 안에 갇혀 18년 동안이나 바깥세상을 보지 못한다. 그러다 우연히 들어온 도둑 신분의 남자를 따라 탑을 탈출하고 자신의 진정한 신분인 공주를 찾아가는 과정의 이야기이다. 즉, 허구로 무장된 마음 속의 탑에서 공주의 원래 모습을 찾아가는 용기 있는 행동과 가짜 엄마라는 본능적인 두려움을 나타낸다.

영화는 현대인들이 내면에 스스로 세상을 두려워하는 탑을 만들고 있지나 않은지, 있다면 탑에서 나와 스스로 진정한 공주인 본인의 모습을 찾으라는 메시지를 던진다.

프레셔스는 뉴욕 어느 빈민가에 엄청난 비만의 16세 흑인 여자아이로 이야기가 시작된다. 친아버지의 성폭행으로 두 명의 아이를 출산하고, 친엄마로부터는 연적으로 취급당하며 혹독한 학대를 당한다. 학교에서는 출산으로 인해 퇴학을 당하고 절망의 상태에서 대안학교를 찾게 되며 그곳에서 동성연애자인 선생을 만난다. 그리고 그 선생의 도움으로 조금씩 자아를 찾아나가는 이야기이다. 이 영화의 시작은 심리적으로 보호자이어야 할 부모조차도 모두가 가해자인 상태에서 시작을 하여, 전혀 그 현실구조에서 벗어날 수 없음을 보여준다. 그러던 중에 동성연애자라는 결함은 있지만 충분히 훌륭한 선생의 도움으로 그 잘못된 구조에서 벗어나는 과정을 보여준다.

이 영화는 부모로부터 철저히 상처받은, 16세에 본인의 의지와 상관없이 두 아이의 엄마가 되어 버린 엄청난 비만 여자아이의 희망이 전혀 없는 삶에 대해 현실 속 관객은 어떤 해법을 지니고 있냐고 지속적인 질문을 던진다. 더불어 이미 만들어진 심리구조는 외부의 도움의 손길로 해결해야 한다고 제시한다. 도박하는 사람들이 잘못된 행동인 줄 알면서도 끊지 못하는 것도 이러한 심리의 고착이 일어났기 때문이다. 결국 고착된 심리는 자신의 의지로 벋어날 수 없다. 선생의 도움이 절대적으로 필요한 것이다. 외부적인 자극에 의하여 고착된 심리구조가 깨져야만 새로운 변화를 받아들일 수 있다.

라푼젤은 도둑의 도움으로 성에서 탈출할 수 있었고 프레셔스는 선생님의 도움으로 자아를 찾아나갈 수 있었다. 보통사람들은 '저 사람은 의지가 부족해!' 혹은 '나는 의지가 부족해!' 라고 체념해버리는 경우가 많다. 그러나 그것은 의지의 문제가 아니고 주어진 심리적 환경의 고착 상태인 경우가 더 많을 수 있다. 공부를 못하는 것이 아니라 못하게 하는 심리구조를 지니고, 살을 못 빼는 것이 아니고 살을 빼지 못할 심리구조를 지닌 것이다.

모두가 '포기' 라는 쉬운 선택을 하고는 라푼젤의 심리적 탑을 쌓아 놓고 그 속에서 생활히는 경우가 많다. 그리고 타인이나 본인이나 탑 속에 나오지 않는 것을 의지 부족이라고 생각하는 것이다. 탑 속에서 나오고자 한다면 도둑을 만나야 한다. 그 도둑이 어떤 이에게는 취미이고, 어떤 이에게는 예술이고, 어떤 이에게는 여행일 것이다. 아직도 못만났다면 점심시간에 커피 한 잔을 마시면서 생각해보시면 어떨지…

호모 심비우스(Homo Symbious)

얼마 전 대학원에서 심리학 강의를 듣는 중에 세대 간의 생각의 차이를 논의하게 됐다. 20대 중반의 한 여학생이 집에 강아지가 새끼를 두 마리 낳았다는 이야기를 하면서 감정이 벅차오르는 듯 눈물을 글썽이며 울먹거렸다. 반면 50대 초반인 필자는 강아지가 새끼를 낳았다는 말에 어떠한 감동도 감정의 흔들림도 없었다. 이것이 30년간의 우리 사회의 세대차이라는 것을 입증하고 수업이 마무리됐다. 물론 필자가 50대의 대표적인 사람은 아닐 것이다.

필자의 세대는 적어도 형제가 4~5명이였다. 개발도상국 시절을 지나오며 먹을 것이 넉넉하지 않아 초등학교에서는 혼식, 분식 장려운동을 해서 하얀 쌀밥을 도시락으로 가져가면 엉덩이에 매를 맞던 시절이었다. 선생님들이 잘못을 행하는 아이에게도 매를 들지 못하는 지금의 학교와는 사뭇 다르다. 그러니 어찌 30년간의 세대 간에 이해가 가능할 수 있겠는가. 그런데 필자는 아직도 강아지가 새끼를 낳았다는 이야기에 감정의 움직임이 없다.

반면 동물 보호가이신 대학 선배님의 이야기를 들을 땐 감정의 움직임이 있었다. 얼굴 만큼이나 마음씨도 예쁘신 선생님이시다. 그분은 동물에게 애정을 지니고 동물보호운동에 참여하며, 따라서 동물가죽으로 만든 옷이라든지 가방 같은 것들을 사지도 착용하지도 않는다. 그분의 이야기를 들을 땐 필자도 동물을 학대하는 행위의 잘못과 인간들이 동물들과 공존해야 하는 것에 공감하고 조그마한 노력이라도 실천하는 것에 감동했다. 왜 전자의 경우는 감정의 변화를 느끼지 못했는데 후자의 경우엔 감정이 움직였을까 생각해보면, 전자의 경우는 동물에 대한 사랑이라기보다는 스스로의 감정의 움직임이 더 커서 상대방인 필자에게 공감을 주지 못한 반면 동물보호운동의 이야기는 선배님의 실제 동물에 대한 사랑이 필자에게 전달됐기 때문이라 생각한다.

한편으로는 강아지의 탄생이라는 사건이 50대의 감정을 자극하기에는 우리 세대가 너무 험한 것을 많이 보고 경험하고 힘들게 살아왔기 때문이라는 생각도 한다.

진화에 대해 강연하시는 최재천 교수는 지금과 같은 환경 위기에 대한 각성을 토대로 그는 인간이 '공존하는 지혜'를 가진 '호모 심비우스(Homo Symbious)'가 돼야 한다고 강조한다. 인간이 조금은 불편하더라도 다른 생명체와 공존하지 않으면 파멸한다는 이치를 설명한다. 그동안 인간은 '현명한 존재'를 뜻하는 '호모 사피엔스'란 용어를 사용하며 자연을 지배하려해 왔다. 그것은 치열한 경쟁 속에서 살아남은 자가 모든 것을 소유하는 승자독식을 인정하고 축하하는 의미였다. 하지만 자연은 공존하지 않으면 파멸로 가는 것도 진화라고 설명한다. 더불어 기생충학에서도 인체에서 기생충이 사라지면서 면역기능이 저하되어 알러지나 아토피가 증가했다고 말한다. 기생충을 제어하려고 면역기능이 강했는데 기생충의 소멸로 인하여 면역기능이 불필요해진 탓이다. 반면 기생충은 절대로 배불리 먹지 않는다. 호스트가 죽으면 안되기 때문이다. 이렇듯 생명체는 스스로의 생존을 위한 법칙을 철저히 지키며 살고 있지만 인간만이 호모 사피엔스라는 미명 아래 자연계의 균형을 파괴하고 있다. 이 시대는 우리 인간들도 기생충의 본능적 절제가 절대적으로 필요한 시대와 직면해 있다. 최 교수는 호모 심미우스는 '통섭(consilience)' 할 수 있는 존재이기도 하여서 세상과 사물을 넓고 깊게 보는 통섭적인 인재가 되면, 왜 절제하고 불편을 감수해야하는지 이해할 수 있다고 강조한다.

창밖에 겨울비가 내린다. 그리고 따뜻한 커피향이 참 좋다. 아직 필자의 감성이 없어진 것은 아닌 듯하다. 강아지의 탄생이 자극을 주지 않는 것이 아니라 20대의 눈물이 감동을 주지 못하는 것이다. 20대의 눈물보다는 모피 옷을 입지 않는 선배님의 마음이 따뜻한 커피향 만큼이나 따스하다.

워킹맘과 힐링

'워킹맘' 이란 직장을 다니며, 가정에서는 엄마의 역할을 해야 하는 여성을 말한다. 유독 치과는 워킹 우먼이 많은 직종 중의 하나이다. 특히 원장이 여성인 경우에는 직장 내 모든 구성원이 여성인 경우도 있다. 혹은 남성 원장 한 명에 직원이 모두 여성인 경우가 대부분이다. 워킹 우먼이란 말 속에 워킹맘도 포함은 되지만 엄밀하게 워킹맘이란 표현 속에는 직장노동은 기본으로 하고 거기에 가사노동이 중과됨을 포함한다. 따라서 요즘과 같은 어려운 경제 상황에서는 워킹맘들의 마음고생이 더욱 증가될 수밖에 없고 이런 스트레스의 증가는 우울증으로 이어지거나 신경질, 충동구매 등의 이상 반응으로 나타나기도 한다. 또한 이런 반응이 다시 아이들에게 반영돼 아이들의 정서와 정신 발달에 영향을 미치게 된다.

워킹맘들의 아이들에 대한 반응은 크게 두 가지 형태로 나타날 수 있다. 본인의 몸과 마음이 너무 지쳐서 녹초가 된 경우에는 아이들을 돌볼 여력이 없다. 따라서 아이들과 같이 할 수 있는 시간이 절대적으로 부족하거나 잠깐을 같이 하더라도 짜증과 같은 부정적인 반응이 앞서는 경우가 많다. 반면, 아이들을 부모님 집에 의탁하고 주말에만 만나는 형태는 아이들과 같이 해주지 못한 미안한 마음이 있어서 과잉 친절과 보호의 형태를 나타낸다. 즉, 모든 일에 OK하는 예스 맘이 되거나 모든 일에 간섭하는 헬리콥터 맘이 될 가능성이 있는데, 두 가지 모두 아이에게 좋은 엄마의 모습은 아니다. 이렇듯이 워킹맘이란 말 속에는 육아의 어려움과 가사노동의 고생과 부부간의 문제 혹은 고부지간과 같은 가족 간의 문제 등을 모두 포함하고 있다. 따라서 워킹맘에게는 스트레스를 조절할 적당한 힐링의 시간이 절대적으로 필요하다. 워킹맘이란 단어에는 반드시 '힐링' 이란 단어가 따라다녀야 한다.

상담심리에서 '당신 인생에게 가장 중요한 제 1번이 무엇입니까?' 라는 질문이 있다. 이 질문에는 다양한 답변들이 가능하며 대부분 주변의 가족이나 본인이라 답하는데 우리나라는 가족중심 성향이 큰 이유인지 아이, 배우자, 부모와 같은 가족이란 답변이 가장 많은 반면에 나, 본인이라는 답변이 적은 편이다. 다음으로 '당신을 위한 가장 중요한 첫 번째는 무엇입니까?' 란 질문에서는 가족을 배제한 본인의 삶의 가치에 대한 중요도를 묻는다. 이런 질문들은 그 답변에 따라서 다양한 평가가 가능하다. 가장 간단하게 인생에 있어 행복의 가치를 외부에서 찾는지, 아니면 내면의 세계에서 찾는지를 알 수 있다. 더불어 아이나 배우자 등과 같이 외부에서 찾는다면 그 의존의 정도에 따라서 외부적 요인에 본인이 흔들릴 가능성을 가늠할 수 있다. 반면 본인에게서 찾는다면 이기심과 같은 사회성의 정도를 가늠해 볼 수 있다. 이렇듯 질문자의 의도와 목적은 다양할 수 있지만 필자는 '정신과 몸의 건강' 이란 답변을 듣고자 한다.

워킹맘을 포함한 모든 일하는 사람들은 '건강한 정신과 몸'이 절대적인 필수 요건이다. 건강한 정신은 건강한 몸이 있을 때 가능하고 건강한 몸은 건강한 정신을 지닐 때 유지가 가능하다. 따라서 건강한 몸을 위해서는 적당한 육체운동이 필요하다는 것은 모두가 잘 알고 있고 실천하려고 노력한다. 반면 '건강한 정신이나, 마음을 위해서 무엇이 필요한가?'라는 질문에 선뜻 답할 수 있는 사람은 그리 많지 않다. 아니 정신건강을 위해서도 무엇을 해줘야 한다는 것을 모르는 경우가 많다. 정신건강을 위해서는 우선 30분 정도의, 본인만을 위한 '휴식'의 시간이 절대적으로 필요하다. 타인(아이, 남편, 반려동물 등)을 배제한 오로지 본인만을 위한 시간으로 30분이 필요하다. 마치 육체운동이 30분 이상 필요하듯이 말이다. 그 후에 아이나 배우자, 반려동물 등 교감을 이루는 객체와의 30분의 놀이가 도움이 된다. 그런데 한 시간의 여유도 없을 정도로 바쁘다면 결코 행복할 수 없기 때문에 그때는 일을 줄여야 한다. 정신건강을 위한 최소한의 시간을 배분해야만 유지가 가능하기 때문이다.

최고의 힐링은 적절히 놓는 것과 무조건 쉬는 용기다.

흑백논리와 일반화의 오류

대통령선거 후에 대학생들 술자리의 대화가 멘붕(멘탈 붕괴)이라는 인터넷기사와 대선에서 진 이유가 노인 투표 때문이라서 그 책임을 물어 지하철에 있는 경로석을 폐지해야 한다는 일부 젊은층의 주장을 보면서 여러 가지 생각에 잠긴다.

이러한 생각이나 행동의 원인은 다양할 수 있으나 간단하게 단순화시키면, 이기고 지는 흑백의 논리에서 출발했기 때문이라고 할 수 있다. 단순히 좋아하고 싫어하고의 문제가 아닌 다양한 견해가 있는 데에도 불구하고 항상 선거는 이기고 지고의 형태로 결론지어진다. 좋아하지 않으면서도 찍을 수 있는 선택의 다양성은 배제된다. 따라서 선거 후에 승리 아닌 승리에 대한 해석오류로 인해 승리자들이 매번 실수를 범한다.

이에 필자는 선거 때마다 늘 느끼는 것이 흑백논리에 대한 불만이다. 정확히 이야기하자면 선택권의 제한이라는 표현이 맞을 것이다. A 혹은 B 외에는 없다는 것이다. 결국 A에 대한 선택의 이유가 너무도 다양한데도 불구하고 결론은 단순하게 A를 좋아한 선택이라고 판단되어진다. A를 좋아한 선택이 최선일 것이지만 그 외에도 B가 싫어서, A가 싫지 않아서 등등 많은 이유가 있으나 흑백의 논리는 그것을 '좋아서' 라고 단순하게 정리하는 효과를 지닌다. 더불어 정치인들은 이런 흑백논리의 심리를 잘 이용한다. 미국의 한 심리학자는 사람들은 어떤 이슈, 혹은 사람에 대해서 '좋다 혹은 나쁘다' 의 간단한 흑백논리를 통해서 심리적 안정과 편안함을 얻기 때문에, 흑백논리에 빠지게 된다고 하였다. 즉, 자신의 의견과 일치하는 의견 선도자(opinion leaders)들인 일부 언론과 논객들의 의견을 받아들이기만 하면 되기 때문이다. 그러면 깊은 사고나 고민 없이도 간단하게 세상 돌아가는 일을 정확하고 분명하게 판단했다고 생각할 수 있게 되는데, 이는 사실(reality)보다는 본인들의 마음의 평화가 더 중요하기 때문이라고 하였다.

하지만 이런 판단은 많은 오류를 범하게 한다. 선택을 위한 흑백논리가 원인론적인 생각이라고 한다면, 선택에 따라 발생되는 오류에 대한 생각은 결과론적이다. 그리고 이것을 '성급한 일반화의 오류' 라고 한다. 예를 들어 '여자는 다 명품을 좋아해' 라든지 '뚱뚱한 사람은 느려' 라는 등의 일반적인 것 같은 생각을 '일반화의 오류' 라고 한다. 마치 전부가 다 그런 것처럼 표현하는 것이다.

맥스 슐만은 '일반화의 오류' 를 3가지 유형인 '단순화의 오류, 성급한 일반화의 오류, 근거없는 비난의 오류' 로 정리하였다.

인삼은 건강에 좋다. 하지만 열이 있는 사람에게는 더 나쁠 수도 있기 때문에 모든 사람에게 해당되는 것이 아닌 것이다. 이런 것을 '단순화의 오류' 라고 하며 A에 대한 투표는 A를 지지하기 때문이라는 흑백논리의 오류이기도하다.

두 번째의 '성급한 일반화의 오류'는 어느 도시를 방문해서 식사를 하니 맛이 있었는데 두 번째 방문에서도 맛이 있었더니 그 후로는 그 도시는 음식이 맛있는 도시라고 표현하는 것이다. 이는 통계에서 자주 발생하는 오류이며 선거 여론조사의 오류이기도하다. 전화조사에서 마음에 들지 않을 때 답변하지 않는 것은 고려하지 않기 때문이다.

세 번째의 '근거없는 비난의 오류'는 일종의 머피의 법칙이다. 즉 '소풍가는 날은 비가 온다'라든지 '어떤 선수만 나오면 게임에서 진다'라는 등의 논리적인 근거가 없이 한 두 번의 경험을 토대로 그것이 전체인 양 합리화하는 것을 말한다. 즉 내가 투표하는 후보는 항상 떨어진다든지, 항상 이긴다든지 하는 것도 이와 같은 생각이다.

이처럼 양자대결의 선거에는 흑백의 논리와 일반화의 오류 등의 다양한 문제점을 내포하고 있지만 대부분의 사람들은 '이겼다' 혹은 '졌다'는 결론적인 생각에 머문다. 더불어 승자 또한 모두가 지지자라는 착각에서 쉽게 오류를 범한다. 물론 필자 또한 이 글을 통하여 대선 후 대학생들의 멘붕 술자리와 지하철 노인석 철폐를 주장하는 젊은이들의 생각을 일반화시키는 오류를 범했을지도 모른다.

눈에 보이는 것만이 전부는 아니라는 말이 오늘 따라 더욱 새롭게 다가온다.

이 시대에 없는 두 가지

고등학생을 대상으로 '현금 10억원을 받는다면 나쁜 짓하고 1년간 감옥에 구속되겠느냐'는 질문에 46%가 '그러겠다'고 답했다는 내용이 공중파 뉴스를 타고 전해져온다. 더불어 잘생긴 남자가 연봉이 3,600만원이 더 많다는 호주의 한 논문이 발표되기도 했다. 요즘 TV드라마는 출생의 비밀에, 애정 3각 관계가 아니면 하극상, 악인에게 당하는 내용으로 온통 자극적인 막장드라마뿐이다. 국회의원 특권을 없애겠다던 공약 불이행 내용을 보면서 그러면 그렇지 하는 생각이 든다. 이런 내용들이 이 시대의 자화상이다. 물론 연말이면 얼굴 없는 선행자의 이야기가 들려는 오지만 그것 역시 돈에 대한 이야기이다. 항상 무엇인가 아쉬움이 남는다.

예전에는 사회에 대형사건 사고가 발생하면 마지막에는 김수환 추기경, 혹은 성철 스님과 같은 사회의 지도자들의 말씀을 내어 시대적 흐름의 방향을 정해주는 역할을 하였다. 비록 뉴스의 시작이 군인 대통령으로 시작은 했더라도 말이다. 돌이켜 보면 김수환 추기경의 타계 이후로 초지일관된 모습을 보여주는 사회의 어른들의 모습을 볼 수 없다는 아쉬움이 항상 남는다. 나이든 정치인들이 자신들의 안위를 위하여 보이는 얍삽한 모습은 점점 진정한 큰 어른들에 대한 향수를 자극한다.

이 시대에는 어른이 없다. 어느 곳, 어느 분야에서도 어른이 보이지가 않는다. 어쩌면 못 알아보는 것이거나 보고 싶지 않은 탓도 있을 것이다. 어떤 시대에도 어른들이 존재하였으니 말이다. 어찌하든 지금 이 시대에 꼭 필요한 것은 인기에 따라 움직이지 않고 잘못된 것을 잘못이라고 말할 수 있는 어른이다. 길을 지나다가 불량 중고생을 만나면 피하는 것이 요즘의 상식이다. 호승심에 아이들을 타이르다가 시비라도 붙게 되면 도의와 상관없이 경찰서에서 법적으로 합의를 해야 하기 때문이다. 더불어 학교와 집에서는 오로지 공부만을 강조하다보니 정서가 부족함을 넘어 말라버렸다. 결국 시대상황과 관습을 무시한 법이 10억을 받을 수 있다면 범법자가 되겠다는 윤리의식이 흔들리는 아이들을 만들어 내었다.

과거에 '정의'는 '사랑'이란 단어와 함께 젊은이와 청소년들의 동경과 이상이었다. 청렴한 황희 정승이 멋있었고, 정의로운 안중근, 순수한 사랑의 서화담의 일화들이 우상이었다. 그리고 5060 세대가 자주 보던 무협지나 만화 속의 주인공은 정의의 사도인 협객이었다. 그리고 사회 속에선 김수환 추기경, 성철 스님 같은 어른들과 각계 각 분야에서는 김지하, 같은 많은 협객들이 자신들의 모습을 보여주었다. 그리고 동료 간에 존중이 있었다. 그런데 지금 이 시대에는 협객이 없다. 의협심에 불타서 불의와 타협하지 않는 그런 협객 말이다. 악을 정의의 이름으로 물리치는 만화 속의 주인공 같은 그런 협객이 정말 그리운 때가 많다. 요즘 사회를 돌아보아도 아직도 불의와 싸우며 고전 분투하는 모습이 안타깝기만 하다. 불과 10년 전만해도 상상조차 할 수 없던 일들이기에 더욱 안타깝다.

유명 개그 프로에 '인기 없고, 촌티 나고, 키 작고, 뚱뚱한 네 가지가 없으면 이 시대를 사는데 꼭 필요한 것이 없다' 라는 내용이 있다. 어쩌면 이 시대를 가장 잘 대변해 주는 말이다. 그런데 필자는 이 시대에는 두 가지가 없다고 생각한다. 즉 지금 시대라는 중원에는 협객이 없고 어른이 없다. 정의와 사랑에 불타야 할 청년들이 파우스트처럼 10억에 영혼을 팔고 심순애처럼 김중배의 다이아모드에 눈이 팔렸다. 물론 이런 선택은 과거에도 있었다. 하지만 지금 안타까운 것은 과거에는 어쩔 수 없는 마지막 선택이었다면 요즘은 기꺼이 하려는 최선의 선택이라고 생각한다는 것이다. 성장하는 아이들에게, 청소년에게, 청년들에게 보여주어야 할 어른들의 모습이 실종된 것이 안타깝다.

각계각층의 모든 분야에서 협객들이 나타나고 그들이 어른으로 변해가는 모습을 상상해 본다. 그때가 비로소 우리의 아이들이 편하게 놀 수 있는 진정한 선진국이 되어 있을 것이다.

감정인가? 기분인가?

요즘 길을 걷다보면 18년 전에 유학하던 시절의 일본 정취가 서울에서 느껴짐에 문득 놀란다.

1995년 일본의 첫 인상은 아직도 뚜렷하다. 당시 한국은 자동차가 일종의 권위의 상징으로 검정색이 대부분이었던 때에, 일본 도로 위를 달리는 자동차의 대부분이 흰색 계통으로 검정색은 보기 드물었다. 그리고 웬만해서는 도로위에서 경적소리가 들리지 않았다. 깨끗한 거리, 잘 정리된 예쁜 상점 등이 일본의 정취였다. 그런데 요즘 문득 그런 정취를 서울서 느낀다. 서울도 검정색 자동차는 간간히 눈에 띈다. 운전을 하여도 시끄러운 경적소리를 듣기가 어려워졌다. 거리도 깨끗해졌고 상점들도 예뻐졌다. 이런 변화를 보면 이는 문화의 발달 방향이 아닌가 생각한다. 인간의 문화도 발전해 나가는 방향이 정해진 것이란 생각이 든다.

이런 감정이 유학시절의 느낌이었다면 3년 후에 귀국하였을 때, 한국에서 느낀 것은 사뭇 다르다. 편의점에서 줄서지 않는 사람들, 공공시설에서 시끄러운 사람들, 불친절한 상점, 특히 화내는 여성을 자주 보는 것이 놀라웠다. 심지어 1시간 동안 드라마를 보면 예쁘지만 화내고 인상을 찌푸리고 괴로워하는 여자의 얼굴을 매번 본다는 데 놀랐다. 지금도 마찬가지지만 말이다. 일본생활에서는 현실이나 드라마에서나 화를 내고 소리를 높이는 여성을 보는 것은 쉽지 않다. 그런데 귀국하자마자 여성들이 화내는 모습을 너무 쉽게 접하게 되는 것에 매우 놀랐다. 지금도 드라마 내용을 배제하고 여자의 표정만 보면 웃고 있는 때보다 화내고 근심하는 시간이 훨씬 더 많은 것을 본다. 그래서 무의식적이지만 심리적으로 웃는 모습이 많은 예능프로가 각광을 받는 것은 아닌가 생각해 본다.

화를 자주 내면 몇 가지 문제점이 있다. 화내는 모습에 많이 노출되면 그것은 무의식의 행동 메커니즘에 기록되었다가 결국 그대로 다시 나타나게 된다는 것이다. 인간의 행동은 감정에 의하여 나타난다. 그런데 감정을 움직이는 것은 유전적으로 받는 것과 학습에 의하여 기록되어진 것으로 나눌 수 있다. 어떤 학습이나 자극이 없었는데도 불구하고 뱀이나 거미를 싫어하는 것은 진화에 따른 유전인자 속에 기억된 감정의 표현이다. 반면 어린 시절 자주 화를 내는 엄마로부터 자란 아이는 엄마의 화를 내는 메커니즘이 학습되어 비슷한 상황이 되면 쉽게 화를 내게 된다.

'화'라는 것은 감정의 한 표현이다. 화를 내는 이유는 화를 내게 하는 감정의 원인적 요소가 움직일 때 시작된다. 그리고 그 화를 내게 하는 원인 요소는 보통은 개개인이 지닌 드라마적인 각본이 있다. 화를 냈지만 개선되지 않았던 기억의 스토리가 대본화되어서 무의식 속에 자리를 잡게 된다. 그래서 그 드라마의 대본 중 한 장면이 현실에서 비슷하게 연출되면 감정은 바로 이전 상태로 돌아가 화를 내게 된다. 그 상황이 비슷할수록 더욱 근접하게 화를 내는 것이다.

일단 화를 내면 이성의 판단 기능에 시간지연 효과가 온다. 따라서 화난 사람에게 이성적 설명은 전혀 도움이 되지 않는다. 화를 빨리 가라앉히는 데는 그 사람이 지닌 마음 속의 화를 유발시킨 드라마의 대본에 부합한 행동을 해주는 것이다. 따라서 어떤 고객이 큰소리로 화를 낸다면 이성적인 설명보다는 그 사람이 듣고자하는 말을 해주는 감정적인 접근이 더욱 좋은 방법이다. 이성적 설명이란 이야기를 들을 준비가 되어 있을 때만 가능한 것으로 급한 순간에는 그리 좋은 방법은 아니다.

감정은 순간적이다. 감정은 보통 1/5초 정도에 수시로 변할 수 있으며 자극이 사라지면 지속력 없이 쉽게 사라진다. 반면 계속 지속되는 상태는 기분이라고 한다. 기분은 하루 혹은 일주일씩 지속될 수 있는 것이다. 화가 나면 식욕도 떨어지고 성욕도 감소하고 자살도 한다. 따라서 감정이 이런 사람의 3대 욕망을 누를 수 있기에 모든 것의 최고 우위라고 주장하는 분들도 있다.

깃발이 흔들리는 것이 아니고 마음이 흔들린다는 말인가 보다.

치과신문 제556호

전화 한 통과 머리 띠

얼마 전 아침 9시가 조금 넘자마자 전화가 울린다. 아주 드믄 일이기에 긴장을 하였다.이른 오전에 전화가 오는 일은 좋은 일보다는 좋지 않은 일일 가능성이 많고 특히 요즘은 부고가 많기 때문이다.

긴장을 하고 전화를 받아보니 거래처 은행에서 걸려온 전화인데 우리 담당자도 아니었다. 정확하게 하는 말을 들어 보니 이야기인 즉, 회사 감사과에서 감사를 했는데 은행에 제출된 치과의사 면허증의 발급일자가 잘 보이지 않는다며 위조일 가능성에 대하여 조사하라는 지침을 받았으니 발급일자를 가르쳐 달라는 전화였다. 순간적으로 어안이 벙벙했다. 무슨 치과의사 면허증을 운전 면허증 같이 생각하는 것인지, 아니면 필자가 머리가 좋아서 중요한 면허증이니 발급일자까지 외우리라 생각한 것인지는 모르지만 아침 일찍 온 전화에 긴장했던 것과 하찮은 일로 아침을 방해받았다는 사실에 화가 났다. 지점장에게 전화하여 무슨 일이냐고 물으니 잘 알지는 못하는데 3년차가 무엇인가 실수를 한 모양이라는 답변이었다. 그런데 그 다음날 또 비슷한 시간에 전화가 울렸다. 역시 긴장한 상태에서 전화를 받으니 같은 은행의 다른 직원인데 오늘의 이유는 진료비 결제카드 대금 전체가 자기네 은행으로 입금될 수 있도록 해달라는 내용이며 그러지 않으면 불이익을 당할 수 있을 것 같은 뉘앙스로 협박 비슷하게 한다. 어이가 없어서 그것은 부탁할 일이지 협박할 내용이 아니라고 설명하고 또 지점장에게 물으니 잘 모르는 일이란다.

나이 어린 신입들이 자꾸 지침을 곧이 곧 대로 해석하고는 자꾸만 사고를 친다며 미안하다고 하시고 통화를 끝냈다. 요즘 코미디의 소재인 갑을의 개념이 전혀 확립되어 있지 않기 때문이라고 생각하였다.

그런데 며칠 전 있었던 병원 일로 생각이 바뀌었다. 일반적으로 환자 안면사진을 찍을 때, 귀와 이마가 보이게 하려고 머리핀을 사용하거나 머리띠를 사용하는데, 머리가 스포츠인 남자 환자가 머리띠를 하고 찍힌 사진을 본 순간 여러 가지 일들이 이해가 되기 시작하였다. 지시받은 사항을 이행하려고 상대에 대한 아무런 배려도 없이 아침 일찍 전화하는 은행직원이나 짧은 스포츠 머리에 머리띠를 하고 사진을 찍은 우리 직원이나 모두 같은 시대 사람이라는 것이다. 그리고 그 시대는 극성한 어머니들의 간섭 속에 학창시절을 보낸 시대이다.

그들은 자신의 생각 없이 시키는 대로 일하는데 익숙하다. 그러나 그 내면 속에는 시키는 대로 했기 때문에 자신들의 책임은 없다는 무의식이 작용하고 있다. 그런데 더 큰 문제는 아주 오랜 시간 동안 그렇게 학습되어 왔기에 스스로 무엇이 문제인지 인식하기 어렵다는 것이다. 이것은 아마도 치맛바람이 시작되며 마마보이로 큰 남자들은 거의 해당이 될 것이며 이제 사회에서 실제적으로 그 문제점이 나타나는 일면이라고 생각한다.

본인의 생각 없이 시키는 일만을 충실하게 해온 엘리트 집단들이 자율성이 결여된 상태에서 만들어 낸 폐해는 위에서 설명한 몇 가지 에피소드로 끝나지 않고 지속적으로 우리사회의 한 핸디캡으로 작용하지 않을까하는 우려가 남는다. 결국 장기간, 아주 오래된 입시위주의 주입식 교육이 만들어낸 사회 현상이라 할 수 있다.

70~80명이 콩나물시루와 같은 교실에서 초등학교시절을 보내며 양육에까지 신경을 쓸 수 없던 부모 밑에서 스스로 살아온 50대 관리자와 주입식 교육의 희생자인 30대 직원이 같이 일을 하는 현대의 직장 현실은 서로가 서로의 세대에 대하여 이해하기 어려운 아픔이 있다. 50대는 30대를 한심하고 나약하다고 생각하고, 30대는 자신들은 똑똑한데도 불구하고 50대가 트집이나 잡고 옛날이야기나 하는 시대에 뒤떨어진 수구골통이라 여긴다. 하지만 변하지 않는 사실은 50대는 30대를 살아온 경험이 삶 속에 들어있다는 것이다.

비록 스마트폰이 폴더폰보다 불편하지만, 그들에게는 머리띠를 하지 않을 수 있는 자율적 사고와 오후까지 기다렸다 전화 할 수 있는 인내심과 배려심이 있다.

치과신문 제530호

진실과 거짓, 그리고 사실

우리는 정보의 바다 속에 살고 있다.

TV 뉴스를 보면 하루도 거르지 않고 수많은 사건 사고가 있다. 20년 전, 지금 신문의 절반 정도 밖에 되지 않던 페이지 수가 2배로 증가되었을 때에 과연 무슨 사건과 내용으로 채울 수 있을까 했지만 요즘은 부족하다. 쉴 새 없이 터지는 국내외 사건들이 이미 내 생활에 영향을 미치기에 모른척할 수도 없다. 세계의 부동산 시장 동향이 아파트 시세에 영향을 주고, 유럽의 경기침체가 국내 소비를 감소시킨다. 일본의 엔화정책이 환율을 떨어트려 수출을 방해해 국내 경기에 영향을 미친다. 그것은 다시 국내 소비 심리를 위축시켜 크게는 불경기를, 작게는 환자 수를 감소시킨다. 이런 일들은 이미 우리에게 의식-무의식적으로 익숙한 사항들이다. 특히 주식을 하는 사람들이라면 더욱 민감할 것이다. 오늘은 인터넷 기사를 보니 북한의 핵실험이 도배를 한다. 그리고 기사의 한 모퉁이에서 2월에는 손 없는 날이 적어 이사 대란이 우려라는 항목이 보인다.

순간 인터넷 기사의 사실성은 이해했지만, 진실과 거짓에 대하여 생각을 해본다. 인간의 생각은 보고 배운 것을 넘어선 창조를 하기는 쉽지 않다. 심리학적으로 보고 배운 것을 학습효과라고 한다. 그런 학습된 기억이나 습관은 쉽게 바꾸거나 변화되기 어렵기 때문이다.

그 일례가 손 없는 날이다. 지금은 '손 없는 날'이란 이사 할 때, 손해나 재앙이 없는 날이란 뜻으로 사용한다. 그리고 인터넷 검색을 하여도 마치 우리나라의 전통적인 세시풍속인 양 적혀있다. 음력 9, 10일에 이사를 하면 된다는 아주 간단한 내용을 나름 숫자에 의미를 부여한 것이다. 그런데 일제 강점기 이전에는 없던 일이다. 그때는 개인의 사주와 만세력을 보고 좋은 일진을 택하여 이삿날을 잡거나 무당의 점사로 날을 선택하였다. 그러던 것을 일제 강점기에 주민들의 이동을 쉽게 파악하기 위한 일환으로 손 없는 날을 날짜로 정하여 감시, 감독하였다. 즉 식민지 통치를 위한 우민화 정책의 일환이었다. 그러던 것이 해방이 되고도 지속적으로 마치 우리나라의 전통적인 세시풍속인 것처럼 자리를 잡았다. 거짓이 사실이 된 것이다.

한국의 동양사상은 음양오행에 근본을 둔다. 즉 누군가에게 좋은 일은 누군가에게는 나쁜 일일 수 있다는 것이다. 절대적으로 좋은 것도 없고, 절대적으로 나쁜 것도 없다. 음양오행에 근본을 둔 봄 · 여름 · 가을 · 겨울의 순환적 사상관에서는 결코 있을 수 없는 말이다. 더불어 모든 이에게 좋다는 획일적 사고 또한 중도적 사상관에 맞지 않는다. 우민화와 식민지 통치를 목적으로 시작된 것이 현재에 이르러서는 사실화되버린 것이다.

이와 같이 우리가 옳다고 믿는 사실 속에는 수많은 진실과 거짓이 혼재되어 있고 그것이 시간을 통하여 사실화되는 것을 많이 목격한다. 눈에 보이는 것만이 전부가 아니라는 것을 우리는 크게는 역사를 통하여, 작게는 TV드라마를 통하여 보고 배운다. 그래서 성현들은 '옳고 그름' 이라는 이분적 사고를 넘어선 이야기를 하였다.

사람들은 모두가 불안하기에 스스로의 틀을 만들고 그 틀 안에서의 생활이나 생각을 옳음으로, 틀 밖의 이탈을 그름이라 단순화시켰다. 그리고 그것을 지속적으로 강화시키고, 그것이 심해지면 집착이나 편집성 성향을 띠게 되었다. 그 틀이 강한 사람일수록 고집이 세고 자아감이 강하다. 반면 주변 사람들이 힘들어진다. 그리고 그들은 본인이나 남에게도 '하지 말라' 는 표현을 많이 사용한다. 스스로 만든 틀이 사실이 될 수는 있으나 그것이 진실만은 아니고 거짓일 수도 있다. 따라서 진실과 거짓의 구별의 시작은 틀을 정하지 않는 것에서 시작된다. 즉 '난 원래 그래' 란 말에서 그 원래가 어디에서 시작된 것인지, 누구를 위했던 것인지 구별이 필요하다. 우리의 생각과 행동 속에 일제가 식민지 정책의 일환으로 만든 손 없는 날과 같은 거짓이 있을 수 있기 때문이다.

치과신문 제532호

듣고 싶은 말만 듣는다

요즘 가장 많이 듣는 말 중에 최고는 '소통' 이란 단어이다. 사전적 의미를 보면 '막히지 아니하고 잘 통한다는 의미이거나 뜻이 서로 통하여 오해가 없다' 라고 되어 있다. 결국 상호간의 의사전달이 잘되었다는 말이다. 소통이 중요하다고 강조하는 것은 그만큼 소통되지 않는다는 말이다. 즉 불통이 더욱 많다는 뜻이다. 심지어는 '소와도 통할 수 있어야 비로소 소통이다' 란 말이 있다. 그만큼 어렵다는 의미이다.

소통이 절실히 필요한 곳을 생각해 보면, 여야 정치인들의 싸움, 교육계의 혼란 등과 같은 상반된 견해를 지닌 집단들 사이가 우선일 것이다. 다음은 선생님과 학생, 임원진과 사원, 장교와 병사, 부모와 자식과 같은 계급사회에서의 상하간의 소통이다. 또 하나는 친구지간, 부부지간, 모자지간과 같이 '지간' 이란 단어를 쓸 수 있을 만한 비슷한 레벨의 관계이다. 이 외에 이해성을 지닌 관계로 주인과 고객, 사용주와 하청업자와 같은 갑을관계가 있다. 이런 다양한 관계는 결국 인간이 로빈슨 크루소와 같이 홀로 사는 생존이 아니고 사회 속에서 생활을 해야하는 이상은 소통이 절대 필수 불가결한 도구 즉, tool이다. 특히 계급사회에서는 일방통행적인 사고가 가능했었지만, 현대의 평등주의에서는 어려운 일이다. 특히 민주주의란 말의 의미가 모두의 의견 조율을 포함하고 있기 때문에 더욱 그렇다.

그럼 과거에도 소통은 있었건만 왜 지금 더 필요한 단어로 부각되는지 생각해본다. 우선 사회적으로 보면 생존에 급급했던 후진국적 형태에서 삶을 영위하는 선진국형으로 넘어가는 과정에서 발생하는 사회적인 혼란과 부적응이다. 가정적 관점에서 보면 모두가 모여 사는 대가족제도 하에서는 주변인들에 대한 배려가 필수불가결하였다. 그러나 대가족제도의 해체로 인한 핵가족 형태가 '전체적' 의미에서 '우리만'의 의미로 변했다. 그런 것이 이제는 가족이 한집에 살아도 가족 간에 같이 대화를 하거나 공유할 시간이 없는 경우가 많으며, 또한 혼자서 독립하고 사는 경우도 많다. 즉, 지금은 1인 생활 시대라고 할 수 있다. 1인 생활은 '우리만'에서 '나만'으로 생각의 흐름을 바꾸어 놓았다. 가족이 한 식탁에서 식사를 하여도 각자 스마트폰을 보며 따로 논다. 몸은 같이 식사를 하지만 공통의 주제가 없기에 각자의 생각은 딴 일을 하고 있다.

이와 같은 사회적, 가정적, 개인적인 변화는 결국 생각의 중심을 사회나 타인에게서 '나'에게로 이동시켰다. 그 결과 사회생활의 중심에도 남보다는 '나'가 더욱 중요시 된다. 남에 대한 배려보다는 내가 더욱 중요하다. 그래서 우리 집 아이는 아무리 나쁜 짓을 해도 누구도 야단치면 안되는 것이기 때문에 음식점에서 소동을 일으킨 아이를 주인이 주의를 주면 화를 내는 것이다. 지하철에서 젊은 남녀가 남의 시선을 의식하지 않고 애정행각을 할 수 있는 것도, 노인들에게 화를 내는 비상식적인 행동들도 가능한 것이다. 결국 이 모든 것의 중심에는 '나만' 이라는 생각이 중요하게 자리를 잡았기 때문이다.

그런데 가장 큰 문제는 혼자서 창작하는 것보다 무슨 일인가를 하려면 이들과 소통을 해야 하는 일이 많은 것이다. 특히 갑을관계로 고객을 상대하는 직업은 더욱 그렇다. 그들은 자신의 생각을 확인하며, 듣고 싶은 이야기를 듣는데 비용을 지불한다. 마치 자기가 듣고 싶은 음악에 비용을 치불하듯이 말이다. 과거의 서비스업은 양질의 서비스로 고객이 만족하였다면 현재의 서비스는 고객의 눈높이에 맞춰야 한다. 과거에는 장인정신으로 최고의 것을 만들어주면 되었다면 현재는 고객이 최고이기에 최고의 장인을 인정하지 않는다. 따라서 상대가 원하는 물건을 만들어주어야 한다.

과거에는 수신을 갖고 이야기를 하면 되었지만 지금은 소신보다는 듣고자하는 말을 하여주어야 한다. 그러나 양심에 부딪히면 거짓말을 못하기에 침묵한다. 그저 웃으라고 말하던 옛날 어느 한 의사의 말이 이제야 가슴에 와닿는다.

불은 라면을 좋아하는 아빠

얼마 전 TV에서 20대 여성 출연자가 돌아가신 아버지의 산소에 음식을 올리는 장면이 있었다. 그런데 놀랍게도 보온병에서 나온 음식은 불은 라면이었다. 평소에 선친이 불은 라면을 좋아하여 제사상에 올린다고 말하는 것을 보고 많은 생각을 하였다. 우리 50대의 어린 시절에는 대다수의 어머니들이 생선 머리를 좋아하셨고 김이나 달걀은 싫어하셔서 드시지 않았다. 필자가 어린 시절엔 어머니가 평생을 그렇게 말씀하셔서 정말 그런 줄 알았다. 그러나 내 나이가 어머니 나이에 가까워지던 어느 날 어머니가 생선을 머리만 좋아하지 않는 다는 것과 김과 달걀도 좋아하신다는 것을 알게 되었다. 어머니가 싫어하신 것이 아니라 경제적으로 풍족하지 않던 시대에 비용을 줄이려고 당신들은 좋아하면서도 드시지 않고 자식이나 남편을 위하여 핑계를 두었던 것이다. 그러한 것을 자식이나 남편은 어머니가 원래 그런 사람이라고 생각하게 된 경우가 많았다.

우리가 어려서부터 들어온 청개구리 이야기가 비슷한 이야기이다. 항상 반대로만 행하는 아들에게 죽으면 물가에 묻어달라고 했던 엄마 개구리의 마음을 이해하지 못한 청개구리가 마지막 엄마 개구리의 소원을 들어준다고 물가에 묻는 행동이 그럴 것이다. 그런데 TV의 라면 제사상을 보면서 청개구리 우화가 자꾸 떠오르는 것은 기우만은 아닌 것 같다. 상황을 유추해보면, 그 출연자의 어머니는 일찍 작고하시고 선친 혼자 사셨다고 한다. 따라서 아마도 혼자 생활하시던 아빠는 챙겨 드시는 것이 여의치 않고 귀찮아서 자주 라면을 드시게 되었을 가능성이 높다. 그러니 딸이 가끔 집에 찾아왔을 때에도 종종 라면을 드시는 모습을 목격했을 것이다. 그런데 라면을 자주 먹는 아빠 모습을 보고 딸이 걱정할 것을 우려해 불은 라면을 좋아한다고 말했을 가능성이 높다. 물론 딸의 이야기처럼 아빠가 불은 라면을 좋아했을 수도 있다.

그런데 필자가 기러기 생활로 8년간 혼자 살아도 보고 이제 50세가 넘고 보니 불은 라면의 제사상이 웬지 마음에 걸린다. 과연 젊은 딸이 나이든 아빠의 마음을 헤아릴 수 있었을까하고 말이다. 먹고 싶었던 달걀찜을 아이들을 위해 싫어한다는 말 한미디로 양보하던 그런 배려심 말이다. 이런 식의 배려는 많은 가족이 같이 살던 대가족 공동체에서는 어쩔 수 없는 선택이었을 것이다. 지금의 핵가족이나 1인 가족의 시대에 사는 사람들이 전혀 생각도 상상도 할 수 없는 그런 배려심이다.

인간은 자신이 경험하지 못한 것은 눈앞에서 펼쳐져도 보지 못하고 이해하지 못한다. 사고의 중심이 '나'인 사람이 대가족시대의 '우리'의 개념을 지닌 엄마, 아빠 세대를 이해하기는 어렵다. 그래서 그들이 이해해주기를 바라는 수동적 형태가 아니고 이해하지 못하는 그들에게 우리를 이해시키는 적극적인 형태가 요즘 가족 간에는 필요하다. 그럴 때 비로소 '잔소리 그녀'에서 '엄마'

로, '꼰대' 에서 '아버지' 로 바뀌게 될 것이다. 필자도 자식들을 방학 때에만 만나지만, 만날 때마다 결국 필자입장에서는 충고이고 그들 입장에서 잔소리인 대화가 진행되는 것을 본다. 그리고 요즘 그들의 입장에서 생각해보니 오래 전 필자가 대학 시절에 방학 때마다 선친의 잔소리가 듣기 싫어서 아침 일찍 집에서 나오고 늦게 귀가하던 생각이 난다. 그것이 부모 마음이고 그것이 자식의 마음인가 보다. 그 이유를 이제 생각해 보면, 부모의 마음은 무언가 해야 할 시간이 적고 소중하기에 마음이 급하고 자식은 아직 많은 시간이 남아 있기에 급하지 않은 것이다.

결국 시간을 보는 눈의 차이이다. 심리학에 물이 반만 들어 있는 컵을 보는 사람들의 반응이 있다. '반이나 남았네!' 라는 긍정적인 사람, '반 밖에 없네!' 라는 부정적인 사람, '이게 얼만큼이지?' 라는 회의적인 사람, '난 물보다 주스를 좋아해!' 라는 다른 사고의 사람 등 다양하다.

과연 제사상을 받은 그분은 생전에 불은 라면을 정말 좋아하셨을까?

치과신문 제546호

어린 시절 친구와 잠자리를 잡던 추억이 있습니까?

요즘 치과전문지를 뒤적거리다보면 인문학과 관련된 강연이 증가하고 있는 것을 발견한다. 그동안 앞만 보고 달려오느라 잊고 지냈던 것에 대하여 돌아볼 수 있는 시간을 갖는다는 것은 참으로 뜻 깊은 일이 아닐 수 없다. 더불어 지금 치과계에서 벌어지고 있는 잘못된 일들을 반성할 수 있는 기회가 될 수도 있기에 또한 반갑다.

누군가 어린 시절을 생각하며, 흙을 만지고 모래놀이를 하며 학교가 파한 뒤에 하루 종일 잠자리를 잡던 추억을 떠올릴 수 있다면 그들의 마음 한구석에는 고향이 있다. 그 고향의 추억은 힘든 삶 속에서도 견디어낼 수 있는 마음의 여유를 준다. 잠시 차 한 잔을 마시며 과거의 추억 속으로 여행을 다녀오면 현실을 다시 견딜 수 있을 만큼의 희망과 에너지를 얻는다. 어려서의 행복했던 순간들의 추억과 경험은 그렇게 삶에서 순간순간 행복의 끊임없는 원천이 된다. 그런데 언제부터인가 어린 시절의 추억들이 사라진 세대들이 많아졌다. 어린 시절의 그리운 추억은 없어지고 입시 교육과 무한경쟁 속에 내던져진 삶을 사는 시대를 겪다보니 좌우를 돌아볼 겨를도 없이 앞만 보고 달려온 이들이 너무도 많아졌다.

그들은 돈이면 무엇이든 해도 된다는 황금만능주의와 남을 이겨야 내가 산다는 식의 무한경쟁 속에서 무조건 돈은 벌면 되고 무조건 이기기만 하면 된다는 생각이 팽배하게 된 사회를 경험하였다. 그런 사회를 살아온 슬픈 사람들의 슬픈 결과가 지금 사회의 한 모습이다. 어찌 보면 모두에게 안타까운 일이다. 문제를 유발하는 이들도, 또 그들로 인하여 피해보는 이들도 사실 모두 슬픈 사람들인 것이다. 어린 시절 잠자리를 잡고 모래놀이를 하며 동네 또래 친구들과의 추억이 있는 이들은 행복할 수 있는 잠재적 여건이 충분히 있다. 그들은 어린 시절 풍부한 감성을 미리 만들어 놓았기 때문이다. 그런 풍성한 잠재적인 감성은 삶의 여유를 만들어주기 때문에 별도의 인성 교육이 필요치 않다. 그러나 어려서 감성을 키울 시간이 없던 이들은 힘든 일에 직면하면 감당하기 어렵다. 또한 그들에게서 노블레스 오블리주를 기대하기는 더욱 어렵다.

심리학에서 어릴적 또래집단의 역할은 참으로 중요하다. 또래 속에서 사회성을 배우고 참는 것을 배우고 윗동네 아이들을 이겨야하는 공동의 이익 실현이 갖는 의미도 배운다. 그런 또래집단의 문화가 어느 날 붕괴되었다. 놀이터에 가도 같이 놀 친구가 없다. 모두가 학원으로 갔으며 학교와 학원에서는 무한 경쟁을 가르친다. 그렇게 또래집단의 사회를 경험하지 못한 이들은 결국 결손 가정에서 자란아이 만큼이나 심리적인 손실이 있다. 그럼에도 불구하고 지금 사회는 인식도 하지 못한 채 방관하여 심리적인 불균형을 지닌 아이들이 양산되고 있다. 그런 아이들이 성인이 되다보니 공동의 이익 실현에 대한 개념 자체가 없다.

작금의 현실이 이러하다보니 인성에 대한 교육은 매우 필요하고 중요하다. 의료인처럼 휴머니즘을 기본 바탕으로 두어야하는 직업은 더욱 그러하다. 인성교육을 위한 인문학 강의가 의사, 치과의사, 간호사, 위생사, 한의사, 방사선사 등 의료인에게 절실히 필요한 때이다. 그런 의미에서 요즘 학회나 모임에서 인문학에 대한 강연이 증가되는 것은 참으로 반가운 일이다. 건강한 사회를 위하여도, 의료계를 위해서도, 본인들의 건강한 삶을 위하여도 반드시 필요한 일이다. 조금 더 욕심을 내어 의료와 관련된 학부에도 인문학과가 개설되는 것을 바란다. 모 치과대학에서 인문학관련 강좌가 개설됐다는 기사를 접하고는 참 기뻤다.

청소년은 나라의 미래이건만 요즘 우리네 아이들을 보고 있으면 가슴이 아프다. 어려서부터 개성은 무시되고 정해지지도 않은 미래를 위하여 끝없는 도전만 강요당하고 있기 때문이다. 모두가 성공을 위한 맹신도적 집단 최면에 걸린 듯하다. 행복은 결코 도전, 경쟁, 승리 같은 단어와 같이하지 않는데…. 놀이터에서 아이들이 뛰노는 모습을 다시 보고 싶다.

치과신문 제548호

착한 드라마가 그립다

요즘 TV 드라마를 보다보면 내용이 잔인하고 역겨워 다른 채널로 바꾸거나 차라리 시청을 포기하는 경우가 종종 있다. 막장을 넘어 사이코 드라마를 보는 듯하다. 시청률을 높이기 위해서 자극적인 것을 택한다지만 점점 도를 넘고 있다.

모든 일에는 심리적인 한계가 있건만 정상적인 삶의 내용을 넘어서는 과도한 전개로 인하여 공감대를 형성하지 못한다. 드라마는 정상적인 사람들이 느끼고 괴로워할 수 있는 범주를 다뤄야 한다. 그런데 주인공들의 심리적인 상태에 대한 고려가 전혀 이루어지지 않아 시청자의 공감을 얻지 못하는 것이다. 작가들의 머릿속에서 그려진 주인공들의 심리 상태로 인하여 실제적인 사람들의 심리와는 전혀 다른 행동이 나타난다. 슬퍼해야 할 상황에서 담담하거나 공포 상황에서 웃는 것 같은 일반 심리와 위배되는 행동으로 시청자에게 혼란을 준다. 더불어 병적심리와 정상심리 사이를 멋대로 이동한다. 이런 경우에 시청자도 정서적인 혼란을 경험하게 된다. 이런 드라마가 나쁜 드라마이다.

자의든 타의든 나쁜 일을 했을 때에 사이코패스가 아니고서는 심리적으로 갈등을 겪는 것이 정상이다. 그런데 요즘 드라마의 악당은 모두가 심리적인 갈등이 없다. 더불어 그 악역과 같이 동참하는 자 또한 심리적 갈등이 없다. 그렇게 모든 드라마의 구도를 절대적 악당과 선한 자로 나눈다. 그러다보니 도를 넘는 잔인한 내용들이 다루어진다. 잔인하고 저속하여 차마 계속해 보기 어려울 정도의 내용에 결국 눈을 돌리게 된다. 하지만 세상은 그렇게 이루어지지 않는다. 물론 절대적으로 악한 자도 있지만 대부분의 사람들은 상황에 따라 악역을 행하고 심리적인 고통을 겪는다. 그래서 '죄와 벌' 같은 좋은 소설과 좋은 영화일수록 인간적인 공감대를 형성해주며 작가가 원하는 메시지를 전달하고 새로운 생각을 할 수 있게 해준다.

그런데 요즘의 드라마는 추악하다. 이를 보고 있는 사람도 그와 같이 추악해지고 잔인해지고 비열해지지나 않을까하는 우려마저 든다. 자극은 더한 자극을 원하고 그 자극의 끝은 정신적인 황폐함이란 비극으로 끝난다. 이런 저급한 드라마의 시청은 청소년의 자아형성에도 악영향을 미칠 수 있다. 요즘 사회적 이슈인 블랙컨슈머가 과거보다 많아진 것도 이런 현상들과 무관하지 않을 것이다. 요즘 4대악인 학교폭력, 가정폭력, 성폭력, 불량식품의 근본적인 문제를 분석해보면 결국은 인성의 결핍이다. 이런 인성의 결핍 또한 광범위하게 잘못되어가는 이같은 풍토와 무관하지 않을 것이다.

한동안 뉴스를 보며 점점 흉악해지는 내용에 듣고 보는 것을 기피하던 것이 이젠 드라마를 보면서 비슷한 느낌을 받는다. 드라마조차도 심리적 폭력으로 다가온다. 필자가 아는 한 한의사 선생님은 그런 이유로 뉴스도 드라마도 보지 않는다고 한다. 이제 필자도 한국드라마를 보면서 인내하기 어려울 만큼의 심리적 고통을 받는다. 드라마를 참 좋아했는데 정신적 폭력의 막장드라마 때문에 좋은 취미 생활을 빼앗기고 있다.

작가 이상화는 들을 빼앗겨 봄조차 빼앗길 것을 두려워하였다. 그런데 지금 우리는 나쁜 드라마에 좋은 정서를 빼앗기고 있다. '전원일기' 와 같은 좋은 드라마가 그립다. 인공적 자극 향료가 아닌 천연향의 은은함을 지닌 그런 정서가 그립다. 한편의 드라마가 한 사람의 정서에 영향을 미칠 수 있기 때문에 작가들의 각성이 요구되는 부분이다. 작금의 드라마가 금전에 휘둘리는 치과계를 보는듯하여 가슴이 아프다. 격식의 프레임을 부수기 위하여 행하여졌던 모더니즘은 이런 말초적인 자극을 쫓아가는 것과는 다르다. 그들은 새로운 가치관을 창조하기 위하여 기존의 프레임을 부수는 아픔과 그에 따른 희생에 직면하는 용기가 있었다. 그런데 저급한 말초신경이나 자극하며 시청률이나 따라가는 행위는 결코 모더니즘도 포스트모더니즘도 아니다. 그냥 작가적 창조 정신을 포기하고 돈에 영혼을 팔아버리는 행위를 하는 불쌍한 이들이다. 더불어 이를 보고 있는 시청자들이 진짜 피해자이다.

치과신문 제549호

황당한 일, 당황스러운 일

전에 들어서 알고 있던 유머가 하나 있다. '황당과 당황의 차이가 무엇인가?' 라는 질문이다. 버스를 타고 가던 사람이 갑자기 큰 볼일(?)이 급해 운전사에게 이야기 하고는 버스 뒤에 숨어서 볼일을 보게 되었다. 그런 중에 갑자기 차가 앞으로 전진하는 경우를 '황당' 이라고 하고, 버스가 갑자기 후진하여 볼일 보넌 곳에 주지 않는 경우를 '당황' 이라고 한다는 유머이다. 살다보면 예기치 못한 상황에서 당황스러운 일들이 종종 발생한다.

며칠 전 일이다. 힐링을 위한 심리강연회를 준비하면서 이틀 전에 강연장의 장비들을 모두 점검해 놓았다. 그런데 당일 아침이 되어서 강연 직전에 프로젝터가 작동되지 않는 게 아닌가. 일요일이라서 담당자도 없고 참으로 당황스러운 일이 아닐 수 없었다. 결국 제시간 안에 해결하지 못하고 프로젝터 없이 첫 강연을 시작할 수 밖에 없었다. 첫 번째 연자에게 상황을 설명하고 양해를 구하였다. 그 사이에 담당자에게 연락이 닿아 점검하고 하는 이야기인 즉, 하루 전에 강연장을 사용한 사람들이 항상 작동시켜야 하는 기계를 실수로 꺼버려서 발생한 일이고 이런 일이 30년 만에 처음 있는 일이란다. 황당한 일이었다. 강연회가 끝나고 마련된 회식 자리에서 누군가 그 상황에서 차분하게 대처하는 것이 인상적이었단 이야기를 해주었다. 어떻게 그런 상황에서 차분할 수 있었냐는 것이다. 하지만 필자는 대단한 것이 아니고 그저 그 상황을 수용한 것뿐이었다. 전날 미리 체크하지 않은 사람을, 혹은 담당자를 원망하기보다는 그냥 그 상황을 인정한 것이다. 그리고 어떻게 하면 그 상황에서 가장 좋은 해결점을 찾을까를 생각한 것뿐이었다.

지금부터 10년 전 일이다. 그 당시 필자가 모 학회의 공보이사를 맡고 있을 때였다. 그 때 세계학회 참석차 인도 뭄바이에 회원 30여명을 이끌고 여정을 여행사에 부탁하였다. 그런데 여행 도중에 한국여행사가 부도가 나며 우리 일행이 인도에서 고립되는 일이 발생하였다. 오도가도 할 수 없는 상황이 발생한 것이다. 2주간의 여행에서 1주일이 경과하였는데 한국에서 인도여행사로 한 푼도 지급하지 않은 상황이라는 것이다. 그래서 그동안 참고 있던 인도여행사가 1주일이 지나서야 불만을 이야기를 하고 지난 비용과 앞으로 진행할 경비를 모두 지급하지 않으면 더 이상의 숙박도 여행도 불가하다는 최후통첩을 했다. 당황스럽고 황당한 일이 아닐 수 없었다. 필자는 인도여행사에게 둘 다 피해자이니 최소한의 경비를 산출할 것을 요구하였고 결국 인도여행사는 비행기 값을 제외하고 6,000만원의 비용 중 실비인 3,000만원만 받기로 하고 여행을 마무리해주었다. 10년이 지났지만 아직도 그때를 생각하면 가슴을 쓸어내린다. 물론 이보다 더한 일로는 필자가 존경하는 모 교수님께서는 비행기의 바퀴가 나오지 않아 착륙이 어려웠던 상황에서 유서까지 쓰신 경험을 들려주던 일도 있다.

이러하듯이 우리 삶 속에는 우연한 일들이 이따금 혹은 연속적으로 발생하기도 한다. 이런 일들은 교통사고 같은 불행으로 혹은 로또와 같은 행운으로 다가오기도 한다. 물론 항상 발생하는 일이 아닌 이벤트라서 삶에 영향이 적은 경우가 대부분이지만, 경우에 따라서는 커다란 영향을 미치기도 한다. 그런데 행복한 삶을 놓고 본다면 이런 이벤트는 이벤트로 끝나고 삶에 영향을 미치는 정도가 적을수록 좋다. 우리들의 삶에 이벤트성 불행이나 행운이 와도 평범한 일상생활이 흔들리지 않는다면 삶의 본질은 흐려지지 않을 것이다. 물론 이런 이벤트가 그 순간은 불행으로 고통스러울지라도 인생의 한 추억으로 받아들인다면 조금은 덜 힘들 것이다. 필자는 가끔 페스탈로치를 생각한다. 만약 그가 경영하던 큰 농장이 망하여 신용불량자가 되지 않았더라면 우리가 과연 지금 그의 이름을 알 수 있었을까하고 말이다. 그는 망하고서야 비로소 거리의 아이들의 아픔을 이해할 수 있었다.

불행은 희망의 또 다른 모습이라고 한다. 그래서 시작의 신이 동시에 파괴의 신인 야누스이다.

용서에 대하여…

종종 기성용, 박지성, 이천수, 조성민, 박찬호의 기사를 접한다. 이들의 공통점은 모두 스포츠 스타이며 연예인보다도 더 유명한 사람들이다. 3명은 축구선수이고 2명은 야구선수이다. 스포츠를 한다는 것과 유명하다는 것을 제외하면 서로 비슷함보다 다른 점이 더 보인다.

심리학에서는 개개인이 한 사건을 해석하는 방법이 개성에 따라 다르다고 말한다. 컵 속에 물이 반만 있을 때, 물이 반이나 남아 있다는 긍정적인 사람, 물이 반밖에 없다는 부정적인 사람, 물이 얼마나 있는지 모르겠다는 회의적인 사람, 물 말고 햄버거 달라는 엉뚱한 사람 등 다양하다. 이런 차이를 개성이라고 한다. 위의 5명도 개성이 달라 보인다. 그런데 개성은 달라도 로빈슨 크루소와 같이 혼자의 세계를 사는 것이 아니라 사회 속에서 생활을 영위할 때에는 사회가 요구하는 요구사항에 맞추어야 한다. 이를 사회성이라 한다. 특히 집단이 팀을 이루는 축구나 야구와 같은 스포츠의 경우에는 더욱 그러하다.

5명 중에서 박지성과 박찬호는 자신의 성격인지 아니면 노력인지는 모르지만 나이에 비하여 참으로 성숙된 모습을 보인다. 반면 이천수는 요란하게 등장하는 등 처음의 모습부터 약간의 악동 기질과 튀는 모습을 보였다. 그리고 수많은 사건 사고를 경험하고 요즘은 다시 자리를 잡아가는 모습을 보인다. 그리고 조성민은 여자들의 로망이었다가 이혼을 통하여 파격적인 이미지 변화의 모습을 보이고 끝내는 자살로 생을 마감하였다. 이천수의 복귀는 처음 보인 반항적 이미지와 실제 살아온 모습이 별로 큰 차이가 없어 보이기에 '이천수니까!' 라고 실수를 용납하고 용서하기에 어려움이 없어서 가능했다고 생각된다. 반면 조성민은 처음의 포지티브 이미지와 전혀 다른 네거티브의 이미지로 변하면서 다시 재기하거나 복귀하는 것이 어려웠을 것이다. 그렇듯이 인간의 생각 속에는 주어진 프레임이 있고 그 프레임을 벗어나면 거부하는 경향이 있다.

근래에 기성용의 기사가 자주 뉴스거리로 등장한다. 바른 말하는 젊은 캐릭터의 이미지에서 인기 여성연예인과의 결혼이라는 깜짝 이벤트를 통하여 어린 모습(乙)에서 갑자기 모두가 부러워하는 갑(甲)으로 변신하였다. 그리고 SNS 비방사건이 터지면서 네거티브 이미지로 변했다. 조성민과 유사하게 포지티브에서 네거티브로 변한 것이다. 을에서 갑으로 변할 때 여론은 냉정해지며 사소한 잘못도 시쳇말로 갑(甲)질이 되는 것이다. 그래서 SNS 비방사건은 어린 을일 때처럼 미성숙한 치기어린 행동으로 받아들이지 않는다. 사회는 말에 대한 책임을 요구한다. 그 마음 속에는 갑(甲)질에 대한 대가를 바라는 마음도 있다. 마치 포스코 왕상무 사건이나 롯데호텔 벨보이 폭행사건과 같은 맥락의 성격을 띠고 있다. 어떤 상황이 사회 개개인들이 경험한 유사한 사건들과 오버랩하면 용서받지 못할 행동이 된다. 결국 조성민과 유사한 프레임을 지녔기 때문에 비슷한 전철을 밟게 될 수도 있어서 안타깝다. 이제 필자의 아들정도 밖에 되지 않은 나이라서 세상의 무서움도 모를 것이다. 자신이 을에서 갑으로 변한 것만 알고 갑은 행동에 책임이 따른다는 것을 몰랐을 수도 있다. 이천수와는 전혀 다른 조성민과 유사한 이미지라는 것도 모른다.

시간이 지나면 모든 일들은 기억 속에서 사라지고 어떤 식으로든지 결말이 난다. 그런데 그 결말이 좋으면 좋겠다. 이제 처음 인생을 시작하는 나이이기 때문이다. 그들은 아직 '용서 받는다' 라는 단어가 더 많이 필요한 나이이고 인생을 더 경험한 사람들은 '용서한다' 라는 말을 더 사용해야 한다. 우리가 누군가를 용서하려 할 때면 과거의 기억들이 가슴 속 깊은 곳에서 올라와서 용서하지 못하게 막는다. 남을 용서하는 데는 두 가지가 있다. 나를 누르는 표면적인 용서와 내 안에 반응하는 요소를 제거하는 원천적인 용서가 있다. 공자의 참을 인(忍) 용서와 왼 뺨을 내미는 예수님의 용서의 차이다. 진정한 용서는 남이 아니라 우선 자신의 과거 기억을 용서하는 것부터 시작되어야 한다. 그래서 어렵다. 용서와 개성의 인정은 우리 몫이지만 사회적 프레임을 인정해야 하는 것은 그의 몫이다.

치과신문 제558호

무자식 상팔자?

얼마 전 모임에서 이제 중학교에 들어가야 할 초등학교 6학년 아이를 둔 후배가 걱정을 털어 놓았다. 필자가 청소년지도학과 대학원을 다니는 것을 안 후배가 중학교에서 학교폭력이 많은 것에 대한 이것저것 물어보는 것이었다. 사실 요즘 우스갯소리로 북한의 김정은이 전쟁을 일으키지 못한 것이 한국에 중학교 2학년생이 무서워서라는 말이 있다. 요즘 중학교 2학년생이 사춘기의 반항적 기질이 가장 심하게 나타나기 때문이라는 것을 빗대어 표현한 것이다.

사실 요즘 청소년들의 3대 문제점을 이야기하면 인터넷 중독, 학교폭력, 학교 밖의 아이들로 대변할 수 있다. 하지만 최근에 인터넷 중독은 스마트폰 중독으로 변해가는 양상을 보이고 있으며, 학교폭력은 줄어드는 추세라고 하지만 그 실상은 조금 의심이 된다. 학교 폭력을 정부가 척결해야 할 4대악으로 규정하여서 요즘은 좀 적어진 듯한 느낌이지만 반대로 학교나 경찰이 사건이 생김으로 인하여 불이익을 받지 않으려고 쉬쉬하는 이유일 수도 있다.

법이 엄격하면 그것을 피하기 위하여 죄질이 더욱 강력해지는 경향이 있기 때문이다. 더불어 또 다른 이야기가 들리는 것은 최근의 학교폭력 형태와 방법이 과거와 달라졌다는 것이다. 예를 들면 본인이 직접 때리면 한 번은 용서되지만 두 번째부터는 처벌을 받는다는 조항을 악용하여서 한 번은 자기가 폭력을 행하고 다음부터는 다른 사람을 시켜서 폭력을 하는 등의 지능적인 형태로 변질된 것이다. 일종의 풍선효과가 나타났다고 볼 수 있다. 그래도 학교와 경찰 등 사회의 지속적인 관심이 어느 정도 학교폭력을 줄이는 효과는 나름대로 있는 듯하다.

따라서 요즘은 학업을 포기하고 학교를 중퇴하는 아이들이 증가하여 새로운 청소년 문제로 떠오르고 있다. 학교를 중퇴하는 이유로는 학교생활에 적응을 못하는 경우로 비행 청소년인 경우도 있으나 왕따의 피해자인 경우도 있다. 그 중에 가정의 보호가 가능한 아이들은 대안학교나 유학 등의 선택이 가능하지만 가정의 보호가 이루어지지 않는 아이들은 가출로 이어지고, 이는 청소년 문제 뿐만 아니라 이들이 차후 범법자로 변할 가능성이 높아지므로 잠정적 사회문제 요소로 보고 있다.

무자식 상팔자란 말이 있다. 아마도 자식을 길러 본 사람이라면 아주 몇 명의 극소수인 사람들을 제외하고는 대부분 한 번씩은 말해 보았을 것이다. 특히 부모가 잘 날수록 아이들의 평범함이 못마땅해지기 때문에 더욱 무자식 상팔자란 생각이 들게 마련이다. 더구나 치열함이라든지 진지함이 없는 요즘의 선진국형 아이들을 보고 있노라면 속이 터지는 부모들이 한둘이 아닐 것이다. 물론 아이들 입장에서는 조바심내고 안달하는 부모들이 이해가 안 되기는 마찬가지다. 이런 부모와 자식 간의 문화적인 차이가 가정의 위기 상황 중의 하나이고 이는 아이나 부모에게도 불행한 일이 아

닐 수 없다. 최악의 경우로 요즘 존속살인 사건과 같은 일들의 출발점도 이런 문제부터 시작되었다.

무자식 상팔자는 장자에 나오는 말로 자식이 있으면 근심이 끊이지 않고, 부자는 걱정이 많고, 오래 살면 못 볼 것을 많이 보기 때문이라는 요임금의 말에서 유래되었다. 그런데 그 말을 들은 이가 '하늘이 자식을 준 것은 쓰임이 있어서이고, 부자는 베풀 수 있고, 오래 사는 것도 하늘의 뜻이기에 자연에 순응하면 되거늘 그리 생각하는 것은 성인이 아니다' 라고 충고를 주었다. 결국 무자식 상팔자의 의미는 그 말이 옳지 않다는 고사성어인 것이다. 자식이 커가는 것은 하늘의 뜻에 따라 큰다는 것이다. 즉 현대적 의미로 해석하면 아이들에게 강요하지 말고 자연적 순리에 맡기라는 의미이다. 심리학에서 아이들은 눈높이가 맞지 않은 경우에는 두려움을 느낀다. 결국 그 눈높이가 키일 수도 있으나 생각일 수도 있다. 아이들이 가출을 하는 것이 집을 나가는 것일 수도 있으나 마음속에서 부모를 내보내는 것일 수도 있다. 아이들의 눈높이로 생각하고 이해를 해주고 긍정해 줄 때 마음속에 가출한 아이들이 돌아 올 것이다.

치과신문 제559호

부모님의 치매와 불효자

요즘 인기 있는 범죄 심리분석의 프로파일러에 대한 미드(미국 드라마)를 보던 중에 주인공의 와이프가 루게릭병으로 투병하는 내용이 있었다. 나이가 많은 루게릭병 환자가 자신이 움직일 수 있을 때에 자신을 정리하고 싶다면서 존엄사를 택하는 내용이었다. 아직 우리나라에서는 존엄사를 생각하기에는 많은 문제점이 있고 정서적이나 문화적으로도 성숙되어있지 않아서 여러 생각을 하게 하였다. 루게릭병은 영화배우 김명민이 열연한 영화를 통해 한때 생명에 대한 메시지를 강하게 사회에 던진 적이 있었다. 하지만 존엄사와 같은 의료윤리적인 접근은 부족하였다. 물론 우리 주변에서 루게릭병 환자를 만날 기회는 좀처럼 많지 않다. 하지만 이런 드라마나 영화는 우리가 생활에서 접할 수 있거나 피하고 싶은 이야기를 간접적으로 전달하는 것이라 생각한다. 루게릭병 환자는 멀리 있으나 알츠하이머병 환자는 좀 더 가까이 있고 치매환자는 더욱 가까이에 있다. 아마도 그들의 이야기를 간접적으로 표현한 듯 하기에 더욱 미드에 관심이 갔다.

치매환자는 우리 주변에 참 가까이 있다. 그리고 현실 생활에서 가장 두려운 병중에 하나이다. 이유는 우리의 가족 중에서 부모님이 치매가 진행되면 많은 어려움에 직면하게 된다. 이는 우리나라의 현실은 선신국처럼 요양시설에 의탁하는 것이 정서적으로도, 제도적으로도 완성되어있지 않기 때문이다.

유교적인 가족관을 기본바탕으로 하는 정서와 문화이기 때문에 부모님의 치매가 진행된다고 하여 선뜻 요양시설로 모실 경우에 받아야 하는 사회적인 시선이 곱지만은 않다. 즉 불효라는 개념과 사상적 충돌현상이 생기기 때문이다. 하지만 치매 부모님을 돌보아야할 자식들이 받을 고통을 생각한다면 치매에 대한 정신적, 문화적인 족쇄를 이제는 사회적으로 풀어주어야 할 때가 되었다고 생각한다. 과거 대가족제도 하에선 많은 가족 구성원이 있었기 때문에 그 중에 유휴노동력이 치매 어른을 모시는 것이 가능하여 가족제도 하에서 충분히 해결이 가능하였다. 하지만 지금은 핵가족제도이기 때문에 별도로 보살펴줄 수 있는 인원이 없어서 이를 과거와 같은 정서적인 잣대로 생각하는 것은 수정되어야 하는 것이다. 즉, 정서적, 문화적으로 선진국과 같은 형태의 요양시설을 이용하는 것에 대한 필수불가결하다는 생각이 전체적으로 수용되어야 한다. 물론 언젠가는 그리 되겠지만 늦어지면 늦어질수록 개인과 사회가 받아야할 고통은 더욱 증가한다. 얼마 전 치매인 부모님을 살해하고 자신도 자살한 사건이 이를 충분히 대변한다.

그리고 어느 부모라도 본인이 치매에 걸려서 자식을 알아보지도 못할 경우에 자식에게 폐를 끼치고 싶은 사람은 한 명도 없을 것이다. 물론 경제적으로 풍요로워서 가능할 수도 있겠지만 대부분의 서민인 경우에는 개인이 간병인을 고용하는 비용을 감당하기에는 역부족이다. 따라서 국가에서도 치매환자에 대한 대책과 지원에 대한 정책 수립이 절대적으로 필요하다. 육아지원보다도 더욱 시급한 문제라고 필자는 생각한다. 하지만 국가는 재정을 생각해서 모든 책임을 개개인에게 돌리고 애써 외면하는 느낌을 받는다. 더불어 자식들이 이야기하는 것은 마치 판도라 상자를 여는 듯하고 천인공노할 망나니처럼 비추어질까 회피하는 모습이다. 하지만 이젠 우리 사회도 수용하여야 할 만큼 성숙하였고 개인의 책임으로 돌리기에는 감수해야 할 희생이 너무 크다. 더불어 노후 대책을 수립하는 우리 50~60대들도 이에 대한 생각과 대책을 미리 미리 자식들과 상의하여야만 우리들의 자식을 선량한 불효자로 만들지 않을 수 있다.

지금의 이런 정서와 사회문화 속에서는 나이든 부모를 지닌 자식들은 모두 불효자가 될 가능성이 높다. 이제 부모님의 치매에 대한 적극적인 대처방안과 해결방법을 국가와 사회 모두가 적극적으로 생각해야 할 시점이다.

카카오톡의 두 얼굴

요즘 카카오톡을 모르는 이는 드물다. 필자는 카카오톡을 아는 사람과 모르는 사람을 기준으로 디지털 생활형 사람과 아날로그 생활형 사람으로 구분한다. 나이로는 대략 사회생활을 접은 70대가 해당할 것이다. 필자는 나름대로 사람들의 나이를 짐작하는 기준이 있다. 황금박쥐를 알면 40대 후반, 아수라백작을 알면 40대 중반, 여자가 선글라스를 머리띠 대용으로 머리에 올려 놓고 있으면 40대 중후반 이상이다. 이것은 지나온 과거의 경험 속에 배어 있기 때문에 무의식 중에 나오는 행동이다. 특히 머리띠 대용 선글라스는 그 당시의 영화배우들이 즐기던 패션 스타일이었다.

카카오톡은 줄여서 카톡이라고도 한다. 스마트폰 시대에 유용한 통신수단이다. 밴드, 라인 등 많은 유사한 어플들도 나와 있다. 요즘 우리가 CCTV에 노출될 가능성이 하루에 29번 정도라고 한다. 그런데 내가 하루에 듣는 '카톡' 이란 소리도 20~30번은 넘을 것이다. 내 것은 묵음으로 해놓았으니 남의 카톡소리를 듣는 횟수만도 그렇다. 이렇게 카톡은 현대인의 생활에 깊숙이 자리를 잡았다. 그리고 목소리를 통한 대화보다 카톡으로 대화하는 양이 증가하였다. 필자의 경우에도 외국에 있는 아이들과 주로 카톡으로 대화한다. 또 대학동기들의 그룹채팅방에 불려 들어가 매일 동기들의 생활을 대학시절처럼 알 수 있게 되기도 하였다. 지금까지의 것들이 카톡의 순기능이다. 하지만 이런 순기능 뒤에는 역기능도 존재한다. 일단 카톡에서 누군가가 방장이 되어서 멤버들을 초대한다. 그렇게 초대된 멤버 중에는 적극 참여자도 있고 방관자도 있고 탈퇴하는 자도 있다. 그런데 탈퇴하는 자는 무심코 나가지만 방을 개설하고 초대한 방장은 마음속으로 약간의 상처를 받는다. 그리고 그것이 한두 번 반복되면 온라인이 아닌 오프라인 모임에서도 의도하지 않더라도 그 사람을 제외시키는 현상이 생긴다. 물론 탈퇴하는 자는 여러 가지 이유가 있겠지만 대표적인 것은 지속적으로 울리는 '카톡' 소리일 가능성이 많고 그 소리를 끄는 조작이 서투른 사람일 가능성이 높다. 그런데 이런 저런 이유와는 다르게 방장에게는 심리적인 '무시' 라는 트라우마를 본의 아니게 주게 되는 것이다.

요즘 아이들이의 '왕따' 는 이런 심리적인 요소를 이용하는 데까지 진화하였다. 일명 '카따' 이다. 4대악의 근절이라는 정부의 대응으로 학교폭력이 감소하는 추세를 보이지만 반대적으로 신체에 대한 왕따가 아닌 정신적인 왕따로 진화하였다. '카따' 는 일단 방장이 멤버를 소집한다. 물론 왕따의 피해자를 부르는 것은 당연하고 부름에 응하지 않을 수도 없다. 그리고는 그 카톡방 안에서 돌아가며 욕하고 인격적인 모욕을 주며, 심한 경우에는 각자가 왕따 아이에게 자신이 가할 행동들을 경쟁적으로 토론하기도 한다. 왕따 피해자는 일차적으로 온라인에서 심리적 폭력을 당하고는 다시 오프라인 속에서 왕따를 당할 것에 대한 걱정을 하고, 그 후에 실제로 오프라인에서 왕따를 당한다. 이는 과거에 한번 당하던 것에 비교하여 보면 심적인 고통이 3배로 증가된 것이다.

마치 과거 학창시절에 선생님에게 매를 맞으러 가기 전의 두려움처럼 말이다. 즉 처음 카톡방에서 심리적인 상처를 받고 두 번째로 오프라인에서 당할 것이 무엇인지를 알았으니 기다리면서 고통스럽고 세 번째로 실제로 당하면서 고통을 받는 것이다. 결국 사회적인 환경과 체제가 바뀌지 않고 아이들의 생각을 바꾸지 않은 상태에서 외적인 요소만을 해결하려다 보니 발생된 변종된 모습이다. 이것이 카톡의 역기능이다.

우리 아이들이 이런 '카따'에 무방비로 노출되어있다. 그리고 성인인 우리들조차도 카톡방에서 "OO님이 방을 탈퇴했습니다"라는 메시지를 보면 묘한 무시감을 받는다. 아닌 것을 알지만 마치 초청했는데 거부당한 듯한 그런 느낌을 받는다.

이제 우리는 끊임없이 변하는 새로운 문화 속에 살고 있다. 그리고 모르는 사이에 그 문화의 역기능의 피해자가 되기도 한다. 이제 한번쯤은 우리가 누리는 문화를 재조명할 필요가 있다.

치과신문 제568호

Trigger point(통증유발점)

통증을 이야기할 때 꼭 등장하는 단어가 trigger point(통증유발점)이다. 통증을 야기하는 점이란 뜻이며 그 점을 자극하면 여지없이 통증이 유발되는 그런 곳을 의미한다. 그리고 이런 point는 사람에 따라 조금씩의 차이는 있으나 대부분 만성통증을 호소하는 사람들은 한두 군데 정도 지니고 있다.

그런데 이런 point는 신체뿐만 아니라 사람의 마음속에서도 유사한 반응을 보이는 경우가 많다. 즉 사람마다 분노가 유발되는 단어나 환경이나 사건들이 있다. 그리고 그런 것들이 분노를 유발시키는 몇 가지의 trigger point 역할을 한다. 예를 들어 필자의 경우에는 같은 말을 세 번 반복하게 되는 상황이 발생하면 기분이 나빠진다. 주문을 하거나 요구를 하거나 답변을 하거나 똑같은 말을 세 번 반복하면 그때부터 기분이 나빠지고 그 이후에 반복 횟수의 증가함에 따라서 분노가 증폭되는 경우를 본다. 일반적으로는 이 같은 상황보다는 특정한 단어이거나 대상인 경우가 더 많다고 할 수 있다. 소위 말하는 결혼한 여성에게의 '시' 일 수도 있다.

시어머니, 시댁, 시동생 등등 요즘 흔한 말로 '시월드'의 의미이다.

이외에도 과거에 상처가 되었던 사건 속의 인물이 되는 경우도 있다. 이런 경우에 통상적으로 가장 많은 시간을 공유한 사람이 되는 경우가 많다. 가까운 반면 그만큼 아픔에 노출될 시간도 많아지기 때문이다. 따라서 가족이 될 경우가 가장 많다.

소심하고 여린 사람인데 어머니가 강인한 성격으로 애정표현이 약한 경우라면, 그 자식은 받지 못한 애정에 대한 동경이 시간이 지나면서 분노로 변하게 된다. 그리고 결국 그에게 엄마라는 단어에는 애정과 분노가 공존하게 되며 별것이 아닌 서운한 사건에도 예민한 반응을 하게 되는 경우가 생긴다.

또 반대로 무뚝뚝한 아들에 감수성이 예민한 엄마인 경우는 아들이 결혼하여 아내에게 대하는 태도가 엄마에게 대하던 것과 다른 것을 보면 역시 애정과 분노가 공존하게 되며 사소한 일에도 마음의 상처를 쉽게 받게 된다. 이는 아내와 남편의 경우에도 마찬가지일 수 있다. 그리고 아내는 남편에게, 남편은 또 아내에게 분노를 유발시키는 치유되지 않은 아픈 상처의 단어들이 한두 개 정도가 있다.

그리고 그런 단어들은 그 안에 수많은 사연의 역사(history)를 지니고 있기 때문에 단순하게 풀어지거나 해소될 수 없는 성질인 경우가 더 많다. 이처럼 가까운 사람인 경우도 많지만 경우에 따라서는 짧지만 심한 상처를 준 사건이 될 수도 있다. 그런 경우에는 지나가 버린 일이고 해결될 수 없으므로 장기간 지속될 수밖에 없다. 그것이 아주 심하게 되면 외상후 스트레스장애가 될 수 있다. 경우에 따라서는 떠나버린 애인의 아픈 추억이 그 역할이 될 수도 있다.

대부분의 사람들은 본인들에게 이런 trigger point가 있는 것을 어렴풋이는 알지만 정확하게는 알지 못한다. 마음에서 아픈 추억이나 분노가 유발될 상황에 대한 본능적인 회피가 발생하기 때문에 모르는 경우가 많다. 하지만 주변에서 지속적으로 누군가가 분노하는 상황을 체크해보면 어떤 일정한 패턴이 있든지 아니면 분노를 유발하는 특정한 단어들이 있다는 것을 발견할 수 있다. 이처럼 누구나 과거의 아픈 경험이나 피할 수 없었던 분노의 일들이 마음속에 침잠하였다가 trigger point를 만나면 마음 밖으로 폭발하게 된다.

성현이 아닌 이상 대부분의 보통사람들은 이런 아픔을 모두 지니고 있기 때문에 가급적이면 건드리지 않도록 노력하여야 한다. 특히 가까운 사람일수록 더욱 노력하여야 한다.

명절만 되면 가족간에 싸움이 더 심해지고 심지어는 명절이 지나고 나면 이혼이 급증한다는 말도 이에 해당되는 사건들이다. 혹자들은 가까운 사이기 때문에 이야기를 해주고 심지어는 이런 trigger point를 건들 수도 있다고 생각하지만 사실은 가까운 사이기 때문에 더욱 피해야 한다.

스스로 치유할 시간을 주고 또 기다려 주어야 하는 것이다. 가까운 사이기에 더 큰 상처를 줄 수 있기 때문이다.

사랑은 심리현상인가? 생리현상인가?

출근하며 병원문을 열고 들어가는데 젊은 남자환자 한 분과 같이 온 여자 친구가 눈에 들어온다. 전에 같이 오던 친구가 아니고 바뀐 듯한 인상을 받아 서로 무안하지 않으려고 인사할 시간도 없이 빨리 원장실로 들어갔다. 교정치료기간이 오래 걸리다보니 가끔 접하는 일 중 하나다. 오늘은 치과를 떠나 그냥 머리 식힐 수 있는 주제로 흔하디흔한 말이며 모두가 가장 듣고자하는 말인 '사랑'의 심리적인 면을 생각해보자. 얼마 진 모 결혼정보 회시의 리서치에 의하면 요즘 젊은이들의 이성간의 평균 교제 기간이 통상 6개월에서 1년 정도라고 한다. 사랑이 무엇인가에 대하여서는 수많은 글들과 책들이 넘쳐나고 있다.

그 중 일단 생물학자들의 견해를 보면 과학적으로 두뇌의 단순한 화학작용에 불과하다고 정의한다. 두뇌에는 4가지 사랑 호르몬(도파민, 페닐에틸아민, 엔도르핀, 옥시토신)이 있는데 마음에 드는 이성이 나타나면 이 호르몬들이 분비가 된다. 도파민은 지적이고 형이상학적인 사랑을 느끼게 해준다. 플라토닉 사랑이라고 부르기도 한다. 도파민은 이성과 지성을 관할하는 호르몬인데 도파민이 발달하면 천재가 되고 도파민이 고장 나면 정신분열증이 나타난다. 페닐에틸아민은 열정적이고 감정적인 사랑을 느끼게 해준다. 에로스적 사랑이라고 한다. 이 호르몬에 의해 사람은 열정적으로 눈이 멀게 되고 상대방에 대한 분별력이 없어진다.

엔도르핀은 사랑의 희열을 더욱 극대화시킨다. 격정적인 사랑의 묘약이고 엔도르핀에 의해 상사병이 생긴다. 옥시토신은 사랑하는 사람에 대해 육체적인 성욕을 느끼게 해준다. 이 물질로 인해 사랑하는 사람과 섹스를 통해 성적인 만족감을 높여주게 된다. 이처럼 인간에게 있어서 사랑의 감정은 생물학적으로 신경전달물질들의 조화로운 작용에 의해 생기고 이러한 작용이 깨질 때 사랑의 감정도 사라진다. 그런데 이 호르몬들이 분비되는 기간은 통상 18~30개월뿐이어서 이 기간이 지나면 사랑의 감정을 느낄 수 없을 뿐더러 여성의 경우엔 아이를 낳으면 이 호르몬들이 감소한다. 그러나 마음에 드는 다른 이성이 나타나면 이 호르몬들이 다시 분비된다. 위에 열거한 생물학자들의 주장과 심리학자들의 주장이 일치하는 부분들이 있다.

심리학자 리이는 남녀 간의 연애를 6종류로 나누었다.

1) 연애를 게임같이 즐기는 놀이사랑(루더스).
2) 애인의 하찮은 일에도 고민하고 질투할 것이라는 광적인 사랑(매니어).
3) 연인을 사귈 때에는 상대의 취미나 집안배경 등을 보고 고른다는 실리적 사랑(프래그머).
4) 한눈에 반하는 아름다운 사랑(에로스).
5) 이성과의 사랑을 차분하게 시간을 갖고 나누는 우애적 사랑(스토게이).
6) 사랑하는 사람을 위해선 목숨을 바쳐도 좋다는 열정적 사랑

(아가페)이 있다.

마이스는 매니아, 에로스, 아가페가 연애의 중심적 형태이고 다른 3종은 특수한 형태라고 하였다. 그리고 학생들에게 질문하여 매니어형(광적형)이 남녀 모두에게 긍정적이었으며 프래그머(시리형), 스토게이(우애형)형태는 여성들에게 긍정적인 평가를 받았다고 했다. 또한 루벤은 애정이 친화와 의존 욕구, 원조경향, 배타성과 열중(로미오와 쥬리엣효과)이라는 요소에 따라 지배된다고 하였다. 샤크터는 좋아하는 사람을 만나면 가슴이 두근거리면서 생리적으로 흥분이 되는데 이는 스포츠를 구경할 때 느끼는 흥분과 동일하다며 인지생리가설을 주장했다. 즉 높은 곳에서 가슴이 뛸 때나, 스포츠 후에 가슴 뛸 때 상대를 보면 사랑한다고 인식한다는 것이다. 같이 스포츠를 즐기면 연인으로 발전할 가능성이 높은 이유가 여기에 있다.

사랑해서 가슴이 뛰든, 가슴이 뛰어 사랑한다고 인식을 하든지 둘 다 한가지로 느끼기에 '사랑'이 단순하다. 따라서 미혼남녀들은 오늘 좋아하는 이가 있다면 당장 사용해 볼 수 있는 좋은 방법이다. 사랑은 심리현상이기도 하고, 생리현상이도 하다. 그보다도 사랑은 인간이 살아갈 수 있게 하는 반드시 필요한 생존현상이라고 생각한다. 모든 독자 여러분이 오늘은 비록 생리적 착각이더라도 사랑 속에서 행복하길 바란다.

인문학의 부재

요즘 치과계에서 발생하고 있는 사건들의 내면에는 치과의사들의 인문학 교육의 부재를 이야기한다.

인체를 다루어야 할 의사들이 해부학적, 생리학적인 지식은 가득하고 경제논리도 가득한데 인문학적인 소양과 양식이 부족하다는 것이다. 한마디로 양심 불량인지, 양식 불량인지 모르겠다는 것이다. 아니 경제적으로 힘든 이유거나 아니면 상대적인 빈곤감이 원인일 수도 있다.

그러나 이 역시 철학적 가치의 부재라고 할 수 있다. 남들은 치과의사들이 부자라 생각하기도 한다. 아직도 치전원에 대한민국의 최고의 엘리트들이 모이는 것을 보면 장점이 있다고 생각하는 직업인가 보다. 그럼 부자가 되기 위한 것인가? 사회지도자가 되기 위한 것인가? 아니면 정년이 없는 직업이기 때문인가? 진정 의료인으로서의 역사적 사명을 띠고 입학하는 것일까? 치과의사들은 과연 몇 명이나 노블레스 오블리주를 실천하는 사회적 지위라고 생각하고 있을까? 인문학의 부재의 주체가 어쩌면 지금 사회에 배출되는 선생님들이 아닌 기성세대인 40~50대를 말하는 것이 아닌가 생각해 본다.

흔히들 노블레스 오블리주라는 말을 많이 한다. 지도층의 양식을 이야기할 때 쓰는 말이다. 14세기 유럽에서 백년전쟁 당시 프랑스의 한 도시가 영국군에게 포위당하여 항복을 하자, 점령군은 저항에 대한 보복으로 6명의 처형을 요구했고, 시민들이 서로 머뭇거리는 상황에서 가장 부자인 누군가가 처형을 자청하였고 이어서 시장, 상인, 법률가 등의 귀족들도 처형에 자원하였다. 이때부터 높은 신분에 따른 도덕적 의무를 지칭하는 '노블레스 오블리주' 란 말이 나왔다. 이는 자신이 그런 신분인가를 생각하기에 앞서서 도덕적 가치를 생각하여야만 가능한 행동이다.

인문학이란, 사전에 '인간의 조건에 관해 탐구하는 학문' 이라고 설명돼 있다. 자연과학과 사회과학이 경험적인 접근을 주로 사용하는 것과는 달리, 분석적이고 비판적이며 사변적인 방법을 폭넓게 사용한다. 인문학의 분야로는 철학과 문학, 역사학, 고고학, 언어학, 종교학, 여성학, 미학, 예술, 음악, 신학 등이 있으며, 크게 문학, 역사, 철학으로 요약되기도 한다. 혹은 '인간과 인간의 문화에 관심을 갖거나 인간의 가치와 인간만이 지닌 자기표현 능력을 바르게 이해하기 위한 과학적인 연구 방법에 관심을 갖는 학문이다' 라고 정의된다. 한마디로 사람다운 삶의 학문이라고 할 수 있다.

자연과학이나 사회과학 등이 현상을 인식하는 학문이라면 인문학은 '인간의 가치' 를 논한다. '어떻게 살더라' 가 아닌 '어떻게 살까' 와 '어떻게 살아야 하는가' 를 논한다. '돈을 벌자' 가 아닌 '어떤 돈을 벌자' 이다. 본인 스스로 인정할 수 있는 가치를 부여하는 철학이 있는 삶을 이야기하는 것이 인문학이다. 현 시대의 부작용 중의 하나로 많은 사람들이 자살을 택하여 자신의 삶을 포기한다. 그리고 다수의 사람들은 이것을 사랑의 결핍으로 많이들 이야기한다.

맞는 말일 수도 있지만 한편으로 개인적인 신념이나 철학의 부재가 원인일 수도 있다. 몇 십 년을 투옥되어 독재에 투쟁한 사람들을 보아도 알 수 있다. 결국 가치의 부재가 원인이다. 요즘은 필자도 치과의사로서의 가치가 얼마나 있는지, 어떤 직업 철학과 윤리를 지녀야 하는지 혼란스러울 때가 있다.

의사가 환자를 치료할 때는 '생명의 외경심' 을 최고의 가치로 삼고 있다. 그것은 자신을 떠난 외부적 가치이다. 또한 자신 안으로 들어 왔을 때는 내부적 가치로서 자부심과 자긍심이다. 그런 내부적 가치가 흔들릴 때가 있다. 정의가 눌리고 비열하고 파렴치한 술수가 더 인정되어질 때에 정서적 혼란이 온다. 풍랑속에 흔들리는 돛단배와 같은 때에 인문학은 등대의 역할을 한다. 그것이 진정한 인문학의 가치이다.

배려하는 마음에서 여유가 시작되고
배려를 받을 때 감동과 감사를 느낀다.

마음의 여유가 힐링의 시작이며
동양화 속의 여백처럼 마음의 평화를 준다.

존중하는 마음에서 존경이 시작되고
존중을 받을 때 삶의 가치를 깨닫는다.

배려와 존중에서 **행복**이 시작된다.

세상은 좋은 적도 나쁜 적도 없이
항상 그렇게 변함없이 존재하는 것

긍정의 생각이
긍정의 결과를 만든다.

힘들고 어려운 현실의 바다를 건너기 위한
긍정의 배가 모두에게 있다.

긍정의 배의 선장이 사랑이고
존중과 배려라는 선원이 있다.

배는 행복이라는 항구에 도달한다.

II. 배려

- 차경에 비친 세상이야기

사필귀정 사필정(事必歸正 事必正)

요즘 사회는 아이들 교육으로 몸살을 앓고 있다. 조기교육에, 해외연수에, 아이들 교육으로 힘들어하고 있다. 그리고 좋은 대학을 가기 위한 노력에 몰입하다보니 가장 중요한 인성 교육은 교육현장에서 사라졌다.

학교에는 지식전달자와 공부 기계만 있고 스승도, 제자도 없는 듯하다. 학생이 선생님을 구타하고 학부모가 선생님의 머리채를 잡고 휘두르는 것이 우리 교육현장의 한 일면이다. 이렇게 된 것은 학력을 최고의 덕목으로 여기고 좋은 스펙을 만들기 위해 앞만 보고 달린 선생과 학부모 모두의 책임이다.

이런 교육환경에서 인성교육을 받지 못한 채 졸업을 하고 사회에 나온 그들에게, 다음의 목표는 학업의 일등이 아닌 돈 버는 능력의 일등이 되어야 할 것이다. 따라서 정의와 도덕이란 옛날의 고사성어에나 나오는 말이나 된 듯이 수단과 방법을 가리지 않고 '돈 되는 것은 다 한다' 고 생각 할 수 있다.

그리고 이런 생각은 자본(돈)이 최고라는 저급 자본주의 기본사상과 맞는다고 생각할 수 있다. 얼핏 생각하면 옳은 듯한 이야기이다. 먹고 살길이 없어서 훔친 장발장의 빵 한 조각은 법과 용서를 넘어서 생존이라는 도덕과 법 이선의 삶의 본질에 대힌 문제이기 때문이다. 어쩌면 국민소득이 1만 불 이하일 때는 모두가 돈만 있으면 좋았던 시대일 것이다. 하지만 3만 불의 시대에서는 그 돈을 어떻게 벌었나 하는 것과 그 돈을 어떻게 쓰느냐가 더욱 중요한 사항으로 바뀌게 된다.

결국, 2만 불에서 3만 불로의 변화 때에 나타나는 것은 사회가 극도로 투명해지면서 불로소득이 줄어들고 생활은 조금 더 팍팍해지게 되기 때문이다. 이는 선진국의 일반 서민을 보면 잘 알 수 있다. 하지만 가장 큰 변화는 의식의 변화이다. 모두가 먹고 사는 데에 문제가 없어지면 그 다음은 도덕성이 강조된다. 청문회의 정치인들을 보면서 확인되고 있는 사항들이다.

장관 한 번 하고 싶은 사람이 해야 할 일에 자식 군대 보내기와 위장전입 안 하기가 상식화된 것도 우연이 아니다. 그것은 자본주의가 민주주의와 같이 성장하면서, 민주주의가 피를 먹고 크는 나무란 말이 탄생할 때에도 피를 부른 군주들 뒤에 자본가들이 있었기 때문이다. 따라서 민주주의의 발전은 반드시 자본가들의 도덕성과 인성을 요구하게 되었다. 한 때 학벌이 최고이던 시대가 있었다. 그리고 돈 많은 사람이 최고였던 시대도 있었다.

그러나 선진국으로 가면 대박이란 것이 사라지고 먹고 사는 것은 해결이 되니 결국엔 어떻게 자기의 삶을 살아가는가가 더욱 중요한 가치로 다가올 것이다.

옛날 우리나라에서는 처음 서당에서 교육이 시작되었다. 어머니가 삯바느질로 어렵게 마련한 돈으로 공부를 해야 하니 공부하러 가는 아이의 마음가짐은 요즘 아이들과 달리 참으로 숙연했을 것이다. 그리고 어린 학생들이 제일 먼저 배우는 책이 천자문이었다. 천자문은 중국 삼국시대 때에 위나라 종요가 왕의 미움을 받고 하루동안에 천 개의 글을 겹치지 않고 써오면 실력을 인정하고 살려주겠다는 왕명에 대항하여 쓴 글로, 글을 쓰고 머리가 새었다고 하여 백발문이라고 한다. 그래서 그 내용이 살면서 행하여 할 대의를 적은 것이다.

그다음으로는 初學入德之門(초학입덕지문)서로 四字小學을 배웠다. 어릴 때부터 지켜야 할 행동과 효행, 효심을 올바르게 가르치는 오늘날 초등교육의 필독서이다. 총 960글자로 한 줄에 4글자씩 글귀를 만들어 240 구절로 배열되어 있다. 그리고 그 글귀들은 이미 우리들의 삶 속에 알게 모르게 깊이 배어 있다.

덕업상권, 과실상규, 상부상조, 용모단정 등 많이 듣던 말들이 바로 그 책에 적힌 말들이다. 지금으로 치면 초등학교 교과서인 책에 말이다. 오늘은 수신편에 있는 "損人利己(손인이기) 終是自害(종신자해) : 남을 손해보게 하고 자신이 이익을 보면 마침내 자신을 해치는 것이다."라는 말이 가슴을 아리게 한다. 그리고 책의 마지막에 적힌 글귀인 一笑一少(일소일소) 一怒一老(일노일노)를 보며 선조들이 삶을 대하는 지혜로움과 후학에게 최고의 삶이 행복임을 가르친 것에 그저 놀라울 뿐이다.

요즘 신문 방송에 시끄러운 세상을 보면 옛 선조들의 말씀이 떠오른다. 사필귀정 사필정(事必歸正 事必正).

치과신문 제457호

청추선聽秋蟬(가을매미 소리)

성남시 분당을 지나 요즘 한창 건설 중인 판교에서 의왕 쪽 산자락에 가면 정일당이라는 작지만 운치 있는 사당이 있다. 그리고 그 사당은 성남시 향토유적 1호이다. 그 사당은 조선시대 후기 영정조 시대에 살았던 여류 학자이며 선비였던 강정일당을 기리기 위한 곳이다.

가난한 선비의 집으로 시집가서 평생 낙방 선비였던 남편 옆에서 삯바느질로 내조를 하다가 남편의 글 읽는 소리를 들으며 글을 깨우쳤다. 그리고 당대에 유명한 성리학자가 된 조선시대의 얼마 되지 않은 유명한 여성 학자 중의 한분이시다. 그래서 성남시에는 정일당상을 만들어 해마다 표창을 해주고 있다.

그 분의 글 중에 청추선聽秋蟬(가을매미 소리)이라는 시가 있다. '萬木迎秋氣(만목영추기) 어느덧 나무마다 가을빛인데, 蟬聲亂夕陽(선성난석양) 석양에 어지러운 매미 소리들, 沈吟感物性(침음감물성) 제철이 다하는 게 슬퍼서인가, 林下獨彷徨(임하독방황)

쓸쓸한 숲 속을 혼자 헤맸네' 라는 한시로 필자가 좋아하는 한시 중의 하나이다. 내용은 막 여름을 지난 가을에 우는 매미소리를 들으며 곧 죽을 매미를 생각하며 쓸쓸한 마음을 나타낸 글이다.

하지만 강정일당께서 쓰신 의미와는 또 다른 감회를 받는다. 오늘은 입추이다. 오늘부터 가을이 시작된다. 올해는 많은 비와 태풍으로 지금 창밖의 매미소리는 예전과 같이 귀를 아프게 시끄럽지는 않지만 당신께서 글을 쓰신 때는 아마도 이 맘 때였을 것이란 생각에 입추가 되면 생각나는 글이다.

한 여름에 대단하게 울어대는 매미소리도 가을의 한번 찬바람에 흔적도 없이 사라져버린다. 그리고 그 매미소리는 마지막 발악이나 하는 듯 더욱 더 커진다. 소리가 커질수록 매미가 사라질 운명의 시간도 가까워지는 것이다. 마치 새벽이 오기 전이 가장 어둡듯이…. 이도 회광반조(回光返照)이다. 해가 지기 전에 잠깐 밝아지는 현상으로 촛불이 꺼지기 직전에 확 타고 꺼지는 현상이고 한의학에서는 사람이 운명하기 직전에 잠깐 정신이 돌아오는 현상을 말한다.

요즘 일본 정치인들의 모습과 행보를 보면 예사롭지 않다. 정상에서 많이 벗어나 있다. 물론 후쿠시마 원전 사태로 일본이 자존심에 많은 상처를 받은 것은 이해가 되는 부분이지만 그것을 애국심과 군국주의로 전환하고 피해가려는 위정자들의 모습은 실로 위태로워 보인다. 더불어 수상의 야스쿠니신사 참배와 정치인들의 상상치 못할 망언에 이어 극우파들의 행패를 보면 회광반조(回光返照)란 단어가 머리에 스친다. 망하기 직전에 마지막 발악을 하는 듯한 그런 모습으로 보인다. 일본에서 3년을 유학하면서 일본인들과 생활을 해본 필자에게 비추어진 일본은 일본인과 정치인은 다르다는 것이다. 일본인들은 정직하고 거짓이 없고 자신들의 일을 숙명적으로 생각하며 큰 욕심 없이 주어진 삶을 차분히 살아간다. 반면 일본 정치인들은 일본국민을 위한 행동이라면 옳고 그름에 대한 생각이 없이 무슨 일이든지 다한다는 위험한 생각을 지니고 그것이 최고의 선이라고 생각을 한다.

한 일본 TV의 토론회에서 종군위안부와 같은 창피한 문제를 국민들에게 가르쳐주어서 가슴을 아프게 하는 것보다 국민이 모르는 것이 좋다고 말하는 일본 정치인의 말을 듣고 놀란 적이 있었다. 그런 생각이 일본 정치인들이 생각하는 국민을 위하는 것이기 때문에 과거의 잘못과 아픈 진실은 반성하지 않고 외면하며 없었던 일로 만들려하는 것이다. 그러다보니 과거 전쟁의 잘못도 감추어야하고 현재의 잘못인 원전사태도 감추어야 한다. 국민의 눈을 가리기위하여 군국주위로 돌아서고 일부러 독도문제, 다오이다오 문제를 부각시키는 것이란 생각이 든다. 하지만 필자의 눈에는 그런 일련의 행농들이 일종의 새로운 우민화 정책으로 보인다. 역사를 통하여 수많은 나라들이 진실을 왜곡한 대가를 처절하게 치른 것을 너무도 많이 보아왔다.

요즘 그들의 행태가 최소한의 양심도 없이 도를 넘고 있다. 하늘의 무서움을 모르는 듯하다. 늦여름에 기를 쓰고 우는 마지막 매미소리처럼 말이다. 한번 부는 가을바람에 사라질 수 있는 것이 하늘의 이치인데…

강정일당의 聽秋蟬(청추선)이 200년의 시간을 넘어서 가슴 아프게 다가온다.

치과신문 제458호

최근 한국사회는 급속하게 고령화시대로 접어들고 있다. 그리고 필자와 같은 50대부터는 4명 중에 1명은 100세까지 살아야 한다고 한다. 며칠 전 여론조사에 의하면 1,000명에게 질문하여 60% 정도가 100세까지는 살기 싫다고 대답하고 보통 80세 정도에서 사망을 원하는 것으로 나타났다. 하지만 이미 우리사회는 초고령화 사회로 진입하고 있다. 필자가 처음 일본에 유학을 간 때가 1995년으로 그 때 이미 일본은 고령화 사회였다.

얼마 전 쓰나미가 왔던 센다이로 인구의 70% 이상이 노인층이었다. 센다이는 세계에서 살기 좋은 도시 20위에 속할 정도로 복지나 기후 등 모든 면에서 노인들이 살기 좋은 곳이기 때문에 노인인구가 상대적으로 많은 곳이다. 캐나다의 벤쿠버와 비슷한 현상이다. 반면에 타 지역에 비하여 상대적으로 교통사고율이 높다.

이는 인지능력과 반응이 늦은 노인 운전자들이 많아진 이유이다. 이와 같이 고령화 사회는 여러 가지 많은 사회현상들과 개개인의 심리상태에도 영향을 미친다. 그럼에도 불구하고 우리 사회는 그런 고령화 사회를 역사상 단 한 번도 경험하지 못하였다. 그런 경험이 없이 맞이해야 할 초고령화 사회는 여러 문제를 안고 있다.

생각해 보면 대학 졸업 후 25세부터 65세까지 경제활동을 40년을 하고 나머지 30년을 비경제인으로 살아간다는 것은 그리 간단한 문제는 아니다. 철저한 준비가 필요함에도 불구하고 사회나 개인들이 당장의 현실에 급급하여 외면하고 있는 듯하다. 우리 치과의사만 생각해봐도 대부분 65~70세 사이에는 은퇴를 하게 될 것이다. 그리고 은퇴 후에 특별한 지병이 없다면 20~30년은 더 살아야 한다. 과연 무엇을 하며 여생을 보낼 것인가를 미리 준비하고 대비함이 필요해지는 부분이다.

준비를 해야 할 것이 몇 가지 있다. 그 중 첫째가 경제력이다. 연금이든 뭐든 일단 고정적인 수입이 보장되어야 한다. 둘째는 체력이다. 즉 건강이다. 신체의 모든 기관들이 고장나기 시작하니 잘 달래서 병 없이 사용하여야 할 것이다. 다음으로 같이 늙어갈 배우자를 비롯한 친구나 동료이다. 같은 추억과 시대를 공유하였기에 대화를 하여도 외롭지 않기 때문이다. 그리고 마지막은 경제활동 중에 명예롭지 않은 일이 없어야 한다는 것이다.

경제활동 중에 행하여진 불명예는 은퇴 후에 더 크게 증폭되어 나타나며 또래 집단에서 배척되게 된다. 노인 또래 집단에서는 돈의 많고 적음보다도, 직위가 높고 낮음보다도, 정의롭고 강직했던 사람들이 추앙받는 경우를 많이 본다. 아마도 경제활동 중에 인내한 것에 대한 보상심리와 반대심리가 작용하기 때문이라고 생각된다. 경제활동 중의 대부분 사람들은 이런 부분을 간과하지만 이것은 나중에 큰 문제로 다가오는 경우가 많다.

예를 들어 드라마에 자주 나오는 사례와 같이, 과거사로 인하여 아이들의 혼사가 깨지는 것을 실제로 주변에서 가끔 접한다. 또한 은퇴한 공무원들 모임에서 유독 장 · 차관 출신들이 찬밥인 경우가 많다고 한다. 재임시절에 청렴하지 못한 경우가 많기 때문이란다.

요즘 치과계에서 말 많은 불법 네트워크에서 일하고 있는 선생님들의 이야기들이 여기저기서 들려온다. 이런저런 사정으로 근무하게 됐다던가, 기타 등등 말이다. 그런데 문제는 그곳에 몸 담았다는 사실이 꼬리표처럼 평생을 따라다닌다는 것이 얼마나 무서운 일인지를 인식하지 못한다는 것이다.

지금은 세간에 말들이 많으니 동기도 친구도 당분간 안 만나고 지낸다는 이야기를 들을 때 필자는 더욱 안쓰러웠다. 앞으로 길게 살아야 할 세상에 동료들 사이에서 불명예를 안고 살아야한다는 멍에가 얼마나 무거울지를 모르기 때문이다.

그들의 파렴치한 행동은 용서가 쉽지 않은 것이다. 결국 부도덕한 것에 대한 책임은 그들이 지게 될 것이다. 그래서 그것이 영원한 주홍글씨인 것을 모르는 그들이 안타깝다. 부디 하루 빨리 현실을 직시하는 현명함이 있었으면 한다.

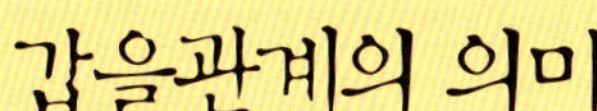

갑을관계의 의미

요즘 세상의 변화를 한마디로 정의하라고 하면 아마도 '갑을관계'라고 할 수 있다. 비행기에서 대기업 임원이 여승무원을 폭행한 사건을 시작으로 중소기업 사장의 호텔 도어맨 폭행사건 등 사회지도층들의 도를 넘은 횡포에 서민들이 분노하였다. 그리고 요즘은 대기업인 모 분유회사의 영업사원이 대리점 사장과의 통화에서 행한 폭언에 전 국민이 아연실색했다.

전자는 갑의 위치에 있는 한 개인의 잘못된 비열한 행동이라면 후자는 갑의 위치에 있는 기업이 을의 위치에 있는 대리점에게 그 지위를 이용한 비열한 판매 전략을 사용하였기 때문이다.

물론 갑을관계는 항상 존재한다. 갑은 서비스를 제공받을 권리가 있고 을은 서비스를 제공할 의무가 있다. 여기에 토를 다는 사람은 없다. 그런데 문제는 이런 수평적인 사회적 거래관계를 갑의 위치에 있는 자들이 수직적인 신분적인 관계로 잘못 해석하고 행동을 하거나 비열하게 악용하는 데 있다. 즉 이로 인하여 을의 위치에 있는 자는 심리적인 모욕감이나 현실적으로 불이익을 받을 것이 두려워서 참아야만 하며 심리적인 트라우마(trauma)를 겪어야 한다. 자본주의 사회구조의 모순이 심리적으로 미치는 악영향이라고 생각할 수 있다.

갑을관계란 법조문에서 등장하는 단어로 시작되었다. 그리고 그 법조문의 시작은 일본 식민지 통치시절의 잔재이기도하다. 갑(甲)이란 원래 동양철학의 10간 중의 처음 시작하는 단어이며 을(乙)은 그 다음이다. 갑을은 오행(목화토금수) 중에서 木에 해당하며 갑은 陽木이고 을은 陰木을 의미한다. 노자가 말한 '태풍이 불 때, 큰 나무는 쓰러지고 갈대는 버틴다.' 에서 큰 나무가 甲이고 갈대와 같은 풀이 乙을 의미한다. 또 기문둔갑이란 말이 있다. 둔갑이란 말을 무슨 요술이나 도술을 부려서 변신하는 것으로 생각한다. 하지만 원래의 의미는 갑을 감춘다는 의미이다. 옛날 중국에서 황제를 갑이라 하였고 그 황제인 갑을 보호하는 모든 조치가 둔갑이었다. 지금으로 치면 경호실에서 대통령을 보호하는 모든 방법을 말하는데 위기상황에서 대통령이 다른 사람의 옷을 입고 위기상황을 벗어나는 것을 둔갑이라고도 할 수 있다. 이때, 갑은 왕이고 백성이 을을 의미했었다. 또한 큰 나무가 되기 위해서는 작은 가지들이 나와야 한다. 이때의 작은 가지가 을이다. 그리고 그것으로 인하여 큰 나무는 더욱 크게 변한다. 왕은 백성의 도움이 있어야 나라를 튼튼하게 지킬 수 있다. 이런 관계를 등라계갑(藤蘿繫甲)이라 한다. 등라는 넝쿨인데 이는 큰 갑이라는 나무를 타고 높이 오를 수 있기 때문이다. 즉 을은 갑을 의지해서 높이 오를 수 있다. 그리고 갑은 그런 을을 위하여 마땅히 자신을 내어 주어야 한다. 그리고 넝쿨이 많은 나무는 나무꾼이 접근이 어렵고 정리하기 귀찮아서 잘 베지 않는다. 그것이 자연계의 갑을관계이다.

봄에 처음 돋아나는 작은 새싹도 을이다. 세월이 지나면 그것이 큰 나무인 갑으로 변한다.

그리고 다시 작은 가지인 을이 생긴다. 그 가지는 다시 굵어지어 갑이 되고 이런 갑을관계가 반복하며 큰 나무로 성장을 한다. 이런 수평적 도움의 관계가 본래의 '갑을관계' 이다.

그리던 것이 거래를 통한 수직적 신분관계로 변질이 된 것이다. 갑의 위치에 있는 자가 지위를 이용하여 더욱 많은 것을 취하려는 비열함에서 시작된다. 또 심리적으로는 상대적인 우월한 위치를 이용하여 자신의 열등감을 해소하려는 마음이 작용되었다고 볼 수 있다. 물론 이런 일들이 지금 처음 있는 것은 아니다. 인간이 사회를 꾸리고 살면서부터 있었던 일이다. 그런데 지금 이런 일들이 이슈화되는 이유를 생각해 보면 이제 사회적인 의식이 수직적 사고방식에서 수평적 사고방식으로 변하는 단계라고 볼 수 있다.

인식에 강한 프레임을 지닌 객관주의적 사고방식에서 자유로운 인식의 구성주의적 사고로 전환되는 시점이라고 볼 수 있다. 우리 사회는 빠른 경제변화를 지나 이제 빠르게 인식변화를 지나고 있다. 이런 시기에 적은 몸살을 겪기를 바라는 마음이다.

치과신문 第461호

카페모카 한 잔과 모나코

어제는 진료가 끝나고 지인들과의 모임 후에 몇 명이 압구정동에 있는 노래방에 들렸다. 대략 11시경으로 예전 같으면 자리가 없을 정도로 붐벼서 기다리다 들어가곤 했는데 어제는 우리 팀밖에 없어 한산하였다. 요즘 실물 경기가 좋지 않은 것을 실감할 수 있었다.

압구정동은 그 이름처럼 서울 최고의 경제적 지위를 과시하는 지역임은 모두가 아는 바이다. 그런 압구정동의 노래방이 한산한 것은 실물경기가 얼마나 위축되었는지를 알 수 있는 하나의 지표가 될 수도 있다. 한 동안은 잘되는 직종이 커피숍인 것 같았다. 그러던 것이 어디를 가든 좋은 커피숍들이 넘치다보니 이젠 그곳도 불황이라는 말에서 벗어나지를 못한다고 한다.

원래 불황에 잘 되는 업종이 점집과 간판 집, 그리고 인테리어란 말이 있다. 이는 장사가 잘 안되니 마음이 불안해서 점치러 가는 것이고, 고객이 줄어드는 원인이 간판이 잘 안 보여서일까 봐서 간판을 바꾸고, 인테리어가 낡아서인가 하여 다시 인테리어를 고친다고 한다. 결국 경기가 나빠진 원인을 자기 자신에게서 찾다 보니 나타나는 행동들이다. 그런데 한 동안 커피숍이 잘 되었던 이유는 무엇일까? 매체에서는 문화니 트렌드니 라고 이야기하시만 필자의 견해는 조금 다르다. 2,500원짜리 라면을 먹고 7000원짜리 커피를 마시는 것을 단순히 기호나 문화나 트렌드로 생각하기에는 조금 설득력이 부족하다. 전적으로 필자의 개인적인 생각이지만, 심리적으로 보상심리가 작용한 것은 아닌가 라고 생각해 본다. 이제는 그 것도 과잉공급에 희생양이 되었지만 말이다.

요즘 휘발유가 리터당 2,000원대를 오르고 내린다. 물가는 조금씩 오른다. 전세 값 폭등으로 서민들의 지출이 훨씬 증가되어 어쩔 수 없이 지출을 줄여야만 하는 상황이 되었다. 즉 목돈이 나가는 지출은 무조건 줄여야 한다. 그러다보니 대부분의 자영업에 고객이 줄어드는 것은 필연이다. 이렇듯 지출을 줄이다보면 사람의 심리는 위축되고 심지어 본인이 처량하게 느껴질 수도 있다.

이런 때에 무의식은 이런 심리적인 왜소감을 보상받기 위하여 적은 지출로 가장 럭셔리해 보일 수 있는 것을 선택하게 된다. 좋은 커피숍에서 멋있고 우아하게 다리를 꼬고 비싼 커피를 즐기는 모습은 경제적으로 실추된 자신의 품위를 보상 받기에 아주 좋은 선택이 될 수 있다. 결국 다음 기회로 미룬 소비에 대한 불만을, 좋은 옷을 선택하지 못한 마음의 상처를 무의식은 보상 받으려고 노력 할 것이고 이에 가장 쉽게 찾을 수 있는 곳이 좋은 커피숍에 훌륭한 커피일 수 있다.

지금 자영업자들은 내적으로는 대출금의 이자에 힘들어하고 외적으로는 어려운 경제 상황에 직면해 있다. 그러면서 모두의 가슴이 조금씩 멍들어가고 있다. 다는 아니지만 퇴근길에 실추된 자존심을 위로하기 위하여 커피숍을 반드시 들려야하는 날이 올지도 모른다.

압구정은 원래 조선시대 한명회의 호였다. 한명회가 지금의 현대아파트 자리에 정자를 짓고 백성들에게 놀다가라는 의미로 놀 압(狎), 갈매기 구(鷗), 정자 정(停) 자를 써서 압구정이라 이름 지었다. 갈매기(백성)들이 노닐다가는 정자란 의미였으나 백성들은 '놀 압(狎)' 자를 '억누를 압(押)' 자로 바꾸어 백성들을 억압하는 정자라고 했다고 한다. 그래서인지 아직도 압구정동은 갈매기들에게 그리 편한 곳만은 아닌 듯싶다.

그런 압구정이 예전이 아니듯이 그 곳에서 부는 썰렁한 바람이 여러 가지로 심난한 마음을 더욱 서늘하게 한다. 시대 변화의 찬바람에 지친 심신이 커피숍의 따뜻한 카페모카 한 잔으로 풀리고 위안 받을 수 있다면 그것만으로도 족하다. 조금 더 욕심을 내자면 대학시절에 듣던 '모나코' 라는 음악도 곁들을 수 있으면 현실을 잠시 잊고 행복할 수 있을 것 같다.

치과신문 제462호

악덕 상법

외국에서 생활하시는 친척 한 분이 필자의 집에 방문하셨을 때 일이다. 따르릉 따르릉 집전화가 울리는 데 아무도 받으려 하지 않자 조금 의아해 하시더니 "왜 전화를 받지 않나요?"라고 묻는다. 이에 요즘은 개인 휴대폰을 쓰기 때문에 집전화로 연락하는 일은 거의 없고 보이스피싱이 너무 흔해 집전화를 사용 안 하는 것을 원칙으로 하고 팩스용으로만 사용할 뿐이며 집전화가 없는 가정도 많다고 설명해주었다.

보이스피싱의 기승으로 82세이신 어머니께 전화받을 때 모르는 사람이면 무조건 끊어버리라고 설명하여 드리던 일과 아이들 교육으로 외국서 오래 있다 온 와이프에게 집전화는 절대 받지 말고 휴대폰으로도 모르는 번호는 받지 말라고 이야기할 때 의아해 하던 모습들이 기억이 난다. 더불어 요즘 유학을 간 자녀들의 정보를 이용한 보이스피싱도 기승을 부려서 응급상황 통화 시에 아이들과 본인 확인을 하는 비밀 대화방식을 정하기도 한다고 한다. 과거 20년 전에 비하여 많이 바뀐 생활상 중에 하나이다. 보이스피싱은 사람의 불안심리를 이용한 고도의 사기수법이다.

이런 악덕 장사법은 다양하게 사람의 심리를 이용한다. 이를 통칭 '악덕상법'이라고 하고, 크게 멀티상법(Multilevel Marketing Plan : 연쇄판매 거래의 통칭, 일명 다단계 상술), 영감상법, 최면상법 등이 있으며 모두 사기에 속하는 악덕 장사 방법이다. 먼저 다단계는 모두가 잘 아니 생략한다.

영감상법은 '이것을 사지 않으면 조상의 혼백이 노여워한다'고 말하면서 무리한 가격으로 부적이나 물건을 강매하는 방법으로 여성들이 현혹되는 일들이 많으며 치과계에서도 안하면 큰일난다는 식으로 보통의 장치비용보다 5~10배 이상의 고가를 받는 경우가 있는데 이 또한 고가의 장치니까 효과가 클 것이라는 심리효과(일명 부적효과)로 영상상법을 응용한 것이라고 볼 수 있다.

최면상법은 일명 바람잡이 사기술로써 일단 무료, 공짜라고 하여 모집하고 싼 제품을 무료로 나눠주고는 바람잡이들이 분위기를 잡고 고가의 물건을 파는 행위로 무료관광 후에 건강식품 등을 파는 행위가 이에 속한다. 일부치과에서 시행하는 무료 스케일링도 최면상법의 일종으로 볼 수 있다. 이런 상술에 휘말리기 쉬운 사람의 특징으로는 의존심이 강한 사람, 권위주의 경향이 강한 사람, 콤플렉스가 있는 사람, 의지가 약하고 내성적인 사람, 비관적인 사람 등이 있다. 의존심리를 분석해보면 그 속에는 책임을 회피하려는 도피심리가 잠재해 있다. 즉 중대 문제의 결정에 대한 책임을 지지 않으려는 성향이다.

또한 고령자는 퇴직금이나 연금 등을 지닌 집단으로 금전(돈)·건강(병)·고독이라는 3대 불안을 안고 있다. 따라서 이들은 무엇보다 꾸준한 관심과 친절한 응대를 반긴다. 사기범들은 정확히 이를 노리고 접근한다. 이들의 주된 관심사이자 약점인 부분을 노린다. 이부분을 해결해 준다니 반기지 않을 이가 없는 것이 사기의 시작이다.

일례로 고령화 사회에 먼저 진입한 일본은 이런 피해가 2009년에 공식적으로 6,548억 엔에 이르고 건수로 90만 건에 육박한다. 이는 관계 기관의 상담 사례뿐이라서 상담 비중이 전체의 13.5%라고 보고, 역산하면 피해 총액은 4조8500억 엔에 이른다. 일본 국내총생산(GDP)의 1% 수준이다. 요즘 일본에서 고령자에 대한 사기는 물건판매를 넘어서 집이 곧 무너질 것이니 수리하라는 수법까지 이르렀다. 특히 치매노인들을 대상으로 계약하는 일까지 팽배해 있다고 하니 10여 년 뒤의 우리나라의 모습을 미리 보는 듯하여 씁쓸한 마음이다.

우리 시회에도 물 투자, 외국 광물투자, 외국 선물 투자는 사기란 말이 흔하다. 사회에 팽배해 있는 사기기법이 고도화하여 어쩌면 순수하고 성스러워야할 의료라는 영역의 담을 넘어서 진료실 안으로까지 들어온 요즘의 세태를 보면서 역시 씁쓸한 마음이다. 행여 이 글이 그들의 새로운 사기기술의 진화에 더욱 악용되지나 않을까 하는 우려감마저 들지만 그래도 침묵하는 선량한 사람들이 더욱 많다는 사실에 오늘도 감사를 드린다.

치과신문 제466호

얼마 전 유명한 여성 강연자 한분이 논문표절 문제로 방송에서 일을 그만두었다. 그분은 직설화법과 직설적인 표현을 사용하면서 많은 젊은이들에게 대중적인 인기를 누렸다. 그녀는 '최선을 다하라' 그러기 위해서 '인생에 성공한 자들의 책을 보거나 계획서를 체크하라' 고 주장하였다. 그러나 필자는 그녀의 강의를 들을 때마다 의구심이 드는 부분이 있다.

바로 성공의 기준이다. 과연 무엇을 성공의 기준으로 삼을 것인가이다. 과거시절에 개발도상국적인 생각 속에선 우선 배불리 먹고 사는 것이 최선이었다. 하지만 지금은 먹고사는 문제보다 다른 문제가 더욱 심각한 것이 아닌가 하는 생각이 든다. 먹고살기 어렵던 시절에는 지금처럼 자살이 많지 않았었다. 조금만 생각해보아도 생존의 가치 혹은 궁극적인 삶의 가치는 행복에 있는 것이다. 단순하게 생각하여 얼마나 많은 행복감을 느끼는가의 문제라고 생각해 볼 수 있다.

먹고살기 힘들던 시절에는 하루 세 끼니만 먹어도 행복했다. 즉 배불리 먹는 것 하나만으로도 충분한 생존 가치가 있었다. 그러나 지금은 모두가 잘 먹고 있기 때문에 행복의 가치기준이 바뀌었다. 먹어서 행복한 것이 아니다 보니 하루 중 행복을 느낄 수 있는 시간이 적어졌다. 한 달, 아니 일 년 내내 행복을 느끼지 못하는 경우가 많아졌다. 이것은 행복을 느낄 수 있는 역치(threshold)가 높아졌기 때문이다. 무엇을 해도 적어도 먹고사는 문제 만큼은 해결되는 지금의 현실 속에서는 그녀의 이야기처럼 '어떻게 하면 성공할 것인가' 란 질문보다는 '어떻게 하면 행복해질까' 란 질문을 던지는 것이 더욱 옳을 것이란 생각을 해본다.

성공을 위하여 'Do your best'보다는 'Do for your happiness'라는 말이 더욱 의미 있지 않을까 생각 하여본다. 필자는 시험 공부하는 아이들에게 '열심히 해!' 라고 하기보다는 '열심히 해, 그런데 하는 데까지 하고 힘들면 쉬었다가 가자!' 라고 말한다. 꼭 1등을 해야 하는 마라톤이 아니라면 천천히 자기 페이스를 유지하면서 달리는 것을 즐기며 결승점에 도달하면 되는 것이다.

사회심리학자 schwartz는 사람의 의사 결정과정에 따라서 최선주의자(maximizer)와 만족주의자(satisficer)로 나누었고 누가 더 선택에 대하여 만족하는 지를 평가하였다. 최선주의자는 최선의 대안(best of best)을 찾기 위하여 모든 노력을 다하는 반면 만족주의자는 좋은 대안(good enough)을 목표로 했다. 그리고 그 결과, 최선주의자보다 만족주의자가 더욱 자신의 선택에 만족한다는 결과를 발표하였다. 더불어 그 이유로는 여러 대안을 검토하면서 인지능력이 고갈되어 만족감이 저하되고 최종 결정에 대한 기대치가 높아지기 때문에 결과에 실망할 가능성이 높다고 하였다. 하지만 필자는 그것보다 더 좋은 무엇이 있지 않을까하는 불안감이 만족도를 떨어뜨린다고 생각한다. 아무튼 결과적으로 최선의 대안을 선택하는 것이 최고의 행복을 주지는 못하였다.

우리는 성공을 위하여 최선을 다하라는 사회적인 화두로 강요받으며 살아왔다. '성공을 위하여', '부와 명예를 위하여', '남보다 나은 삶을 위하여' 등 최선을 다하는 것이 '선 중의 선'이라고 교육되어 받았다. 하지만 삶에 있어서 제일 중요한 '행복'에 대하여서는 별로 배워본 바가 없다. 다만 위에 나열한 일들을 이행하면 행복해질 것 같은 막연한 믿음으로 강요받아 왔다. 그러나 현실은 그런 것들이 행복과는 거리가 먼 다른 이야기임을 요즘의 사회현상을 보면서 알 수 있다.

간단하게 누군가에게 '지금 당신은 행복하십니까?'라고 질문하였을 때 과연 몇 명이나 '네, 행복합니다.'라고 답할 수 있을까 말이다. 그렇게 내일의 행복을 위하여 노력하였건만 행복은 언제나 또 내일이 아니었던가. 'Do your best'는 내일이 아닌 지금의 행복을 위하여야 하는 것이 아닐까? 'Do for your happiness'라면 쉬었다가도 되지 않을까? 지금 이글을 읽고 있는 독자들께 조심스럽게 물어본다.

"지금 당신은 행복하십니까? 아니라면 내일은 행복하십니까?"

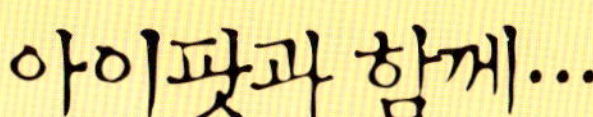

“아이팟과 함께 묻어주세요”라는 글 한 줄을 남기고 중학생이 20층 아파트에서 뛰어내렸다는 기사를 접하곤 가슴 한 켠이 먹먹해졌다. 수없이 터지는 크고 작은 사고를 접하다보니 이젠 웬만한 일로는 느낌도 없게 무뎌졌건만 이번 사고는 다르게 다가왔다. 내용인 즉 아이가 남들이 모두 갖고 있는 아이팟을 사달라고 하였고, 엄마는 시험을 잘 보면 사주겠다고 하였다.

그런데 열심히 노력을 하였는데도 불구하고 성적이 오르지 않자 아이팟은 고사하고 야단만 맞았다. 이에 아이는 성적이 지배하는 세상이 싫다고 하며 아이팟과 함께 묻어달라는 글만 남기고 자살을 택했다고 한다. 참으로 안타까운 일이다. 10대 아이들이 그토록 원하는 아이팟이 무엇인지 몰랐던 필자도 반성하여 본다.

그래서 알아보니 음악을 듣는 MP3란다. 생각해보니 여름방학 때 대학을 다니는 아들이 성능 좋은 MP3를 사달라고 했던 기억이 있다. 물론 필자도 비싼 제품은 뭐가 다른가라고 첫 번째 질문을 던졌었고 아들로부터는 자신은 음악을 프로급으로 좋아하기 때문에 음이 정밀한 기계가 필요하다는 답변을 들었다.

그리곤 아내와 협상하고 한달 간 여동생의 학습지도를 맡는 조건으로 사주었던 기억이 있다. 우리 가정에서도 역시 협상은 있었다. 다만 아들이 소심하지 않은 성격이어서 일의 실마리를 스스로 풀어 나갔다는 생각이 든다. 하지만 성격상 소심하다거나, 부모가 성격적으로나 철학적으로 아이들을 이해하지 않으려 한다면 아이들의 입은 점점 막히게 될 것이다. 그리고 유일한 소통의 창은 스마트폰의 문자나 카카오톡(카톡) 같은 대화방이 될 것이다.

그런 것이 없다면 요즘 아이들의 소외감은 삶을 포기할 정도로 심하다는 것을 부모들은 알고 있을까? 가끔 저녁모임에 가서 이야기를 나누며 자녀들을 이해하지 못하는 부모들을 많이 접하면서 그들의 아이들이 받아야 할 고통을 간접적으로 느끼는 경우가 있다. 필자가 무슨 말을 해도 귀를 닫아놓은 채, 자신들의 성장기를 무용담처럼 자랑스럽게 이야기하며 자식들의 무능함을 토로하는 것을 보다보면 필자의 가슴이 답답하여 언쟁을 하는 경우도 있었다. 필자는 아이들과 카톡으로 이야기한다.

미국에 있는 아들도 카톡으로 문자하면 1분 내로 답변이 온다. 요즘 젊은 아이들은 핸드폰을 24시간 안고 산다. 우리는 아날로그 세대이지만 그들은 디지털 세대이다. 세대가 다름을 인정하여야 그들과 소통할 수 있다. 마지막 유언이 아이팟을 같이 묻어달란다. 가족사진도 아니고…. 그 아이는 본인의 마지막 길을 음악을 들으며 산책하듯 가고 싶다고 생각했나보다. 이 사건에 대하여 모 대학 교수님께서 논평한 글 또한 가슴속에서 떠나지 않는다.

'요즘 가정에서는 가족 간에 서로가 바쁘다보니 대화가 없다.

그러다보니 어쩌다 같이 회식을 해도 서로 어색하다. 그리곤 각자의 방으로 간다. 유일한 대화는 핸드폰의 세상이다. 요즘 아이들은 욕망을 채우기 위해 소비를 하는 것이 아니고 결핍을 채우기 위하여 소비를 한다' 라고 그 교수는 말하였다. 더불어 청소년기에는 방황이 아닌 일시적인 정신병적 불안 시기를 경험한다고 했다.

치과 외래에서 만나는 아이들은 하루 일정에 찌들다시피 하여 파김치가 되어 유니트체어에 누워 있다. 그런데도 그런 모습이 안 보이는 건지, 못 보는 건지, 보기 싫은 건지, 엄마의 뜻대로만 아이들을 휘둘르는 모습을 보면 안타까울 때가 많았다.

그때마다 필자는 '나도 아이들에게 저러고 있지는 않은지, 아이들과 소통은 잘되고 있는지, 그들이 바라는 것이 무엇인지, 무엇을 원하고 무엇에 울고 웃는지' 를 생각해본다. 그래서 필자는 아이들에게 하고 싶은 말을 블로그에 적기 시작했다. 언제 어디서든 어느 날 문득 아빠라는 존재가 알고 싶을 때 접속하여 읽어보라고, 또 가장 힘든 어느 순간에 한번 잡아줄 수 있는 손이 될 수 있기를 바라며…

치과신문 제477호

잃어버린 권위를 회복하기 위하여

대구 중학생 자살사건을 계기로 학생 폭력이 사회의 큰 이슈가 되었다. 참으로 가슴 아픈 일이고, 이것이 어른들의 이권다툼과 정치 논리에 의한 잘못으로 발생한 일이기에 더욱 안타깝다. 이미 학생 인권법이란 미명 아래 선생님으로부터 매를 빼앗는 순간부터 예견했던 일이기 때문에 더욱 가슴 아프다. 이런 문제에 대한 여러 가지 대안이 제시되지만 필자의 생각으로는 어림도 없는 방법들이고 임시방편일 뿐이란 생각이 든다.

왜 이런 현상이 일어나는지를 생각하면 일단 권위의 상실이 아닌가 한다. '권위'란 사전에 '어느 개인、조직(또는 제도)、관념이 사회 속에서 일정한 역할을 담당하고 그 사회의 성원들에게 널리 인정되는 영향력을 지닐 경우, 이 영향력을 권위라고 부른다.'라고 되어 있다. 그리고 그 권위를 지닌 자의 힘이 권력이다. 우리나라는 독재시대를 거치면서 그런 권력의 남용에 대한 염증을 느꼈었고 그것이 심지어는 모든 권력에 대한 거부로 이어졌다. 그러나 권위에도 좋은 권위와 나쁜 권위가 있다. 권력을 사용하지 않는 권위나 올바른 권력의 권위는 좋은 권위로 유지되어야 하건만, 자의든 타의든 이조차 사라진 것이 참으로 안타깝다.

사라져간 좋은 권위 중에서 대표적인 것으로 3가지를 들자면 부권, 교권 그리고 의사의 권위이다. 이 땅의 아버지들의 권위는 자본주의의 극대화와 양극화 현상의 심화로 자의가 아닌 타의에 의하여(돈 잘 버는 척도에 의하여) 결정되는 비참함을 겪으며 추락하였다. 결국 가정에서 부권의 하락으로 인하여 발생되는 문제는 제일 먼저 아이들의 정서문제와 예절이다. 즉 '지하철 막말녀', '대학교 패륜남' 등과 같은 기초 예절의 붕괴가 부권의 몰락으로 말미암아 시작된 것이라 말할 수 있다. 무너져서는 안 될 첫 번째 권위의 추락에 따른 필연적 사회현상이다.

그리고 교권의 붕괴는 다양한 원인을 떠나서 결과만을 놓고 이야기하면 '학교 교실에서의 선생님'이라는 절대적 권력구조를 사라지게 했다. 그 결과로 교실 내에는 사회와 단절된 새로운 권력구조가 형성되었다. 즉, 싸움을 제일 잘하는 일진짱이든지, 아빠가 돈이 많은 돈짱이든지, 여자에게 인기가 많은 얼짱 등등, 이 같은 짱들을 중심으로 권력이 생겼고 그 무리에 합류되거나 동화되지 못하면 왕따가 되는 새로운 형태의 권력 구조가 형성되었기 때문에 그 권력에 대항하기 힘든 아이들이 자살이라는 극단적인 선택을 하는 것이다. 아무런 대책 없이 선생의 권력을 제거함으로 발생될 문제를 무시하고 행한 어른들 잘못이다. 무너져서는 안 될 두 번째 권위가 무너진 것에 따른 아픔이다.

그리고 그 세 번째가 의사의 권위 하락이다. 의사의 권위는 부권과 교권과는 달리 권력이 없다. 따라서 절대로 나쁜 권위가 될 수 없는 구조이건만 경제적인 이유로 안타깝게도 스스로 '의료서비스' 라는 새로운 용어를 만들며 의료 행위를 서비스 차원으로 끌어내려 권위의 자동 붕괴현상을 초래했다. 어쩌면 언젠가는 겪어야 할 현상이라고 자위할 수도 있겠으나 일본이라든지 미국, 캐나다 등 선진국에서 의사의 위치가 권위를 지속하고 있는 것에 비하면 우리나라에서의 권위 하락 정도가 도를 넘은 듯한 느낌이다. 환자에게 신뢰를 상실해가면서도 이를 극복하려고 노력하지 않은 우리 의사들의 잘못도 있을 것이다.

그러나 의사의 권위는 의사를 위해서가 아니라 환자의 진료를 위하여 반드시 필요한 덕목 중의 하나이다. 의사의 권위 속에 환자의 신뢰감이 어우러져야 환자가 안도감을 갖고 진료에 임하게 되고 비로소 좋은 치료결과로 이어지기 때문에 의사의 권위는 참으로 중요한 부분이었다. 하지만 요즘은 의료인이 단순히 돈 받고 서비스를 제공하는 그런 장사꾼의 일종으로 보이면서 좋은 치료에 대한 개념마저 흔들리고 있다. 그 일례가 방어진료란 단어일지도 모른다. 이런 좋은 권위의 하락이 사회 곳곳에서 구조적인 문제점으로 나타나고 있으며 이에 따른 희생자들이 속출하는 모습을 보면 더욱 안타까워진다. 지금부터라도 문제를 인식하는 모두가 이 땅의 아이들을 위하여 조금이라도 개선의 노력을 하여야 한다.

치과신문 제484호

성공한 사람이란?

주변에서 각자의 분야에서 성공한 사람들을 많이 본다. 그들은 자신들만의 고유한 그 무엇을 지니고 있다. 그들은 자신들의 고집과 함께 아주 유연한 융통성도 있다. 스티븐 콥스는 "성공하는 사람들의 7가지 습관"이란 책에서 성공을 위한 공통점을 설명하였지만 필자가 생각하는 바를 조금 추가한다면, 그들은 오랫동안 깊이 생각하고, 생각이 정리되면 빨리 실행에 옮기는 경향을 지녔다. 그리고 나름대로의 철학을 갖고 군더더기 없이 한길을 곧장 간다. 더불어 더디더라도 지속적으로 간다는 공통성을 지녔다. 그래서 중도에 무너지지 않고 최고가 되는 것을 본다.

올해 졸업하고 처음으로 치과의사 면허증을 받은 새내기 치과의사들을 위한 강연을 끝내고 나오며 치과의사로서 최고를 생각해본다. 과연 지금 졸업하신 선생님들에게 최고로 보여지는 선배들은 누구일까? 더불어 나름대로 최고가 되려다가 무너졌거나 무너지고 있는 사람들도 본다. 말도 많았던 문제의 불법 네트워크 치과들이 정리되어가고 있다. 그것은 외적으로는 법적인 것에 의

한 것으로 보이지만, 조금만 생각해 보면 법이라기보다는 사람의 보편적 상식에 위배되었기 때문이다.

미국의 최고 희극배우 채플린은 '독재자' 란 영화에서 히틀러의 복장을 하고 상식이 지배하는 사회가 가장 이상적인 사회라고 주장하였다. 그렇듯이 그들은 상식에 위배되었기 때문에 무너질 수밖에 없는 당위성을 지녔다고 생각한다.

성공한 사람들을 간단히 평가하자면 부와 명예이다. 그러나 그런 부와 명예라 하더라도 존경받을 수 없다면 오래 지속될 수 없는 것이 상식이다. 물론 트릭이나 사기, 기만 등으로 일시적으로 부와 명예를 얻을 수 있으나, 본인의 철학이 없거나 존경이라는 뒷받침이 없다면 결국 그 부와 명예의 무게를 이기지 못하고 무너지게 된다. 본인의 철학이 없으면 욕심을 제어하지 못하게 되고, 존경받지 못하면 삼가하지 못하여 결국은 파멸하게 된다. 얼마 전 뉴스에서 중국의 100대 부자 중에서 상당수의 회장이 자살하였다는 기사가 있었다. 이것은 부는 있었으나 그것을 견디고 사용할 철학이 없었기 때문으로 풀이된다.

대부분의 사람들은 부와 명예를 인생의 목표로 삼는다. 그러나 부와 명예에는 철학이 없기에 그것을 얻고 나면 허탈하고 더욱 외로워지는 것이 이치이다. 부와 명예는 좋은 삶, 멋진 삶을 사는 데 필요한 도구일 뿐이다. 도구가 있을 때, 비로소 원하는 작업을 할 수 있듯이 부와 명예를 도구로 사용할 수 있다면 진정 멋진 삶이란 작품을 만들어 낼 수 있을 것이다. 물론 부와 명예가 없어도 아름다운 삶을 만들어 낼 수 있다. 삶의 궁극적 목표는 행복이기 때문이다.

부와 명예가 없어도 행복할 수 있다면 그는 진정 아름다운 삶을 시는 것이다. 부와 명예보다도 자기 자신을 사랑할 수 있는 사람이 더욱 행복한 사람이며, 부와 명예를 자신의 행복에 사용하지 않는다면 의미없는 헛수고일 뿐이다. 내가 나를 사랑할 수 있을 때 비로소 남도 사랑할 수 있게 된다. 따라서 부와 명예도 남과 나누는 것이 가능해진다. 자신의 이익만을 생각하는 사람들은 비상식적이고 극단적인 부의 축적을 추구하여 단기간 동안 어느 정도의 부는 축적했겠지만 상식과 명예를 소홀히 하여서 그에 따른 대가를 겪는 경우를 자주 목격한다.

자본주의 사회에서 자본이 최고이기는 하지만, 그것만을 추구하면 사회가 존속되기 어렵다. 그래서 서로가 공유하는 개념이 더욱 중요한 것이다. 그리고 선진국으로 갈수록 투명하여져서 더욱 그렇게된다. 이제 우리 사회는 '나라도 살아남아야' 되던 전후세대의 개념에서 '같이 공생하여야' 하는 개념으로 전환하는 시점에 서있다. 그래서 사회적으로도 재벌기업들의 중소상업 진출이 문제되고 있는 것이다.

사회가 선진국의 문턱에서 성장통을 겪고 있다. 모든 업계가 극심한 성장통을 겪고 있는 지금, 진정 성공한 사람은 누구인가를 생각해 본다.

막말녀, 그리고 한약 한 봉지

오늘은 택시 막말녀가 인터넷 검색어 1위에 올랐다.

지하철 막말녀, 화장실 막말녀 등등 상상을 초월하는 일들이 벌어지건만 너무 흔하게 들리다보니 이젠 별로 놀랄 만한 일도 아니라고 여겨진다. 대부분이 나이 많은 분들에게 버릇없이 마구 반말하고 욕을 하며 하대한 경우이다. 이것은 그들의 마음 속에 연장자에 대한 공경심이 없기 때문이며, 그들의 삶과 연관된 어른들이 그런 존경받을 모습을 보여주지 못했기 때문이다. 한번이라도 감동 어린 사랑을 접해본 사람이라면 그런 모습을 보이진 않았을 것이다. 아니 어쩌면 어른들에 대한 분노를 지니고 있다가 만만한데서 터뜨렸을 가능성도 있다. 혹은 경제성을 가치 기준으로 삼고 상대적으로 빈곤층을 천시하는 그런 생각을 지녔을 가능성도 있다. 그러나 어떤 연유였든 간에 개인적으로도 사회적으로도 슬픈 일이 아닐 수 없다.

어린 시절 정성껏 한약을 달여주시던 어머니가 지금 아이들에게는 없다. 학원을 정해주고 시험 스케줄을 잡아주는 엄마는 있으나 정성껏 약을 달이던 어머니의 모습은 없다. 예전 어머니들은 한약을 한제 지어오시면, 약탕기에 약을 넣고 좋은 물을 구하기 위하여 일부러 우물에 가서 물은 길어다가 넣고 창호지로 덮고는 김이 빠지지 않게 다시 밀가루 반죽으로 주위를 밀봉하고 약한 불에 약을 정성껏 달이셨다. 행여나 약이 탈까 걱정되어 그 자리를 떠나지 못하고 노심초사하는 그런 어머니의 모습을 지금은 전혀 볼 수가 없다. 지금은 한약방에 전화를 하여 증상을 이야기하면 다 달여져서 팩 속에 든 한약이 택배로 온다. 팩 속에 든 한약을 먹으면서는 옛날 우리 어머니들이 만들어주신 그런 정성과 사랑을 느낄 수 없다.

이 시대에 한약이 없는 것이 아니라 정성이 없다. 그래서 정서도 없다. 정서는 마음의 고향이다. 정서가 없다는 것은 돌아갈 고향이 없는 나그네처럼 마음이 영원한 방랑 생활을 하게 되는 것이다. 마음의 방랑은 결국 외로움으로 돌아오고, 쉬지 못하고 안식을 얻지 못하여서 결국 병이 생기게 된다. 따라서 어린 시절에 겪고 느껴야 할 정서가 매우 중요함에도 불구하고 요즘 아이들은 그런 정서를 누릴 방법이 없다. 그나마 유일하게 느낄 수 있는 정서라고는 강아지 키우기, 관상어 기르기 정도일 것이지만, 그것으로는 어머니의 정성을 느낄 때의 가슴 뭉클함을 얻을 수는 없다.

이런 가슴 뭉클함은 매우 중요하다. 사람이 살다보면 수많은 선택의 기로에 선다. 그리고 본인이 알면서도 유혹에 빠지는 일 또한 허다하다. 그럴 때 이런 어머니의 정성을 느껴본 사람이라면 유혹에 빠졌을 때에 눈물을 흘리실 어머니가 생각나서 결코 나쁜 길로 가기 어려워진 그래서 좋은 어머니에게서 좋은 아이들이 성장하기 마련이다. 정서는 감성을 만들고 그런 감성의 깊이가 결국 모든 창작활동의 원천이 된다. 문학, 예술, 건축 등 모든 창작활동의 근본이 감성이다. 그런데 정서가 없어짐으로 인하여 감성을 발달시키지 못하게 되어 점점 창작분야의 퇴보를 가져오게 될 것이다. 즉 음악, 미술 등의 예술분야에서 이중섭과 같은 대가가 나오기 어려운 구조로 가고 있다. 부모들이 아이들을 좋은 대학에 보내기 위해 힘을 쓰는 것보다는 좋은 정서를 만들어 주는 것이 더욱 중요하건만 그러지 못하는 현실을 보니 참으로 안타깝다.

서울에 있는 고등학교에서 한 반에서 4등 안에 들어야만 서울에 있는 대학을 간다는 말들이 있다. 이 말을 처음 듣는 순간 필자는 그 모든 아이들이 초등학교부터 고3 막바지까지 밤늦도록 학원에서 그토록 공부를 한 결과라기에는 뭔가 너무 초라하다는 생각마저 들었다. 어디서 무엇이 잘못되었는지는 모르지만 확실한 것은 이것은 아니라는 생각이다. 아닌 것을 아니라고 말하지 못하다가 잘못된 일들이 얼마나 많았던가. 이젠 우리 사회도 침묵하는 다수보다 말하는 소수에 의해 움직이는 형태에서 벗어나야 한다. 더 늦기 전에 아이들에게 정서를 느끼게 해 줄 그런 환경이 만들어졌으면 한다.

희망과 욕망, 그리고 소망

얼마 전 새내기 여자치과의사를 위한 강연을 해달라는 초청을 받았었다. 그리고 깊은 생각 없이 강연을 수락했는데, 준비하는 과정에서 고민이 생겼다. 강연의 문제가 아니고 참석하시는 분들이 처음 치과의사가 되신 여자선생님들이라는 말에 무슨 이야기를 해야 할지 막막해짐을 느꼈다. 사실 필자의 강의 내용이 대부분 치과 외래에서 벌어지는 힘든 상황들에 대한 해석과 대책이다. 그래서 처음 치과의사 면허증을 받고 꿈에 부풀어 있는 새내기 선생님들에게 있는 그대로의 현장 강의가 축하와 덕담을 해야 하는 자리에서 너무 가혹한 내용이 되지 않을까하는 우려 때문에 무슨 말을 해야 할지 참 암담했다.

진료를 시작하여 몇 년 안에 깨달을 내용들을 미리 알려주어서 청운과 희망의 꿈을 깨는 행위를 자행하는 것이 아닌가 하는 걱정이었다. 환자들과의 관계가 어찌 부정적인 일들만 있었겠냐마는 좋았던 일들보다는 힘들었던 일들이 세월이 지나도 가슴에 생생이 남아있게 된다. 그리고 시간이 흐를수록 남아있는 기억들이 쌓이다보니 긍정보면 부정적인 내용이 부각된다고 생각된다. 사람과의 관계가 대부분 즐거웠던 일보다는 섭섭했던 일이 더욱 크게 느껴지는 이유도 있을 것이다.

그래서 일단 필자가 치과의사로 진료를 하며 좋았던 일과 나빴던 일을 10가지씩 써보려고 마음을 먹고 종이에 써보았다. 그런데 좋았던 일은 몇 개 써보지 못하고 생각이 가물거려서 멈추었고, 나빴던 일은 너무 많아 순서를 정할 수 없어서 써 내려가지 못하는 모습에 웃음이 나왔다. 필자가 부정적인 생각이 많은 것인지, 요즘 상황이 부정적인 요소들이 많은 것인지 잠깐 생각에 잠겼다. 그래도 강의 내용은 꿈과 희망을 전달하여야 하는 것이 선배가 된 이로서의 모습이 아닌가 생각하였다.

모든 사람들은 원하는 것이 있다. 그것을 바램이라고도 한다. 그것을 이루기 위하여 노력을 하고 이루어졌을 때 기쁨을 느낀다. 일반적으로 원하는 것에는 두 가지가 있다. 즉 희망과 욕망이다. 희망이란 '앞일에 대하여 어떤 기대를 가지고 바람, 혹은 앞으로 잘될 수 있는 가능성' 이라고 사전적으로 풀이하지만 결국은 마음의 행복과 평화를 가져다줄 사건을 의미한다. 욕망이란 '부족을 느껴 무엇을 가지거나 누리고자 탐함 또는 그런 마음' 으로 기쁨을 줄 수는 있지만 마음의 행복과 평화를 주지는 못한다. 그런 욕망에는 긍정적 욕망과 부정적 욕망으로 나눌 수 있다. 배고파서 먹고자 하는 욕망은 생존에 필수사항으로 긍정적 욕망이지만 수단과 방법을 가리지 않고 돈을 벌겠다는 욕망은 부정적 욕망이다. 그리고 욕망에는 절제가 필요하다. 절제되지 않는 욕망은 결국 파멸의 길로 이어지는 것 또한 순리이다. 희망과 욕망의 방향이 일치하는 경우도 있지만 반대인 경우가 더욱 많은 것이 세상사이다.

일본을 여행하다 보면 선물가계에서 눈사람 모양의 빨간 인형 쉽게 발견할 수 있다. 그런데 자세히 보면 그 인형의 눈동자가 없다는 사실을 아는 외국인 관광객은 드물다. 그 인형을 '다루마' 라고 부르지만 불교의 달마대사의 모양을 인형으로 만든 것을 아는 일본인 또한 드물다. 원하는 바가 있으면 기원을 하면서 그 인형에 눈동자 한 개를 그려 넣고 그 일이 이루어졌을 때 나머지 눈동자를 그리는 일본 풍습이 있다. 따라서 어디선가에서 두 눈이 있는 인형을 보면 소원이 이루어진 것이고 눈이 하나인 인형을 보면 소원이 있는 사람이 있다는 것을 알 수 있다. 어쩌면 간절한 소망을 나타내고 싶은 마음에서 시작되지 않았나 생각된다.

필자의 희망은 일을 하기보다는 원하는 곳을 언제든지 여행할 수 있고 어느 시골에서 고즈넉한 여유를 즐기는 것이다. 하지만 욕망은 환자를 잘 치료하여 잘 낳는 것을 보는 것이다. 이런 희망과 욕망의 상반성은 필자에게도 풀리지 않는 화두이다. 새내기 치과의사들과 필자가 다른 것이 있다면 이런 문제를 풀려고 일부러 노력하지 않는 것과 원하는 것을 얻고자하는 간절한 소망의 달마인형이 필요하지 않다는 것이다.

다만 후배들이 진료에 임하여 환자를 존중하여 줄 수 있는 마음을 지니기를 소망하여 본다.

치과신문 제494호

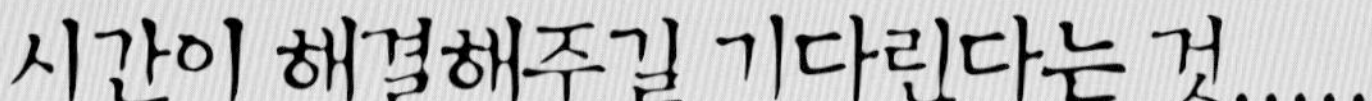

시간이 해결해주길 기다린다는 것.....

가수 싸이가 이탈리아 축구 경기장에서 공연 도중에 야유를 받았다. 김연아 선수는 올림픽 금메달을 획득했을 때, 국내 네티즌 중에서 안티 글도 받았다. 왜 이런 현상들이 생기는지를 설명하자면 수많은 이유가 있다. 하지만 한마디로 정의한다면 다양성이다. 지구상에 있는 모든 사람의 얼굴이 다르듯이 그 각각 개인들의 생각과 마음이 다르다. 심지어 외모가 비슷한 일란성 쌍둥이더라도 그들의 생각과 마음은 전혀 다르다.

오래전부터 마음에 대한 생각은 동서양을 막론하고 모든 종교와 철학 그리고 과학의 가장 중심에 놓여왔다. 심지어 불교에서는 유식론(唯識論)으로 일체유심조(一切唯心造 : 세상의 모든 것은 마음이 만들어낸 것)라고까지 하였다. 고대 철학자들은 사람의 마음이 어디에 있는가라는 문제로 오랫동안 논쟁하였다. 플라톤은 마음이 심장에 있다고 생각하였다. 그런 생각은 영어에서 마음을 Heart라하고 한문에서는 마음심(心)으로 풀이한 것과 같은 맥락이다. 반면 아리스토텔레스는 마음이 뇌에 있다고 생각하였다. 이것은 과학이 발달하여 뇌의 현상으로 밝혀지기까지 지속적인 논란의 중심이었다.

미국 하버드대학 의학박물관에는 지름3cm의 길이 1m의 흔하게 공사판에서 볼 수 있는 쇠막대기가 보관되어있다. 하지만 심리학의 한 획을 그은 물건이다. 1848년 미국 버몬트주 캐번디시 근처에서 발파 작업을 하던 건장한 남자 인부 피니어스는 쇠막대에 머리가 관통당하는 끔찍한 사고를 당한다. 그런데 그는 운이 좋게도 살아남았다. 사고를 당하기 전의 그는 매우 예의 바르고 공손하며 모두가 좋아하던 그런 사람이었다. 그런데 사고 뒤에는 더 이상 예전의 모습이 아니었다. 일 잘하고 인기 많은 반장이던 그가 무례하고 종잡을 수 없는 사람이 되어버린 것이다. 그가 살았던 19세기 당시의 의사들은 뇌가 어떤 일을 하는지 정확히 알지 못했다. 그런데 이 사건은 뇌의 역할과 기능에 대한 과학적 접근을 할 수 있는 증거를 제시했다. 그를 통해 비로소 뇌 안에 있는 대뇌 피질, 그중에서도 전두엽이 손상되었을 때 사고력이나 사회적 행동에 큰 제약을 받는다는 사실을 정확히 알게 된 것이다. 그런 공(?)으로 사망한 뒤에 그의 두개골과 쇠막대기가 하버드의학박물관에 영구 보존된 것이다.

이 사건부터 출발한 현대 뇌 의학은 마음을 뇌와 연관을 지으며 뇌에 있는 100억 개의 신경세포들의 전기적 현상으로 해석하려하고 있다. 현대 심리학 또한 끊임없이 뇌의 작용에 대하여 실험하고 있으나 뇌의 신비한 비밀은 우주와 같이 아직도 현대과학으로 이해하기 어려운 미지의 세계이다.

동양철학에서는 우주를 대우주라 하고 인간을 소우주라 한다. 인간의 뇌에 대한 연구를 보면 볼수록 그런 소우주의 신비한 영역임을 다시 생각하게 한다. 현대 심리학도 뇌의 역할에 대하여 많은 비중을 두고 있다. 예를 들면 모든 동물은 스트레스를 받으면 불안해지고 불안해지면 스트레스 호르몬이 나온다. 그리고 그런 스트레스 호르몬은 불안을 개선하려는 행동을 유발시킨다.

이것이 스트레스를 받았을 때의 뇌의 반응이다. 그리고 뇌는 비슷한 정도의 스트레스에는 항상 비슷한 경로의 신경세포를 사용한다. 그런데 불안을 개선하려는 노력이 불가항력적인 좌절을 만나면 뇌는 극도의 불안을 경험하면서 기존의 신경 경로를 리셋시키고 새로운 경로를 스스로 모색하게 된다. 그리고 불안을 개선할 수 있는 새로운 신경 경로를 찾으면 점점 그 경로로 사용빈도를 증가시키며 안정화된다. 결국 뇌는 스스로 새로운 스트레스에 적응하는 방법을 모색하고 찾아낸다. 그 방법을 빨리 찾느냐 늦게 찾느냐에 따라 불안을 느끼는 기간이 길어지고 짧아질 수 있다고 한다. 어떤 극단적인 상황이 와도 뇌는 스스로의 불안해소의 신경 경로를 찾는다.

독자 중에 어떤 극복하기 어려운 일을 직면하고 있다면 뇌가 그 상황을 극복할 수 있는 새로운 신경 경로를 찾아서 불안을 해소할 시간을 주어야 한다.

그것이 시간적 기다림이다.

38-18-34

스위스를 여행하던 미국인 부부가 딸에게 줄 인형을 고르다가 독일에서 만든 예쁜 성인 인형을 샀다. 1950년대였기에 인형들은 모두가 종이인형이나 어린 아이 모양의 인형이 고작이었던 시대였다. 그리고 그것을 딸에게 선물하였다. 그 부부는 미국에서 장난감회사 사장이었고 그것을 계기로 성인여성의 인형에 대한 영감을 받고 디자인 작업을 하였다. 디자인 작업은 미국에서 유도탄을 디자인하던 사람에게 맡겼다. 그렇게 만들어진 인형은 시판하자마자 폭발적인 인기를 얻고 팔려나갔다. TV에서까지 광고를 하는 대인기를 누렸으며 2000년에 미국을 대표하는 문화상품으로 타임캡슐에 들어가는 영광을 얻은 인형이 있다.

그것이 1959년에 만들어진 '바비인형' 이다. 그리고 그 바비인형의 몸매가 38-18-34이다. 바비인형은 60년이 지난 지금도 인형 판매에 있어서 최고다. 연간 13억불의 매출을 일으키는 꺼지지 않는 인기를 지속적으로 누리고 있다. 그런데 재미있는 것은 그 사장 부부가 스위스에서 사간 독일인형은 '릴리' 라는 이름의 인형이었다. 그리고 그 릴리는 히틀러가 만든 인형이다. 제2차 세계 대전 때에 독일이 프랑스를 점령한 당시 윤락가를 드나들던 독일 병사들이 매독에 걸리는 일이 너무 많이 발생하여 병력에 심한 차질이 오자 히틀러가 섹스인형인 릴리를 만들어 군인들에게 보급한 것이었으나 차후에 창피하다는 이유로 모두 파기했다는 일화가 있다. 그런데 그중에 남아있던 몇 개의 인형이 그들 부부의 손으로 들어갔고 그 당시는 그들도 그런 사실을 몰랐다.

그렇게 탄생한 바비인형은 전 세계의 여자아이들이 가지고 놀게 되었으며 어려서부터 남자나 여자의 뇌리 속에 최고의 미인의 몸매로 암시되었고 최고의 섹시한 몸매로 무의식 속에 강요된 것이었다. 그리고 더욱 문제는 인간이 이룰 수 없는 몸매라는 사실이다. 그래서 더욱 사람들이 그 몸매에 열광을 한 것이고, 아직까지도 인기리에 판매되고 있다. 아니 어쩌면 영원히 팔릴 수 밖에 없다는 염려마저 있다. 염려가 되는 것은 지구상 모든 여성들의 섹시한 몸매의 우상이 지속적으로 유지된다는 문제가 있기 때문이다. 결국 히틀러의 발상이 전 세계의 여성들의 섹시한 몸매의 암시적인 목표를 만드는데 기여했다는 슬픈 사실이다. 실제로 그 몸매를 디자인한 사람의 와이프가 거식증으로 4명이나 사망했다는 일화는 38-18-34의 몸매가 지니고 있는 파괴력의 일면을 보여준다.

요즘 매스컴에 종종 양악수술에 대한 내용이 나온다. 연예인들이 인기를 다시 창출하기 위한 목적으로 양악수술을 택한다는 느낌마저 들 정도로 보편화된 듯하다. 실제로 양악수술은 그리 간단한 수술이 아니다. 그런데도 환자와 대화를 하다보면 너무나도 간단하게 생각하고 있는 것을 보면서 수술을 하고 환자를 케어해 보았던 필자는 깜짝 놀라지 않을 수 없다. 요즘 양악수술을 구강외과뿐 아니라 성형외과에서도 너무 공격적으로 홍보 마케팅을 하면서 여러 가지 일들이 많이 벌어진다는 뒷이야기가 들릴 때마다 걱정이 된다. 인터넷이 발달한 지금 시대에 어떤 부정적인 이미지가 치과 전체로 확산되지나 않을지 걱정된다. 그리고 우려했던 일들이 실제로 들려오고 있고 그것이 치과계뿐만 아니라 의료계 전체의 불신으로 이어지지나 않을까 우려된다. 예뻐지려는 마음은 이해가 되지만 바비인형이 되려는 것은 판매 전략적 음모에서 시작되었기 때문에 불가능하다. 그리고 얼마나 많은 사람들이 바비인형의 희생자가 될지 걱정이다.

TV 드라마를 보다보면 모든 여자가 비슷비슷한 얼굴이라서 사람이 구분되지 않는 경우가 종종 있다. 필자는 이런 얼굴을 '압구정 얼굴' 이라고 표현하다. 압구정 얼굴보다는 조금 덜 예쁘더라도 자연스러운 얼굴을 좋아한다. 아름다움은 모양이 아니라 내면의 깊이에서 나온다. 인공미가 아닌 자연미가 좋다. 나이가 들면서 점점 조미료 없는 음식들이 좋아진다. 그런 이유인가 보다.

"묻지마 00"

요즘 부쩍이나 '묻지마' 라는 단어를 뉴스에서 많이 듣는다. 일명 '묻지마 범죄' 이다. 불특정 다수를 향한 범죄행위를 말하는 것으로 본인의 분노나 고통을 타인에게 일방적으로 전가하기 위하여 폭력을 휘두르는 행위를 말한다. 이는 사회심리학적으로 양극화 현상의 심화된 상태에서 심리구조가 취약한 사람이 사회적으로 실패나 좌절을 경험했을 때, 극단적인 자포자기의 상태에서 분노 조절이 안 되어 타인에게 폭발되는 경우이다. 분노나 좌절이 본인에게 향하면 자살이 되고 타인에게 향하면 '묻지마 범죄' 가 된다고 할 수 있다.

원래 '묻지마' 의 시작은 '1. 이름을 묻지마, 2.나이를 묻지마, 3. 연락처를 묻지마' 라는 은어에서 시작되었다. 후진국에서 개발도상국으로 진입하면서 어려웠던 집안생활에 경제적으로 여유가 생기며 집집마다 자동차가 생기기 시작하던 80년대 초반에 처음 등장한 단어이다. 강남이 처음 개발되기 시작하며 신흥 부유층이 강남으로 이주하던 때이다. 가정이나 사회에서 소외되어가던 여성들이 경제적으로 여유가 생겼지만 외로움은 더욱 심화되었다. 그리고 욕구불만을 표출하기 위하여 소위 즉석만남을 시도하였다. 그것이 '묻지마 만남' 이었다. 일명 '석촌호수 아줌마 야타족' 이 유명하게 회자되던 시절이었다. 그 이후에 '묻지마 관광' 등으로 집단적인 형태를 띠며 자신의 잘못된 행위를 집단적인 움직임으로 남들도 모두 하는 것이라고 위안을 하는 방법으로 나타나기도 하였다.

일본에는 '난파(難破)' 라는 말이 있다. 일반적인 의미는 배가 난파되는 것을 말하지만 사회적 속어로는 '길거리 미팅' 을 말한다. 어느 지역을 가든지 지역주민들만 아는 '난파 장소' 가 있다. 예를 들어 부둣가와 같이 저녁에 차가 많이 다니지 않는 도로 같은 곳에 있다. 그리고 그 도로에 가보면 재미있는 광경을 목격한다. 흔히 도로에 두 줄의 자동차가 나열되어 있다. 안쪽 줄의 자동차에는 여자 둘이 타있고 바깥 쪽 줄에는 남자 둘이 타있다. 그리고 앞차가 빠지면 한 칸 앞자리로 이동하여 서로 차창을 내리고 즉석에서 대화를 한다. 짧은 대화를 통하여 마음에 서로 맞으면 조수석 사람들이 서로 차를 바꾸어 타고 그 자리를 떠난다. 마음이 맞지 않으면 창문을 닫고 다시 앞쪽 칸으로 이동하여 다른 상대와 대화를 한다. 통상 주말이면 50여 대의 줄이 생기니 몇 번 돌면 다수와 즉석미팅이 가능한 것이다. 그 곳에는 다양한 사람들이 온다. 일반적으로 20대이지만 30~40대까지도 오며 혼자 오는 경우도 적지 않다. 돈이 들지 않고 짧은 시간에 협상할 수 있는 간편한 즉석 만남의 형태라 할 수 있다. 더불어 타고 온 차종이나 입고 있는 옷 등을 보며 그 사람의 경제적인 능력을 파악한다.

이런 사회적인 현상이 우리나라에서는 '묻지마' 였다.

2만 불 시대인 지금, 5000불 시대였던 80년대보다 경제적으로는 더 잘 살지만 사람들은 사는 것이 더 힘들다는 표현을 한다. 이것은 상대적인 빈곤감 때문이다. 80년대는 자동차가 없는 것이 당연하던 시대이다. 따라서 자동차로 인한 지출이 없었다. 휴대폰이 없던 시절에는 통신비가 지출될 일도 없었다. 고등학생의 고액과외는 있었지만 초등학생의 고액과외는 없었다. 비록 버는 것은 적었지만 저축이 가능했던 시절이었다. 그래서 모두가 은행에 모아둔 돈들이 있던 시기였다. 그런데 지금은 더 많이 벌지만 더 많이 지출하기 때문에 모아둔 돈이 없을 뿐만 아니라 항상 마이너스 상태이다. 그래서 더욱 사는 것이 어렵다. 거기에 요즘은 소비마저 줄이는 극단적인 형태를 보인다. 그러니 자영업이 더 어려워지고 있다.

따라서 경제적인 파산이나 실패로 사회에서 낙오자가 더욱 많아졌다. 반면 그들을 긍정적으로 흡수할 수 있는 사회 안정장치가 없다. 그러다보니 그들 중 심리구조가 취약한 이들에게서 '묻지마' 가 발생한다. 현시대의 슬픈 자화상이다. 지금은 모두가 조금씩의 자중이 필요한 때이다.

치과신문 제511호

선기철이면 정치인들의 모습을 자주 TV에서 대한다. 정치인하면 떠오르는 단어가 '거짓말' 이다.

'인간은 10분에 3번 거짓말을 한다' 는 책도 있는 것을 보면 인간과 거짓말은 뗄 수 없는 현상인가 보다. 게다가 '하얀 거짓말' 이라는 선의의 거짓말까지 포함시키면 하루에 1~2번의 거짓말도 안하고 지나기 힘들 듯 싶다. 결국 사람과 사람이 끊임없이 만나는 사회 속에서 거짓말이라는 것은 너무도 흔한 일이다. 하지만 의식적이고 의도적으로 남에게 못되게 하는 거짓말은 '사기' 라는 범죄행위이다. 거짓말은 치열한 무한경쟁 속에서 어쩔 수 없는 경쟁의 한 형태로 인류가 존재하는 동안은 존재할 것같다.

지난 일요일 모처럼 큰맘 먹고 삼각산을 찾았다. 운동이 절실히 필요한 것인 줄은 잘 알고 있지만 좀처럼 하기 싫은 것이, 아니 마음먹기가 어려운 것이 지속적인 운동이다. 하루도 빠짐없이 30년째 운동하시는 어머니께서도 정말하기 싫은 것 중 하나가 운동이라고 하시는 것을 보면, 피곤할 때 운동을 선택하기보다는 누워서 쉬면서 TV 보는 것을 선택하는 것이 사람의 마음인가 보다.

삼각산은 북한산의 또 다른 이름으로 서울의 북쪽에 위치하고 있다. 산에 오르면 산성 등 수많은 역사의 흔적을 볼 수 있어서 좋다. 더불어 전통 사찰 또한 많이 있다. 그중에서 필자는 승가사를 자주 간다. 승가사에 오르면 서울 전체가 한눈에 들어오며 고려시대에 만들어진 석불 앞에 앉아 있으면 바람 한줄기가 시원하다. 그래서 많이 가고자 하지만 게으른 탓에 자주 오르지 못한다. 차일피일 미루다가 모처럼 가을 분위기에 등산을 하게 된 것이다. 대웅전에 삼배하고 산신각을 지나 약사전을 거쳐 108계단을 올라서 고려 석불께 삼배하고 돌아서니 서울이 다 내려다보이며 왠지 잘했다는 뿌듯한 마음이 들었다.

하산 길에 조그만 개울가에서 우연히 천천히 움직이는 이름 모를 벌레 한 마리를 보았다. 그런데 얼핏 보면 작은 나무 막대기 조각과 똑같이 생겼고 움직임 또한 너무 느려서 벌레라고 인식하기가 어려웠다. 책이나 TV 다큐멘터리 방송에서나 보았던 벌레의 보호색을 실제로 눈으로 보니 신기하고 놀라웠다. 생명을 유지하고 보존하기 위한 생명력이 경이로웠다.

생명에 대한 자위적인 능력의 경이로움을 생각하니 위기에 처하였을 때 인간의 보호색은 무엇일까를 생각하게 한 아이들이 곤란에 처하면 무슨 행동을 하는가를 생각해 보니, 첫째 행동이 '거짓말' 이다. 인간은 곤란한 상황에서 카멜레온처럼 몸의 색깔을 바꾸지 못한다. 도마뱀처럼 꼬리를 자르고 도망치지도 못한다. 나무처럼 비슷하게 생기지도 않았다.

위기 상황에서 인간이 육체적으로 변할 수 있는 것은 아무것도 없다. 다만 유일하게 생명체 중에서 지능과 지혜가 있어서 위기상황을 미리 대처하고 대비할 수 있다. 그러나 그것도 여의치 않은 상황에서는 유일한 방법이 '거짓말'이다. 이런 본능적인 거짓말이 과연 나쁜 것일까. 거짓말이 나쁜 것이라기보다는 살기 위한 하나의 수단이 아니었을까. 아무런 짓도 하지 않고 물만 마셨는데 저절로 떨어진 교정 장치, 떨어뜨리지도 않았는데 부서진 틀니 등을 보며 당황하고 억울해하던 일들이 이해가 된다. 사회에 나와 겪은 치사하며 비열하고 위선적이었던 사람들이 용서는 되지 않지만 이제 이해는 된다.

어려서 우리는 양치기소년에서 거짓말쟁이의 최후를 배웠다. 반면에 선녀와 나무꾼에서는 사냥꾼에게 쫓기던 사슴을 구하기 위해 거짓말을 하고 그 도움에 대한 선물로 선녀를 만나는 상반된 결과를 보았다. 이렇게 우리는 하얀 거짓말과 나쁜 거짓말을 동화책을 통해 학습하였다.

50여 년을 살아보니 어려운 일 중에 하나가 거짓말을 하지 않는 것이고 그보다 더 어려운 일이 거짓말을 구별하는 일이다. 그래도 가급적 거짓말을 하지 않고 살려고 노력한다. 하지만 가끔은 거짓말을 하는 것보다는 진실을 말하지 않는 편이 좋을 때가 있다.

치과신문 제512호

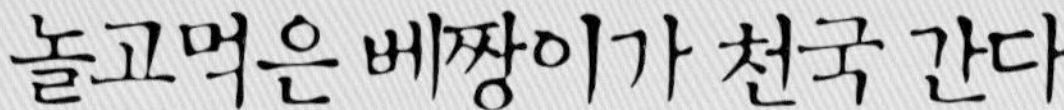

놀고먹은 베짱이가 천국 간다

천국은 예쁜 사람, 행복한 얼굴을 가진 사람들이 사는 곳이다. 열심히 일한 개미는 손도 꺼칠하고 투박하고 굳은살이 박히고 얼굴은 햇빛에 그을려 새까맣고 자외선에 노출되어 나이에 비해 더욱 늙어 보이고 광택 또한 없다. 또 과다한 업무에 시달리고 스트레스에 많이 노출되다 보니 웃을 일이 적고 서비스업에 종사하는 개미는 정서적 스트레스에 잠을 못 잔다. 반면 놀고먹는 베짱이는 햇볕에서 일을 안 하니 얼굴이 곱고 동안이다. 서비스업에 종사하지 않으니 정신적 스트레스도 없다. 결국 천국의 컨셉에서 보면 열심히 노동한 개미는 맞지 않고 베짱이의 얼굴이 맞다. 그래서 이 시대는 아마도 베짱이가 천국에 갈 것이다.

4살짜리를 강간한 성추행범에게는 최고형을 15년밖에 못주었다. 그래서 새로이 만들어진 법은 잠재적 성범죄자를 가려내기 위한 법으로 구직을 원하는 모든 의료인에게 경찰서에서 성범죄 이력 증명서를 받아오게 한다. 물론 사회적인 여론이나 취지를 공감하는 못하는 것은 아니다. 하지만 방법에 있어서 그냥 간단하게 성추행자의 의사면허를 정지시키면 될 것을 모든 의료인을 잠정적 범죄자로 보는 것은 부당하다는 생각이 든다.

결국 개미는 천국에 못가고 베짱이가 천국에 가는 것과 같은 이치다. 조금만 생각해보자. 강간범을 처벌하는 법은 아주 오래전에 만들어졌는데 아직도 수정하거나 업그레이드하지 않은 과거 60~70년대 법이다. 그 당시에는 상상할 수 없는 일이었기 때문에 법 규정 또한 허술했다. 그러나 지금은 극악의 범죄로 발전했음에도 법규정을 고치는 일이 뒷받침이 안 되고 있다. 아마도 도가니법 같은 대중적 인기 법안을 만들기 바쁘다보니 지난 것을 수정하는 것이 메리트가 적고 시간도 없기 때문일 것이다. 현대에 새로이 만들어지는 법은 사회정의의 구현이라기보다는 정권창출을 위한 포퓰리즘적 성격이 너욱 강하다.

세상의 모든 일이 그러하듯이 모든 것을 만족시키는 법이란 없을 것이다. 하지만 선의의 피해자를 최소한으로 해야하는 것도 법의 기능이다. 한명의 착한 자가 있어도 소돔과 고모라를 멸하지 않으려 했던 것과 같은 노력이 필요하건만 그런 세심함이 부족한 것이 아쉬움으로 남는다.

물론 의료인만 배려를 하라는 것은 아니다. 이 법에 해당되는 모든 피고용인들이 받아야 하는 불편이기 때문에 업종에 따라 방법을 달리 해달라는 것이다. 피고용인들이 대부분 베짱이가 아니고 개미이기 때문이다.

현실보다 지나치게 만들어지는 선진화법과 시대의 흐름을 거스르는 후진화법을 보노라면, 이 역시 개미와 베짱이란 생각이 떠나지 않는다.

일반적인 의료인은 한 번도 베짱이가 되어본 적이 없다. 물론 일부 극소수의 장사꾼으로 전락한 의료인을 제외하고 말이다. 항상 개미처럼 일탈하지 않고 집과 병원만을 왔다 갔다 했건만 이젠 취업할 때 경찰서에서 성범죄 이력 증명서를 발급받아야 한다. 미국 어느 주에는 전기 청소기에 '이 청소기로는 하늘을 날 수 없습니다' 라는 문구를 반드시 적어야 한다고 한다. 해리포터에서 빗자루로 하늘을 나는 것을 본 아이가 전기 청소기를 타고 뛰어내려 다친 후에 소송을 하여 이긴 다음부터 생긴 법이라고 한다. 소수의 행위에 대한 방어의 방법을 너무 과도하게 확대 해석한 이유라고 생각된다. 그리고 그 속내에는 범죄예방에 대한 깊은 통찰이 있었기보다는 전시효과를 노린 듯한 느낌이 더 크다. 한 두명의 베짱이를 잡기위하여 모든 개미를 검문하기 때문이다. 벼룩 한마리를 잡으려고 초가삼간을 태우는 느낌이다. 이른 봄에 보인 한마리의 제비가 여름을 대변하는 것이 아니다. 인기 위주로 급하게 만들어지는 법보다는 진정으로 성범죄를 예방하려는 다각도의 노력이 아쉽게 느껴진다.

진정한 의료인인 개미들이 자신들의 의지와 다르게 점점 베짱이화될 것이 안타깝다. 개미가 점점 천국의 컨셉에서 멀어지는 것이 안타깝다.

지과신문 제523호

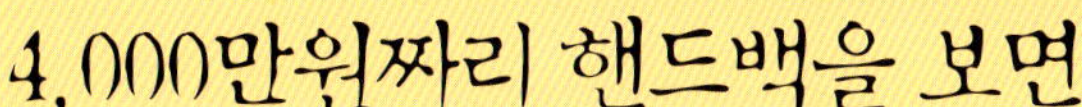

4,000만원짜리 핸드백을 보면

과거 영화나 드라마를 보면 어머니가 정화수를 떠놓고 기도하는 모습이나 전쟁 중에 먹을 것이 없고 희망마저 전혀 없는 상황에서도 아이를 살리고자 자신의 목숨마저 희생하는 모습을 쉽게 볼 수 있다. 이것이 우리 마음속에 남아있는 어머니의 모습이다. 양반과 상놈이라는 신분을 떠나서, 먹을 것이 없어서 굶고 살던 보릿고개 시절에도 경제적인 것과 상관없이 어머니들은 한결 같은 모습을 보였다. 그리고 정말 어쩔 수 없을 때에는 아이를 부잣집으로 양자를 보냈다. 그러던 것이 근대에 들어오면서 아이를 기르기 어려운 엄마들은 아이를 부잣집 문 앞에 놓고 가거나 입양을 보내는 경우가 대부분이었다. 근대까지도 미혼모와 같이 아이를 기르기에 경제적이나 상황적으로 어려울 때에도 아이에 대한 기본적인 모성애와 사랑은 존재하고 있었다. 그런데 요즘 발생하는 사건들은 너무도 상식 밖의 일들이어서 차마 입에 담기에도 불편한 내용들이 많다.

얼마 전 다섯 살 된 아이를 친엄마가 살해하고 저수지에 유기한 일은 이 시대를 같이 살고 있는 사람으로서 너무나도 가슴 아픈 일이 아닐 수 없다. 그리고 그 이유가 많은 생각을 하게 한다. 그 엄마는 자기처럼 힘들고 구질구질하게 아이도 살아갈 것이 싫어서 미리 죽였다는 것이다. 먹고 살 것조차 없는 전쟁 속에서도 자신의 목숨을 내 놓으면서 아이만이라도 살리려던 과거의 어머니와 최소한의 노동을 하면 먹고 사는 것은 해결되는 지금 세상에서 힘들게 살지 말라고 아이를 살해하는 어머니 사이에는 어떤 차이가 있을까. 불과 60년 사이에 왜 이토록 변했을까. 그 이유가 무엇일까는 생각이 풀릴 듯 말 듯한 수학공식처럼 머릿속에서 맴돈다.

첫째는 아이를 자신의 소유물로 생각하는 것이다. 이는 '대장 브리바' 라는 옛날 영화 중에 주인공이 나쁜 짓을 하는 아들을 총으로 쏴죽이면서 "내가 뿌린 씨앗은 내가 거둔다"라고 말할 때와는 전혀 다르다. 영화 속에서는 세상에 악이 되는 악당을 제거한 것이지만 아이의 엄마는 자신에게 불필요한 물건을 버리는 것과 같은 느낌을 준다. 얼마 전 아이들을 기르기 귀찮다는 이유로 수면제를 먹이고 한강다리에서 던져버린 비정한 스무 살 아빠와 유사하다. 그런데 더욱 충격적인 것은 그 아빠가 자신은 기독교인이라서 회개하면 구원과 용서를 받을 수 있다는 말을 했다는 것이다. 마치 게임과 현실을 구분 못하는 아이들과 같다.

둘째는 상대적 빈곤감의 심화이다. 부자들의 삶, 권력층의 삶을 드라마나 인터넷 등을 통해 간접적 지식으로 많이 습득하다 보니 상대적으로 자신의 신분을 비관하는 것이다. 마치 국회의원이 그 지위를 그만둔 뒤에 오는 상실감과 패배의식에 힘들어 하듯이 말이다. 서울대를 목표로 공부했으나 다른 대학에 입학하자 자살한 것과 같은 이유일 것이다.

어떤 강연회에서 과거의 어머니와 현대의 어머니에 대한 화두를 던진 적이 있었다. 그때 어떤 분이 요즘은 부에 의해 신분이 고정되는 경향이 있고 부는 탄생하면서 결정되어서 자신의 능력이나 노동으로 절대로 바꿀 수 없는 시대인데 이런 빈곤세습의 시대에 어떤 힐링법이 있냐고 질문했다. 필자도 4,000만원짜리 핸드백을 보면서 느끼는 생각이었기에 공감했다. 요즘은 부와 빈곤이 양반제도처럼 세습되는 것도 공감한다. 필자 또한 출근하기 싫을 때마다 생각나기에 공감한다. 하지만 이것에는 가치논리에 하나의 함정이 있다. 물질적인 풍요만이 인간이 행복을 느끼는 조건이 아니라 행복은 다양하게 느낄 수 있기 때문이다.

가징 가까운 방법이 종교생활이다. 물질적 가치만큼 정신적 가치도 비중이 있다. 종교가 아니더라도 비우고 버리고 놓으면서 얻는 원숙한 마음의 평화가 있다. 그림을 처음 그리는 사람은 무엇을 그려 넣을까를 고민하지만 원숙한 화가는 무엇을 그리지 않을까를 생각한다. 사람은 굳이 많지 않은 한두 명이더라도 마음을 나눌 수 있는 이가 있다면 행복할 수 있다. 이것이 숨이 가쁘도록 복잡다단한 이 시대에서 행복을 찾아가는 지름길이기도 하다.

치과신문 第528호

거짓말과 믿음

아침에 제일 먼저 하는 일은 아침드라마를 보는 일이다. 나이가 들면 TV 드라마가 좋아진다더니 그런 모양이다. 요즘은 '삼생이'라는 드라마를 본다. 한국전쟁 때 태어난 한의사집 딸이 전쟁 후에 집사의 농간으로 신분이 바뀌고, 시골 아이로 살다가 초등학교 5학년에 돈을 벌기 위해 서울로 식모살이를 오지만, 이후에도 그 집사의 모함을 계속 받는 내용이다. 1960~70년대 배경이 필자가 자라던 서울 배경이라서 정겹고, 집사의 모함이 그 동안 세상 살며 경험했던 남들이 모르는 모함과 배신으로 마음 아파하고 힘들었던 경험과 비슷하기 때문에 더욱 공감이 간다.

얼마 전 대학을 다니는 아들과의 이야기에서 과거의 어떤 사건으로 필자에게 매우 억울했었다는 말을 들었다. 이에 필자는 "인생은 원래 억울한 거야. 그래도 아빠에게 억울하니 다행이지 남에게 억울해봐, 그건 더 힘들고 본인 심성도 나빠져"라고 대답하였다. 이어서 "고만고만하게 살 때는 문제없지만, 지금보다 조금이라도 나아지려면 경쟁을 해야 하고, 기득권은 철저하게 수단과 방법을 가리지 않고 방어하기 때문에 현실은 드라마보다 더 심하고 비열한 일들이 있다"고 충고했다.

이제 나이 쉰 살이 넘어서, 되고 싶은 것도 없고, 하고 싶은 것도 없고, 원하는 것이라고는 전원에 가서 자연인으로 살고 싶은 마음이다 보니, 이제야 나를 모함하고 시기하고 중상 모략하는 이들이 사라졌다. 결국 나를 그토록 미워하고 나 또한 미워했던 일들이 모두 내가 무엇인가를 바라는 일이 있었기 때문에 그들 또한 빼앗기지 않으려는 동물적인 저항이었다는 생각이 든다.

결과를 위해 수단을 정당화하는 일들은 자본주의 체제 속에서 얼마든지 가능하다. 특히 기득권이라면 더욱 손쉬운 일이다. 본래 법과 사상은 기득권자들이 기득권을 보호하기 위한 수단으로 만들어졌기 때문에 더욱 그러하다. 그래서 사상은 크게 두 개의 흐름이 있다. 기득권을 유지하려는 사상과 이에 반대하는 사상이다. 예를 들면 과거에 기득권들은 유교라는 사상으로 유지하려 하였지만, 반대하는 이들은 '홍익인간'이라는 사상을 내놓았다. 결국 그것이 조선말기의 동학으로 이어졌듯이 말이다. 이렇게 학습되어진 기득권은 이런 이유로 반드시 자신들의 행동을 '홍익인간'으로 포장한다. 이것이 기득권자들의 거짓의 시작이다. 그리고는 그것을 철저하게 믿고 자신이 마치 신념을 지닌 선구자인 것처럼 행동한다. 그래서 이런 관계가 대부분 사건의 원인이다. 일례로 얼마전 최고 기득권자가 부정부패와 비리로 얼룩져서 감옥에 간지 얼마 되지 않은 자를 자신의 최측근이라는 이유로 남들 모두의 눈앞에서 특사를 시킨다. 그리고 대통합을 위해서라고 말했다. 이 사건은 기득권의 전형을 보여주며 거짓말의 교과서적인 행동이었다. 그리고 그 다음은 거짓에 대한 믿음이다. 스스로 철저하게 모두를 위해 행한 행동이라고 믿는 것이다.

1990년대 초반, 필자가 수련의였을 때다. 전국 대다수의 치과의사들이 치과전문의제도에 반대하였다. 그럼에도 불구하고 치과전문의제도는 통과되었다. 이 역시 치과계의 기득권자들이 자신들의 권위와 이익을 위하여 모든 치과계와 국민건강을 외면한 행동이었다. 그 후 예견된 많은 부작용이 발생했다. 일반인은 대부분의 응급실이 폐쇄되었기 때문에 야간에 이가 아프면 치료를 받을 수 있는 곳이 별로 없다. 그리고 치과계는 지금도 전문의제도로 불협화음이 지속되고 있다.

과거의 잘못된 선택이 또다시 현재를 분란과 혼란 속으로 몰아가고 있다. 과거에 대다수의 치과의사들은 나빠질것을 예상하고 반대하였건만, 아이러니하게도 정작 그것을 집행하는 기득권자들은 그것을 모르거나 별일 아닌 것으로 생각할 만큼 누리고 있었다. 소수의 기득권과 대중의 싸움은 거의 기득권이 이긴다. 아주 드물게 대중이 기득권의 거짓 믿음을 넘을 만큼 수많은 피를 흘릴 때만 대중이 이긴다. 그래서 이를 역사는 혁명이라고 했다.

과연 지금의 치과계는 어떤 선택을 할까?

치과신문 제531호

분노 조절이 되지 않는 사회

요즘 뉴스를 보면 사소한 다툼이 큰 일로 변질되는 경우를 많이 접한다. 아파트의 층간소음으로 위아래 집 간 말다툼이 살인사건으로 되고, 또 방화로 이어졌다는 뉴스를 듣는다. 운전 중에 끼어들기 했다고 방해 운전을 하여 대형사고로 번진 이야기 등 수많은 사건 사고가 자세히 내용을 들어보면 아주 사소한 일에서 시작되는 것을 발견한다. 결국 이런 일들이 분노 조절이 되지 않은 데에서 발생했다고 할 수 있다. 분노조절이 되지 않는 사회의 전반적인 분위기가 개인의 생활에 영향을 미친 탓도 있다.

분노란, 사전적 의미로는 병적(病的)으로 도박에 몰두하는 것과 같이 본능적 욕구가 지나치게 강하거나 자기방어 기능이 약해져서 스스로 충동을 조절하지 못하는 정신장애의 한 가지를 말한다. 또한 충동조절장애증후군이라고도 한다. 행위의 동기가 분명하지 않고, 자신과 타인에게 해를 끼칠만한 행동을 하려는 충동을 억제하지 못하고 이를 반복한다. 충동적인 행동을 실행에 옮기기 전까지는 긴장감이나 각성 상태가 고조되며 충동을 억제하면 할수록 정신적 긴장이 더 커지지만 일단 실행하고 나면 쾌감이나 만족감, 긴장으로부터 해방감을 느낀다. 실행한 뒤에는 자책감이나 후회, 죄책감 등을 느낄 수도 있지만 그렇지 않을 수도 있다.

분노의 원인으로는 정신 역동적 요인, 생물학적 요인, 정신사회적 요인이 있다. 정신 역동적 요인은 심리구조의 약화, 즉 초자아 및 자아의 약화를 말한다. 억압되었던 것이 무의식에서 자아를 뚫고 표출되는 현상으로써 심리발달기의 문제성과 관련이 높다. 생물학적 요인으로는 뇌 병변, 측두엽 간질, 아동기의 주의력결핍 과다행동장애, 신경전달물질의 이상 등과 연관성이 있다. 외부의 자극이나 압박을 받았을 때 분비되는 호르몬인 코티솔이 뇌의 전두엽에서 과다 분비되어 전두엽의 기능을 저하시키면서 표출된다고 한다. 가정 내 폭력이나 알코올 남용, 반사회적 경향 등이 정신사회적 요인에 해당된다.

충동조절장애의 다른 종류로는 병적 도박과 병적 방화, 병적 도벽을 비롯하여 병적으로 머리카락을 쥐어뜯는 발모광(拔毛狂), 합당한 이유 없이 불시에 반복적으로 분노를 폭발시키는 간헐성 폭발장애, 쇼핑중독 · 마약중독 · 인터넷중독 등 모든 중독 증세가 있다. 병적 도박의 경우는 도박을 중단하지 못하고 문제를 회피하는 수단으로서 도박을 계속한다. 병적 방화는 불을 지르는 데서 쾌감을 느끼고, 병적 도벽은 물건을 훔치는 것이 목적이 아니라 훔치는 행위 그 자체가 목적이다.

과거에 비해 요즘 분노조절이 더욱 되지 않는 실태는 생물학적인 요인보다는 정신역동적인 요인과 정신사회적 요인이 변화에 따른 것이라 생각된다. 정신역동적인 요인으로 요즘 아이들은 영 · 유아기부터 일찍이 엄마와 분리되어 어린이집으로 간다. 그리고 아동기부터 유치원으로 학원으로 시작된 사교육은 성장이 종료되는 대학생이 되어야 멈추므로 아이들이 정상적인 정서와 심리구조를 만들 기회를 박탈당하고 있다. 정신사회적 요인으로는 장기화되는 경기침체로 사회전체의 비관적인 시야와 이로 인한 실질 소득의 감소 등으로 인한 미래에 대한 불안감, 과도한 업무나 실직으로 인한 스트레스의 증가 등이 있다. 더불어 인사청문회마다 한결같이 자식들의 병역기피 같은 사회계층 간의 이질감 또한 깊은 사회에 대한 불신을 심어준다.

며칠 전 프랑스에서 한 승용차가 브레이크 고장이 나서 브레이크를 밟을수록 가속이 되어 시속 200km로 질주하게 되었다. 멈출 수 없던 차는 경찰이 도움으로 계속 질주하여 국경을 넘어 240km를 질주하고 다행히 사고 없이 기름이 떨어져서야 멈출 수 있었다고 한다. 요즘 사람을 대할 때나 혹은 주변을 돌이보면 기름이 떨어지기를 시간을 갖고 지켜보아야 할 때가 많다. 더불어 그 때까지 무사하기를 기도한다.

치과신문 第534호

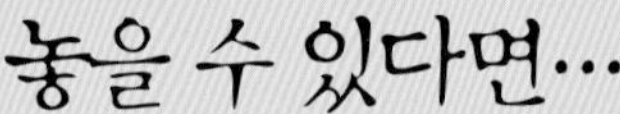

놓을 수 있다면…

며칠 전 또 치과의사가 스스로 생을 놓았다. 같은 업에 종사하는 동료로서 참으로 안타까운 일이 아닐 수 없다. 더구나 필자의 나이와 비슷하다니 더욱 그러하다. 이런저런 많은 사연이 있었을 것이다. 그리고 어쩔 수 없이 마지막 선택을 했다는 생각이 든다. 결국 다 놓을 수 없기에 목숨을 놓은 것이다. 경제적인 것이라면 개인파산을 할 수 있고 인간적인 문제라면 용서할 수 있다. 아니 용서하지 않아도 마음에서 지우면 되는 것을 어느 것 하나 놓을 수 없었기에 목숨을 놓은 것이 아닌가 생각한다.

살면서 풀리지 않는 많은 의문을 지니고 있다. '왜 세상에 나쁜 사람들이 그리도 많을까?', '그리고 왜 나쁜 사람들은 천벌을 받지 않고 잘 살까?', '행복이란 무엇일까?', '삶의 궁극적인 목표는 무엇일까?' 등 많은 질문을 던져본다. 그래서 이를 풀어보고자 종교에 의지해보거나 철학을 공부하기도 했다. 또 사람을 이해하고자 심리학 공부도 하고 음양오행의 동양철학에 한의학을 들쳐보기도 했다. 공부를 하면 할수록 더욱 어려워지던 것이 요즘은 조금씩 이해가 된다.

동양의 음양이론은 악인과 성인의 존재를 인정한다. 악인도 생존의 필요악으로 반드시 필요한 존재인 것이다. 추운 겨울이 지나야 따스한 봄이 오는 이치이다. 더불어 그런 악인을 만나면 성현들은 용서를 이야기한다. 음양의 법칙은 나 또한 누군가에게는 악이 될 수도 있다고 설명한다. 불교적 관점에서 보면 인간이 살기 위하여 고기를 먹는 것도 간접적인 살생이다. 그래서 결국 사람들은 용서를 하며 악연을 정리하여야 한다. 원수를 사랑하라는 기독교 사상도 용서를 기본으로 사랑을 말한다. 용서에는 남을 용서하기도 하지만 자신에 대한 용서도 포함한다. 심리적으로 자아심이 강한 사람, 즉 자존심이 강한 사람은 자신을 용서하기 어렵다. 그러나 자신을 사랑하는 사람이 남도 사랑할 수 있듯이 자신을 용서할 수 있는 자가 남도 용서할 수 있다. 물론 이것은 내가 무조건 옳다는 이기심과는 다르고 자기애하고도 다르다. 용서로 마음속의 색안경이 없어지면 그때 비로소 사랑의 마음이 보일 것이다.

이제 50세가 넘어서야 비로소 욕심을 버리면 마음이 편해지고, 원하는 바를 버리면 적이 없어지고, 용서를 해야 용서를 받을 수 있음을 알았다. 많은 생각과 시행착오를 통하여 임상 실력이 증가하듯이 그렇게 인생 공부를 하나씩 하여왔나 보다. 너무도 억울해서 용서가 도저히 불가능했던 일도 이제는 조금씩 마음속에서 놓을 수 있게 되었다. 지나온 억울하고 분하고 황당한 일들이 깨달음을 주었다. 이미 많은 책이나 강연 속에서 들어왔던 이야기를 현실 경험을 통해 실제로 이해했다. 마음에서 놓아버리면 없어진다는 아주 단순한 것을 알기까지 참 많은 마음고생이 필요했었다.

우리는 어려서부터 놓는 것이 아닌 취하는 것만을 배웠다. 좋은 성적을 받아야 하고, 좋은 대학을 가야 하고, 돈을 많이 벌어야 하고, 환자도 많아야 하는, 그렇게 모든 것을 취해야 하는 것만이 최

대 선으로 생각하는 교육을 받았다. 그런데 아이러니하게도 행복이란 취할 때보다도 놓을 때 온다. 마음에서 한 가지를 놓을 때, 놓아진 것이 내 생각의 법칙을 떠나서 자연계의 법칙으로 들어간다. 내가 자식들을 어찌하고자 한다면 내 생각 속에 머물지만 내 마음속의 욕심을 버리면 자식들은 세상 속에서 자라게 된다. 물론 잘될 수도 잘못될 수도 있지만 그것조차 내 머릿속의 판단기준이지 자식들의 행복기준은 아니다. 결국 마음의 욕심을 모두 놓아서 자연으로 보내고 마지막을 본인조차 자연에 맡기는 것이 순리이다. 들에 핀 꽃처럼 말이다. 그런데 생을 놓는 것은 놓는 것이 아니라 포기하는 것이다. 자연에 역행하는 것이다.

그러다 어느 날 마음을 비우기 시작하여 하나라도 더 내려 놓으려하면 세상사가 붙잡는다. 자식이 붙잡고 일이 붙잡는다. 이 또한 음양의 이치이다.

세상에는 역할과 때가 있다. 과일이 열릴 때까지는 나무가 생목으로 쓰이고 오래되면 동량목으로 쓰인다. 시간의 기다림이 순리이다.

1+1의 함정

10여 년 전, 마케팅이란 단어가 의료분야에서 처음 등장할 때 이미 우려는 하였지만, 지금과 같이 치과에서 '1+1' 이란 단어가 사용되리라고는 아무도 상상하지 못했다. 그리고 치과분야에 처음 마케팅을 도입한 사람도 명품 이미지의 목적이었지 박리다매형의 저가 진흙탕싸움을 생각하지는 않았을 것이다. 그런데 지금의 현실은 장기불황에다가 박리다매형 네트워크치과들의 행태와 그 아류들로 결국 1+1이라는 용어까지 등장하게 되었다.

마케팅에는 4P전략이 있다. 상품의 품질, 디자인 등 제품의 차별화를 따지는 Product, 제품의 값을 정하는 Price, 판매하거나 유통하는 Place, 그리고 광고, PR 마케팅 등 고객과의 커뮤니케이션을 주도하는 Promotion이다. 이를 치과에 도입하여 보면 치과의사 자신의 치료 역량을 증가시키는 것이 Product이고, 치과의 장소가 Place이고, 치료비가 Price이고, 홍보나 광고가 Promotion 이다. 그리고 1+1은 치과에서 Promotion을 목적으로 행하는 행사에 해당한다.

그런데 여기서 문제가 있다. 상품은 재고 물량이 소진되면 더 이상 고객은 1+1을 찾지 않으며 1+1을 행운이었다고 생각하게 된다. 그런데 상품이 아닌 의료행위에서 1+1을 행하면 환자에게서는 복잡한 심리적인 문제가 생길 수 있다. 우선 한명을 데려오면 한명이 무료인 경우다. 그 사람은 처음에는 여러 사람을 데려오면서 자신은 항상 무료진료를 원하게 된다. 그러면서 그는 항상 자신이 갑이라는 생각을 하게 된다. 하지만 어느 시점이 지나 더 이상 고객을 데려오지 못하는 상황이 되면 본인이 치료비를 지불해야하지만 자신은 갑이라는 생각과 자신이 보내준 환자가 몇 명인데라는 생각으로 치료비 지불을 미루거나 병원 측에 야속함을 토로하게 된다. 또 한 가지는 결국 가격이 반값으로 하락하는 효과를 가져온다. 환자들은 전에는 반값으로 혹은 무료로 했다는 생각으로 현실적인 가격에 심리적 저항을 받는다. 즉 전에는 500원이면 살 수 있던 과자를 1,000원에 실제 가격을 다 지불하고 사라고 하면 차라리 먹지 말자라는 생각이 드는 것이 심리적 저항이다. 이것은 마음속에 한번 정해진 가격기준이 쉽게 바뀌기 어려운 이유이다.

결국 의료행위에서 1+1을 행운이라고 생각하기보다는 당연한 것이라 생각하고 실제가격을 부당한 징수라고 여기게 된다. 그것이 수량의 한계가 있는 상품과 무한 리필이 가능하다고 생각할 수 있는 의료 같은 행위 가치의 차이이다. 행위는 무한 리필이 가능하다고 생각하기 쉽고 간단한 단순 노동행위로 간주하기 쉽기 때문이다. 의료행위를 위한 지식 축약적인 시간과 비용의 투자를 생각하지 않기 때문이다. 그런 이유로 치과 행위를 이야기할 때마다 치과 틀니의 원가가 얼마라는 말들이 나온다. 이런 심리적 상황에서 1+1은 의료인 스스로가 의료행위의 기술적 가치를 낮추는 행동이다. 한번 낮아진 가치를 회복하기 위해서 상품은 디자인을 바꾸거나 모델을 바꾸면 되지만 의료행위는 상품처럼 바꿀 수 있는 것이 아니다. 따라서 의료행위의 가치결정에 대한 일반적인 마케팅적 사고방식에서의 접근이 위험한 것이다. 의료인들은 변호사의 가치를 볼펜 값과 종이 값으로 환산하지 않는다는 이야기를 종종하면서 의료행위의 가치를 존중해줄 것을 피력한다. 물론 맞는 이야기지만 그 이 전에 깊은 생각 없이 혹은 당장의 이익이나 '남이 하니까 나도' 라는 생각에서, 혹은 '한번인데 어때' 라는 사고방식에서 행한 1+1 행위의 함정을 생각해봐야 한다. 당장의 이익을 위하여 쌍끌이 저인망으로 바다 밑바닥까지를 훑으며 치어 어종까지 잡아들이면 그 다음해에 만선을 기대할 수 없다.

당장의 이익을 위한 1+1 같은 시장의 교란은 일시적인 사건으로 끝나지 않고 환자의 마음속에 각인되어 두고두고 치과계를 장기적으로 황폐화시킬 것이다. 치과의사들도 어부들의 지혜를 배울 때이다.

치과신문 제547호

남침? 북침?

몇 달 전 일이다. 일본에서 유학하던 시절에 병원 수련을 같이 받던 일본인 동기로부터 이메일 한통을 받았다. 한국에 전쟁이 일어날 것 같은 위급함이 걱정이 된다는 내용이었다. 더불어 글의 말미에 전쟁이 발발하면 일본에 있는 자기 집으로 오라는 근심어린 당부의 말도 있었다. 반년 이상을 유지해오던 남북한의 긴장관계가 만들어낸 웃지못할 메일이었다. 걱정해주는 마음은 감사했지만 연례행사처럼 겪는 우리의 모습을 뒤돌아보니 씁쓸하였다. 이런 긴장상태가 가뜩이나 어려운 경제상황을 더욱 나쁘게 만들고, 그런 일들이 한반도에 살고 있는 개개인 모두의 행동에 영향을 미친다. 역사가 만들어낸 사건이 개인에게 실제적인 영향을 직접 미치는 일례이다. 여기서 알 수 있듯이 역사는 단순히 지나가버린 과거 사건들의 모음이 아니라 현실에 강한 영향을 주는 요소중의 하나이다.

얼마 전에 청소년을 대상으로 한국전쟁에 대한 질문으로 전쟁을 유발시킨 쪽이 북측인지 남측인지를 묻는 문항이 있었다. 그런데 그 답변에서 남침이란 정답을 맞힌 청소년이 70% 정도에 그쳤다고 한다. 그 원인이 역사인식의 문제라기보다는 '남침'과 '북침'이란 단어를 몰라서 틀렸다고 한다. 답은 북에 의한 남침이다. 그런데 문제는 이것보다도 들어본 적도 없는 단어라는 것이다. 역사과목이 대학입시에서 선택사항으로 바뀌고부터 기피과목으로 되면서 생겨난 일이다. 이 기사를 보면서 필자의 조카가 초등학교 시절에 실제 있었던 사건이 떠올랐다. 초등학교 시절에 '삼한사온이 무엇인가'라는 질문에 당당하게 '에어컨'이라고 답했다고 한다. 또 어느 초등학교 시험에서는 '다음 중 가구가 아닌 것은?'이란 질문에 대다수가 '침대'라고 답했다고 한다. 발달심리학적으로 보면 언어의 발달과 단어의 인식이 정확하게 이루어져야 할 때에 대중매체의 광고에 의하여 잘못된 정보가 주입되면서 나타난 정보의 오류인 것이다. 이것은 잘못된 정보가 만들어낸 현상이지만 필요한 정보가 없을 때 나타나는 문제가 역사인식의 부재일 것이다.

대학입시를 위한 성적만능주의적인 교육이 역사라는 과목을 가르치지 않는 현실을 만들었다. 이것은 마치 지금의 학교문화가 동네의 또래문화를 없앤 것과 유사하게 꼭 배워야 할 역사를 배울 기회를 박탈하였다. 한 사회의 일원으로 살아가는 데에 있어서 역사는 자기의 정체성, 자존감, 사회적 도덕성 등과 같은 개인의 인성을 완성하기 위하여 매우 중요한 요소이다. 간단한 예를 들면 과거 삼국시대에는 역사관만으로 사다함, 관창 같은 이들이 20세 미만의 나이에 국가를 위하여 희생하였다. 이런 역사관을 심리적으로 잘 이용한 인물이 독일의 히틀러이다. 역사관을 민족적 자긍심을 넘어 민족우월주의로 세뇌시켜 2차세계대전을 일으킬 수 있었다. 역사관이란 그런 힘을 지니고 있다. 역사인식은 공동체 사회에서 개개인이 공동이익을 위하여 노력해야 하는 이유와 타당성을 부여한다. 그런데 역사교육의 부재는 결국 공동체의 결속력과 소속감에서 오는 자아를 발견할 기회조차 상실시키고 극단적 이기주의를 팽배시킬 우려가 있다. 요즘 사회 전반에 흐르고 있는 이기주의를 양성시키는 데 역사의식의 부재도 한몫했다고 생각한다. 작금의 정치판의 혼란도 이와 아주 무관하지는 않다. 공공의 이익 실현보다 집단 혹은 개인의 이기주의가 우선시 된 것이다.

하루의 시작은 왜 자정에 시작할까? 7월을 의미하는 September는 왜 9월일까? 우리는 왜 동경시를 사용할까? 무심코 사용하는 것들의 속을 조금만 들여다보면 그 안에는 우연적이거나 필연적인 역사적 사실과 추악한 이기적 사건이 내재되어 있다. 지금의 문제를 조금만 역사적 관점에서 시간적으로 파고들어가 보면 현실적 문제점들의 시작이 보인다. 그 안에서 우연, 필연, 개인적 욕심, 집단 이기심 등이 보인다. 만약 그 안에 희생, 봉사, 공동의 이익 등이 있었다면 지금과는 전혀 다른 모습이 나타났을 것이다. 그래서 역사를 보는 눈은 중요하다. 그러므로 역사를 무서워해야 하는 것이다.

묘조장(苗助長)

최근 TV 뉴스를 보면 모 국제중학교의 입시비리문제로 온 나라 전체가 들썩거리도록 난리가 아니다. 급기야는 조사를 받던 교감 선생이 자살을 하기까지 상황은 최악에 다다르고 있지만 의혹은 더욱 증폭되어가고 있다. 마치 복마전을 연상케한다. 밝혀지는 내용은 온갖 비리의 총결정체로 비리의 교과서를 보는듯하여 마음에 충격이 심하다. 더욱이 그것이 교육계의 비리라서 더욱 가슴 아프다.

이번 사건은 옛날 촌지와 같이 내 아이를 조금 잘 봐달라는, 약간의 이기심은 있지만 모성애가 느껴지는 그런 차원이 아니다. 조직적이고 시스템적이다. 심지어 대외적으로 선전에 이용할 희생양의 학생까지 구색을 골고루 갖추어 놓고 부모들의 심리를 이용한 장사를 했다는 것이 문제다. 그리고 장사할 곳이 생기면 기존에 진학하고 있는 학생 중에서 희생할 아이를 선택하였다. 사소한 문제라도 발생하면 그것을 구실로 아이를 퇴학시키고 그 자리를 다시 매매에 이용하는 진정한(?) 장사꾼의 본모습을 보여주었다.

그들은 교육자로서 최소한의 양심도 없는 행동을 자행하였다.

2천 년 전에 장자는 도둑에게도 도덕이 있다고 하였거늘 그들은 교육자임에도 불구하고 최소한의 양심도 없었다. 도둑이 앞장서서 먼저 들어가는 것이 용(勇)이고, 나올 때 마지막으로 나오는 것이 의(義)이며, 공평하게 분배하는 것이 인(仁)이고, 성사될 것을 판단하는 것이 지(知)라 하였다. 이것을 잘하는 자가 큰 도둑이 되고 가장 큰 도둑이 나라를 훔치는 도둑이라 하였다.

돈을 벌기 위하여 체계적으로 입시비리 시스템을 만든 이들이 나쁜 것은 거론할 거리조차 없다. 하지만 이들의 농간에 놀아난 매수 입학학생들의 부모들 또한 생각을 깊이 해보아야한다. 그 부모들은 조금이라도 좋은 환경의 학교에서 좋은 교육을 받고 훌륭한 사람으로 아이들이 자라기를 바랐을 것이다. 편법이고 나쁜 일인 줄 알면서도 자식을 위한다는 명분아래 그런 일을 수락했다. 그러나 이런 판단은 교육학이나 심리학적인 면에서 보면 참으로 어리석은 일이다. 요즘은 인터넷과 소셜네트워크의 발달로 정보는 어떤 식으로든지 공개되고 결국 아이는 기부입학을 알게 된다. 이때 아이는 성격에 따라서 다양한 반응을 보인다. 돈이면 다 된다는 식의 배금사상에 빠지든지, 혹은 자만심이나 우월주의에 빠질 수도 있고 혹은 자책감에 허덕일 수도 있다. 즉 정상적인 자아형성에 문제를 발생시킬 수 있다. 결국 자존감을 만들고 자아를 완성시켜야 하는 시기에 부모의 입학비리가 아이들의 마음과 정서에 보이지 않는 부작용을 유발시키며 사회 부적응자로 만들 가능성이 높다.

옛날 중국 송나라에 한 농부가 있었다. 그 농부는 모를 심어놓고 기다리는데 좀처럼 모가 자라지 않자 조바심이 났다. 어떻게

하면 모를 빨리 자랄 수 있을까 궁리하던 농부는 모를 조금씩 잡아당겨 뽑아서 늘려주었다. 그리고 집에 돌아가 아내에게 자신의 영리한 행동(?)을 자랑하였다. 이에 깜짝 놀란 아내가 논에 가보았더니 벌써 모는 다 말라 죽어버렸다. '모가 빨리 자라는 것을 도와주다' 란 의미로 묘조장(苗助長)이라 하였으며 맹자가 말한 이야기이다. 어떤 일을 억지로 하였을 때 발생하는 폐해를 지적한 일화이다. 입학비리의 부모를 생각하면 맹자의 말라죽어버린 모가 떠오른다. 필자가 요즘 청소년지도학을 공부하다보니 더욱 청소년들의 교육과 심리에 관심이 높아진 탓일 수도 있다.

살다보면 예기치 않은 일들이 발생하고 또한 유혹도 만날 수 있다. 완전한 어둠에 놓인 선장과 같이 암담할 때도 있다. 그 때 과거에 손해를 감수하더라도 의연했던 부모의 옳고 현명한 행동을 자식이 보았다면, 그런 부모의 의로운 모습은 어둠 속의 등대가 되어 자식의 삶 속에서 한줄기 빛으로 인생의 행로를 인도하는 길잡이가 될 것이다.

치과신문 제555호

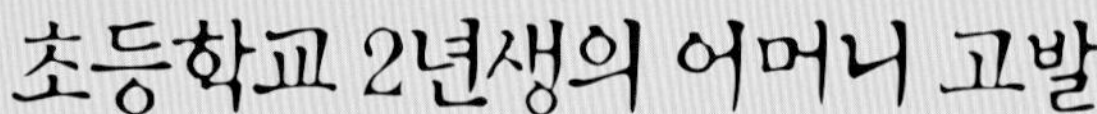

초등학교 2년생의 어머니 고발

아마도 10년 전 쯤 일이다. 기러기 아빠가 캐나다에서 공부하는 고등학생 아들을 훈계하기 위하여 엉덩이를 때리자 아들이 경찰에 신고를 한 사건이 있었다. 결국 체포된 아빠는 재판을 받고 강제 추방된 일이 한동안 문화적인 차이로 생각되던 때가 있었다.

그런데 요즘 유사한 사건들이 우리나라에서도 나타나고 있다. 며칠 전 아홉 살 난 초등학교 2학년 남자아이가 컴퓨터게임을 하는데 밥을 먹으라는 어머니의 말에 짜증을 내며 욕설을 한 일이 있었다. 이에 어머니는 아이의 뺨을 때렸고 아이는 어머니를 경찰에 폭행으로 신고를 하였다. 어머니는 경찰에 연행되어가서 조사를 받고 아이가 처벌을 원하지 않아 불기소 처분으로 풀려났다. 이 씁쓸한 사건에 이어 이번에는 10대 소녀가 아버지에게 뺨을 맞았다고 경찰에 신고했다. 48세 아버지와 말다툼을 벌이다가 뺨을 맞은 17세 딸이 아버지를 경찰에 신고하여 폭행 혐의로 불구속 입건된 일이다. 그런데 딸이 강하게 아빠의 처벌을 원하고 있어 검찰로 송치 예정이라고 한다.

요즘 이런 일들을 보면 과거의 캐나다 기러기아빠의 아들 폭행 사건이 한국과 캐나다의 국가적인 문화적 차이라고 보기보다는 국민소득과 사회제도의 발전단계 과정의 차이라 보는 것이 옳다. 즉 국민소득 100불 시대에 청소년기를 보낸 부모와 2만불 시대를 사는 자식들과 의식의 차이이다. 요즘 학교에서 아이들은 인권에 대하여 배우고 있기 때문에 체벌이 근본적으로 불법인 것으로 알고 있다. 아직 인성이 완성되지 않아서 모든 권리가 그렇듯이 인권 즉 인간적인 삶을 영유할 기본적 권리에도 의무가 따른다는 것을 모른다. 맞지 않을 권리는 주장하면서 원천적인 원인에 대한 반성은 없다. 물론 감정적으로 뺨을 때린 부모에게 일차적인 문제가 있는 것은 두말할 필요도 없다. 부모의 인격이 자식에게 투영되기 때문에 결국 아이가 보이는 행동의 문제 뒤에는 문제의 부모가 있는 것은 너무도 당연하기 때문이다.

이 두 사건의 진정한 문제점은 부모가 격한 감정에 뺨을 때린 폭력도 자식이 부모를 신고한 패륜 행위도 아니다. 진짜 문제는 이런 일을 경험한 이들이 치유되지 않은 채 장시간 시간이 경과하였을 때 발생되는 심리적인 문제점들이다. 이런 심리적으로 심한 trauma(트라우마)의 사건을 경험하고 치유되지 않은 상태로 지속적으로 가족이 한 공동체 생활을 영유한다는 것이다. 가족원 전체가 심리적인 불균형을 초래하게 되어 결국은 개개인의 심리문제를 유발하고 가족 구성원 각자의 인생에 문제를 발생할 가능성이 높다는 것이다. 작게는 개인적인 불행으로, 크게는 사회적인 불행으로 이어질 가능성이 높은데도 이를 관리할 수 있는 시스템이 사회에 없다는 것이 가장 큰 문제이다. 과거에는 자식의 뺨을 때린 엄마가 다시 아이를 달랠 수 있는 사회적, 가족적인 시스템이 있었다. 그런데 요즘 사회는 사회적인 시스템을 만들어놓지 않은 채 인권이라는 미명 아래 엄마와 아이 간에 자연 감정 조절장치를 빼앗았다. 사회적인 시스템이 선진국형이 아니면서 흉내만 내면서 나타나는 부작용으로 가족 개개인들의 희생의 몫으로 돌아온 것이다. 후진국 시절에 먹을 것이 없어서 슬프던 것이나 어설피 선진국 흉내를 내면서 마음에 상처받는 모습이 매 마찬가지이다.

학생인권헌장을 채택하고 교사로부터 매를 빼앗았을 때 많은 의식이 있는 사람들은 반대하였다. 잘못된 매질을 하는 일부 교사의 행동 때문에 모든 교사를 매도하는 것은 잘못이다. 시대와 정서에 맞지 않는 제도가 정치적으로 시행되었고 결국 이에 따른 부작용도 필연적으로 나타났다. 물론 이 두 사건도 봄에 일찍 보인 제비처럼 전체가 아닐 수 있다. 하지만 이 사회에서 어른의 지위에 있어야 하는 모든 부모들에게는 마음에 trauma를 주는 사건이다. 결코 선진국이 된다고 좋은 것만도 아닌 것 같다. 국민소득 100불이어도, 엄마에게 매를 맞아도, 울다가도 엄마의 밥 먹으라는 말 한마디에 화가 풀리던 그 시절이 그립다. 그 때가 더 건강한 사회였다.

치과신문 제560호

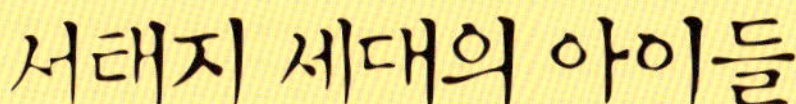

서태지 세대의 아이들

인천에서 50대 후반 여성과 30대 장남이 한 달간 실종되었다. 일명 인천 모자 실종 사건의 진실이 밝혀지면서 세상이 또 한 번 경악했다. 우려했던 일이지만 결국 스물아홉 살 먹은 차남이 카지노 도박 빚을 갚기 위해 엄마와 형을 살해한 것이다. 끊이지 않고 존속살인사건이 발생하는 것에 대한 이유를 생각해본다.

우리 사회는 문화적으로 아날로그 시대에서 디지털 시대로 넘어가던 시기가 있었다. 88올림픽을 지나면서 서태지가 등장하여 '서태지 시대' 라고 하며 서태지를 문화대통령이라 부르던 시대이다. 그때를 기점으로 문화적으로 많은 변화가 발생하고 의식도 변하였다. 긍정적으로는 한류가 시작되었고 휴대폰 회사가 세계적으로 유명해지기도 하였다. 반면에 많은 정서적인 부작용도 발생하였다. 그 중 하나가 가족 간의 유대감이 희박해진 것이다. 더불어 금전만능주의는 더욱 사회적으로 심화되었다. 자라나는 아이들은 성적만능주의 입시교육 하에서 정서교육의 부제라는 문제를 안고 성장하였다. 부모들의 SKY 목표는 맹모삼천의 의미가 아니라 히틀러 시절의 독일처럼 일종의 집단광기와 같은 느낌마저 받는다. 엄마의 철저한 감시와 감독 속에서 자신의 생각은 말소되고 학교와 학원으로 청소년기를 보내며 다시 대학생이 되어서는 스펙 쌓기에 내몰리고 있다. 면접을 보기 위하여 치아 교정을 해야 하고 성형수술도 하여야 한다. 지금 이 땅 위의 청소년들은 그렇게 강요되고 있다. 스마트폰으로 네이버만 검색하면 실시간으로 알 수 있건만, 학교 교육은 아직도 지식 전달을 목표로 달린다. 전자계산기를 사용하면 될 것을 아직도 정규 교육과정은 계산하기를 강요한다. 자본주의에서 가장 중요한 것이 돈인 것을 가르치지만 돈은 창조에서 나오고 그 창조는 어려서 배양된 정서에서 나오는 것은 가르치지 않는다. 결국 지금 우리의 학교와 학원은 아이들의 창조와 창의력에 필요한 정서와 개성을 말살하고 획일화시킨다는 것이 문제이다.

카지노 도박으로 돈은 다 탕진하고 엄마와 형을 살해한 29세 범인은 초등학교 1~3학년 때 TV에서 서태지를 보고 자랐을 것이다. 그리고 그는 이런 교육 환경을 겪으며 스물아홉 살이 되었고 결국 잘못된 선택을 하였다. 이 사건의 기본적인 책임은 일단 본인에게 있다. 그리고 두 번째 책임은 건실한 가족 간의 유대 관계를 유지하지 못한 죽은 엄마의 책임이다. 심리학에서는 엄마와 자식 간의 유대관계를 bond라고 표현한다. 접착제와 같은 유대감이 필요하다는 것이다. 범죄심리학에서 범행을 막는 마지막 심리적 방어가 가장 가까운 사람과의 유대감이다. 즉, 엄마의 슬퍼할 얼굴이 떠올라서 실행하지 못하는 것이다. 세 번째의 책임은 교육에 있다. 부모의 돈이 자신의 돈이 아니란 가장 기본적인 생각을 가르치지 못한 것이다. 그러니 자연히 부모의 돈이 자신의 돈이란 생각이 발생한 것이다. 어차피 자기 돈인데 나중에 준다고 하니 미리 받으려고 살해한 것이다. 그래서 혼자된 늙은 부모가 재혼한다고 하면 대부분의 자식들이 반대한다. 결국 그 이면에는 부모의 돈이 자신의 것이란 생각이 깔린 것이다. 그래서 돈 없는 부모는 자신이 받을 돈을 잘 벌어 놓지 않았다고 무시하고 돈이 많은 부모에게는 빨리 주지 않는다고 원망한다.

인천 모자 실종사건은 한 가정의 잘못이라기보다는 잘못된 교육환경과 사회적인 인식이 만들어낸 극단적인 상황이라고 필자는 생각한다. 결국 서태지 노래를 들으면서 자란 아이들은 아날로그의 부모와 공동 생활하기는 어떤 행태로든지 크게 작게 집안에서 문제성을 가진다. 분명한 것은 아이들의 변한 세대를 이해하지 못하는 아날로그의 부모가 새로운 교육을 창출하지 못한 잘못이라 생각한다. 머리로는 사회생활에서 가장 중요한 것이 창조력이라는 것을 알면서도 창조를 위한 정서를 만들 수 있는 교육이 아니라 현실 속에서는 광기어린 입시교육에 아이들을 밀어 넣고 있다. 그래서 인천 모자 실종사건이 더 가슴 아프게 다가온다.

성직자(聖)? 성직자(性)?

최근 5년간 종교계에 종사하는 성직자가 저지른 성범죄 건수가 400여건에 달하는 것으로 나타났다. 국정감사에서 23일 경찰청으로부터 제출받은 자료에 따르면 최근 5년간 성직자 성범죄는 모두 401건이었다. 범죄 유형별로 보면 강간 · 추행이 376건으로 가장 많았고, 카메라 등을 이용한 '몰래카메라' 범죄 13건, 통신매체를 이용한 음란범죄 12건 등이다. 지역별로는 경기도가 92건으로 가장 많았고, 서울 73건, 부산 32건, 경남 29건, 경북 21건 등의 순이다. 특히 강간 · 추행의 경우 전문직 가운데 성직자들이 저지른 범죄건수가 가장 많았다. 성직자(376건) 다음으로는 의사(311건), 예술인(162건), 교수(96건), 언론인(47건), 변호사(14건) 등의 순이다. 이를 보고한 국회의원은 "종교단체에서 일어나는 성범죄는 특유의 폐쇄성 탓에 외부에 알려지기 쉽지 않다"며 "종교계에서도 성범죄 예방을 위한 엄격한 지침을 마련해야 한다"고 지적했다.

이 기사를 접하고 필자는 여러 가지 생각이 든다. 이것이 전부일까 아니면 보이는 부분일까 하는 생각이다. 우리나라에서의 통계수치에는 생각해야할 많은 변인들이 숨어 있는 경우가 많기 때문이다. 예를 들어서 한국에서 인터넷 음란사이트 검색 1위가 40대 여성으로 나타난 것이다. 과연 우리나라에서 성적인 호기심이 40대 여성이 가장 많아서일까? 생각할 여지가 있다. 전문가들은 이 부분을 여성이 40대 정도 되면 그 자녀들의 나이가 대략 중고생 정도 되고 결국 엄마의 ID를 아이들이 도용하여 사용한 것이라고 분석한다. 요즘 셧다운제도로 인해 자정이 넘으면 청소년들은 인터넷 게임을 할 수 없다. 그럼에도 불구하고 아이들의 심야 인터넷 게임 사용량이 현저하게 줄지 않는 원인도 엄마의 ID 도용에 있다. 심지어 게임 셧다운제도가 있는 것을 모르는 엄마들도 많다. 이와 같이 통계 속에는 내용의 본질을 변화시키는 변인들이 존재하곤 한다.

앞서 소개한 바와 같이 성직자, 의사, 교수, 언론인, 변호사의 성추행 가능성이 과연 다른 직업이나 직종에 비하여 그렇게 확연하게 많은 것인가? 아니면 다른 본질을 흐리는 변인은 없을까? 이 직업들의 공통점을 찾아보면 사회적으로 표시가 나면 곤란한 직업들이다. 특히 성추행이라면 더욱 그렇다. 그렇다면 이런 약점이 악용된 것일 수도 있다. 즉 성추행을 당했다고 고발하거나 그 이전에 돈을 뜯기 위한 수단으로 삼았을 가능성도 있다. 즉 성추행 정도는 다른 직업과 비슷하지만 위협을 당할 가능성이 높은 순서가 아닌가 생각해 볼 수 있다. 물론 프로이드의 고전심리학에서는 9가지 심리방어기전 속에 반동현상으로 성직자들의 성적 충동이 강할 수 있음을 설명하기도 하였다. 하지만 성적으로 억압됐던 프로이드 시대와 성적으로 개방되어 있는 현대는 많은 차이가 있기 때문에 전적으로 심리적 반동현상으로 풀이하기에는 좀 무리하다는 생각이 든다.

이렇게 통계에서 보여주는 숫자나 수치에는 많은 모순을 내포하는 경우가 많다. 그 이유는 통계를 잡을 때의 기준에 따라 달라질 수 있고 또 생각하지 못한 변인에 따라서 달라질 수 있기 때문이다. 기준의 준거는 예를 들어 인터넷 중독을 표현하는 데 하루에 몇 시간 이상을 사용하는 것을 기준으로 하는 지가 결정되어 있지 않은 것이다. 따라서 그 기준이 조사하는 이에 따라서 하루 2시간에서 6시간 정도로 천차만별이다. 인터넷을 하루 2시간 이상 사용하는 기준으로 한다면 인터넷 중독의 통계적인 수치의 신뢰성은 얼마나 있을까? 이처럼 우리는 옳은 듯한 많은 정보 속에 노출되어있으나 과연 그 정보의 신뢰성의 깊이는 가늠하기 어렵다. 보이는 것이 옳다고 하여 항상 옳은 것만은 아니라고 한 공자의 말이 생각나는 부분이다. 어느 날 공자는 가장 착한 제자인 안회가 밥을 짓고는 처음으로 먼저 먹는 것을 목격하고는 실망하였다. 그러나 안회는 밥 속에 재가 들어가서 밥알을 버리기 아까워 먹은 것이었다. 이 사실을 나중에 알고 한 말이다. 결국 보이는 것 외에도 항상 더 많은 것들이 있을 수 있다는 넉넉한 생각이 삶의 지혜가 아닐까?

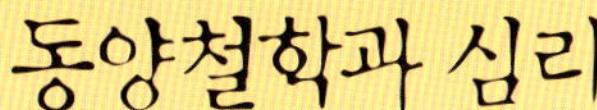

동양철학과 심리

살다보면 항상 그런 것 같은데 딱히 왜 그런지는 알 수 없는 것들이 많이 있다. 즉 과학적으로 증명되지는 않는데 뭔가 주기성이나 법칙성이 있는 것 같은 느낌이 있다.

예를 들어 청소년지도 전문가들의 말에 의하면 가출 청소년들이 집을 나온 후에 마음을 다잡는 데 통상적으로 걸리는 기간이 대략 2년이라고 한다. 그런데 그 원인이 뭔지는 모른다고 한다. 물론 놀만큼 놀고 경험할 만큼 경험하여 흥미를 자극할 새로운 것이 없어지는 기간이라고 추측할 수는 있으나 정확하게 증명되거나 해석이 곤란하다. 하지만 동양사상으로 해석하면 간단히 이해할 수 있다. 한해는 10개의 천간(갑을:목, 병정:화, 무기:토, 경신:금, 임계:수)과 12개의 지지(해자축:수, 인묘진:목, 사오미:화, 신유술:금)로 이루어져 있다. 그런데 하늘의 기운인 천간은 2년 단위로 오행이 바뀐다. 예를 들어 올해는 계사년이고 작년은 임진년이다. 계는 음의 수이고, 임은 양의 수이다. 즉 작년과 올해는 수의 해인 것이다. 따라서 내년과 후년은 목의 기운인 해이다. 다만 내년은 양의 목이고 후년은 음의 목의 해이다. 따라서 항상 하늘의 기운은 2년을 주기로 바뀌며 첫 번째 1년은 그 기운이 강한 양으로 오고 다음 해는 쇄약해지는 음의 기운으로 온다. 하늘의 기운인 천간의 변화는 사람의 마음에 변화를 준다. 따라서 사람의 마음도 2년 주기로 변한다고 해석할 수 있다.

지나간 2년의 수의 기운은 냉정하고 힘들고 고정되고 수렴되는 기운이었다면 앞으로의 2년의 기운은 목의 기운으로 발산하고 퍼져나가고 새로이 시작하는 기운이다. 따라서 새해에는 그 동안 움츠렸던 일들이 새로운 희망으로 시작하게 된다는 해석이 가능하다. 다만 목은 반드시 수의 기운을 바탕으로 자랄 수 있다. 그리고 웅장하게 크는 나무일수록 더욱 많은 수가 필요하다. 결국 이런 오행을 현실에 적용하면 무엇인가의 일을 처음 시작할 때에 충분한 자금을 확보하고 진행하라는 말이다. 그러하다면 무궁한 발전이 가능할 수 있다. 그것은 갑의 木이 천간의 처음 시작이기 때문이다.

반면 땅의 기운인 지지는 3년 단위로 변한다. 그리고 땅의 기운은 인간의 환경이다. 인간의 생활 속에서 3년 단위로 변하며 생활을 구속하는 것들이 많이 있다. 초중고 학제가 그렇고 대부분의 진급이 그렇고 군대가 그랬다. 그런데 재미있는 것은 마지막 3년째의 기운은 토의 기운이다. 즉 변화의 기운이다. 다른 오행으로 변하기 위한 준비의 기간이 1년이다. 그래서 세상의 일들은 통상 1년간의 준비기간이 필요로 하는 경우가 많다. 가장 간단한 예가 고3이라고 할 수 있을 것이다. 같은 고등학생이라 하여도 고1, 2학년과 고3과의 다른 점이라고 설명할 수 있을 것이다. 땅의 기운을 설명하면 바닷가에 있을 때와 산에 있을 때의 차이가 땅의 기운이 인간에 미치는 영향이라고 설명할 수 있겠다. 따라서 가출 청소년은 오행이 바뀌는 시점에서 마음의 변화가 온다. 그 오행이 음양 변화를 겪으면서 다른 오행으로 바뀌면 다시 마음의 변화가 올 수 있다. 따라서 오행이 바뀌는 데 2년이 소요되니 인간의 마음은 대략 2년 단위로 바뀐다고 생각할 수 있다. 반면 각자가 처한 환경인 지지는 3년 단위로 오행이 바뀌기 때문에 뜻을 세우고 환경에 변화를 주는 데에는 길면 5년 정도가 소요된다고 생각할 수 있다. 사람은 생각을 하고 움직이기 때문이다. 그런데 생각은 하늘의 기운이기에 수시로 바뀔 수 있다. 마치 하늘이 아침, 저녁으로 변화무쌍하듯이 말이다.

반면 땅의 기운인 환경은 그러지 못하다. 집을 팔려고 해도 잘 안 팔리고 전학을 하려해도 복잡하다. 환경에 익숙해질수록 더욱 그러하다. 이런 하늘과 땅 사이에서 수시로 변하는 마음의 변화를 일관되게 유지하는 데에는 의지가 필요하다. 그런 의지(뜻)를 인간이라 하였다. 이것이 동양사상의 기본인 천지인 3재이다. 자연의 변화에 따라 순리대로 사는 의지를 말한다. 그래서 순천자는 흥하고 역천자는 망하는 이치이다. 내년의 새로운 시작의 목 기운이 모두에게 희망이 되기를 기원한다.

치과신문 제570호

똑똑한 엄마

요즘은 초등학생은 말할 것도 없고 중고생, 심지어는 대학생의 입에서도 "엄마에게 물어보고요!"라는 말을 자주 듣는다. 필자도 처음에는 이상하였으나 이젠 당연하게 생각하고 대화를 하는 모습에 가끔씩 놀라곤 한다. 맹자의 어머니가 자식의 교육을 위하여 3번 이사를 했다는 맹모삼천지교는 우리나라 엄마들이 자식들에게 해주어야하는 덕목을 넘어서 신앙과 같은 사상으로 자리를 잡았다. 하지만 맹모가 살아 돌아와서 지금의 세태를 보면 감히 엄두도 내지 못할 것이다. 맹자의 어머니는 단지 3번 이사만 했을 뿐인데, 한국 엄마들의 자식에 대한 사랑은 정성을 넘어 극성이라는 것이 이젠 국제적으로도 유명하니 말이다.

얼마 전 한 학회에서 만난 일본 교수가 일본의 어떤 TV에서 한국의 '기러기아빠' 세태에 대하여 자세히 소개된 것을 보았다고 전해주는 말을 들었다. 또 미국에서는 오바마 대통령이 한국의 교육을 자주 거론한다는 기사를 접할 수 있다. 좋고 나쁘고를 떠나서 한국 엄마들의 교육에 대한 열정과 관심이 대단한 것만은 사실이다. 심지어 요즘은 좋은 대학 입학에 성공하기 위해서는 반드시 3가지가 필요하다는 말조차 떠돈다.

내용인 즉 할아버지의 경제력, 엄마의 정보력, 아빠의 무관심이다. 일단 교육비가 많이 드니 부모의 수입만으로는 어렵고 할아버지의 경제적 지원이 필요하다는 말이다. 그리고 아빠의 원칙적인 논리의 개입은 방해만 된다는 이야기이다. 그리고 수시로 변하는 국가의 교육정책을 이해하고 적극적으로 대응하지 못하면 불리해서 엄마의 개입은 필수불가결한 상황이다. 결국 잘못된 교육정책과 과도한 교육열이 만들어낸 사회적인 현상이 되어버렸다. 물론 달리 대안이 없기 때문에 잘못인 줄을 알아도 어쩔 수 없이 편승하여야 할 수밖에 없는 것이 현실이다. 하지만 과연 지금의 엄마들의 아이들에 대한 개입이 도를 넘고 있지 않은지에 대하여는 한 번쯤은 생각해 보아야 할 필요는 있다.

심리학의 연구논문 가운데 재미있는 보고들이 보인다. 엄마, 아빠의 학력 정도가 아이들에게 미치는 영향에 대한 보고가 그것이다. 이 글을 읽고 있는 독자들도 어떤 결과가 있을 것인지 잠깐 동안 예측해볼 것을 권해 본다. 어떤 논문에서 학생이 학교에 가기 싫어하는 정도와 엄마, 아빠의 학력과의 상관성을 조사하였다. 그 결과에서 아빠의 학력은 무관하였던 반면, 엄마의 학력이 높으면 높을수록 아이들이 학교가기가 싫어지는 것으로 나타났다. 그리고 대부분의 논문들이 엄마의 높은 학력이 학생들의 학업에 부정적인 영향을 주는 것으로 나타났다.

부부관계는 중학생보다 고등학생들에게 영향이 큰 것으로 나타났다. 그리고 역시나 어떤 보고서에도 일관된 것은 아빠의 영향력은 무관하게 나타났다. 이 원인을 몇 가지로 추측하여 보면 일단

똑똑한 엄마는, 아니 공부를 잘했던 엄마는 아이들에게 칭찬에 익숙하지 않을 가능성이 높다. 엄마 자신은 항상 1등만을 하였기 때문에 공부를 엄마보다 못하는 아이를 말만이 아니라 진심으로 잘했다고 칭찬하기는 정말 어려울 것이기 때문이다. 결국 이런 아이는 칭찬을 받을 기회가 적어지는 결과가 초래되는 것이 예측된다.

두 번째는 잘난 엄마 밑에서는 결국 아이 본인은 항상 잘 하는 것이 없는 아이란 생각이 내면에 지니게 될 가능성이 매우 높다. 무엇을 해도 엄마를 만족시켜 줄 수 없다는 원천차단적인 패배의식 말이다. 결국 이런 의식은 아이의 자아존중감 정도에 따라서 무조건적인 순종이나 반항의 형태로 나타나게 된다. 이때 아빠들의 원칙적이고 구시대적인 생각과 답변은 사실상 아무런 도움이 되지 않는 것은 어쩌면 너무도 당연한 일이다. 따라서 위에서 말한 '입시성공 3요소'에서의 아빠의 무관심은 결코 농담만은 아니다.

공부를 잘하고 모범생이었던 엄마를 둔 아이들의 심리적 고충을 조금은 헤아려 주었으면 하는 마음이다. 또 똑똑한 아빠를 둔 아이들의 마음도 생각해주면 좋겠다. 현실적으로는 어려운 일이지만.

치과신문 第574호

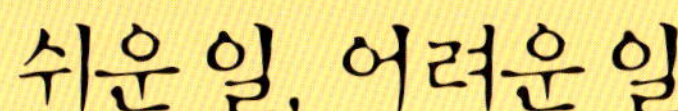

쉬운 일, 어려운 일

요즘 10~20대 아이들을 보고 있으면 50대인 필자로서는 이해하기 어려운 일들이 많다. 청소년을 이해하고자 청소년지도학을 석사 전공하고 있음에도 불구하고 머리로는 이해가 되지만 가슴은 받아들이지 못하는 경우가 많다. 요즘 대부분의 부모들이 겪고 있는 큰 가슴앓이 중 하나이기도 하다.

지금 10~20대 청소년들의 부모는 대개 40~50대 정도가 되었다. 그들은 무엇인가를 이루기 위해서는 어려운 일을 감수하고라도 해결하고 완수해야 한다는 일종의 사명감 같은 의식이 있었다. 그런 생각들이 급기야는 기러기 아빠라는 극단적인 비정상적인 가정의 형태를 만들어내기까지 하였다. 그러나 아마도 지금의 10~20대의 청소년들이 성년이 되어서는 결코 기러기 아빠와 같은 일은 벌어지지 않을 것이다. 그들은 40~50대들이 생각하는 가치관의 우선 순위와 다르기 때문이다. 부모세대는 아이들의 공부라는 결과를 위해 가족이 떨어져 사는 어려움을 견뎌야 한다는 생각이 우선이라면, 지금의 청소년들은 공부라는 결과보다는 같이 살 때의 가정의 행복이 더욱 중요하기 때문이다. 결국 우리에게 어렵고 힘든 일과 쉬운 일이 그들에게는 반대적인 상황이 벌어질 가능성이 매우 높다. 그런 상반된 가치관의 차이가 대부분의 가정에서 부모와 자식 간 소통의 부재로 나타난다. 특히 아이들이 중학생이 되면서부터 부모가 아이들의 심기를 건드리는 것이 금기시되는 역전현상이 발생하기까지 하고 급기야 고3은 신주단지 모시듯 해야 하는 것이 현실이다. 그런데 그런 상황이 고3에서 끝나지 않고 대학을 졸업하고 심지어는 결혼하고도 지속되는 가정을 종종 목격한다.

필자의 지인 중에 아들이 영국 유학을 하고 돌아와 결혼을 한 경우가 있다. 그 아들은 1~2년 직장생활을 하고는 힘들고 이상에 안 맞는다는 이유로 다시 영국으로 들어가 공부를 하였으나 귀국하지 않고 부모에게 지속적으로 경제적인 도움을 요청하고 있어 고민이 크다고 한다. 그 아들에게 사회생활은 어려운 일이고 부모에게 경제적 요청은 쉬운 일인 것이다. 이런 일이 지금은 가끔 목격되지만 시간이 지날수록 더욱 유사한 일들이 많아질 것으로 추측된다. 특히 지금 40~60대 부모들은 결코 이런 상황에서 자유롭지 않을 것으로 생각된다. 필자와 같은 기성세대들은 부모에게 경제적인 기대를 요구하는 것이 어려운 일이었다면 지금 자식들의 세대는 가장 쉬운 일일 수 있기 때문이다.

불교에서 참선을 행할 때 지침이 되는 화두에 대한 책으로 '무문관'이 있다. 그리고 그 중에 '남전참묘(南泉斬猫)'란 이야기가 있다. 어떤 절에서 새끼 고양이의 일로 중들이 두 패로 나뉘어 다투고 있었다. 그것을 본 남전화상이 다툼을 종결할 확실한 답이 없으면 고양이를 죽이겠다고 말하고 질문을 하였으나 역시 모두가 계속적으로 다툴 뿐이었다. 이에 남전화상이 한 칼에 고양이를 죽이고 나서야 다툼이 종결되었다. 이때 조주화상이 들어와서 사태를 보고는 신발을 벗어 머리에 이고 나갔다. 이를 본 남전화상이 조주가 있었으면 고양이가 죽지 않았을 것이라고 한탄을 하였다는 이야기이다. 여기서 소통으로 다툼을 끝내는 것은 매우 어려운 일이었다. 그러나 고양이를 죽이는 일은 매우 쉬웠다. 더불어 다툼이 사라졌다. 하지만 다투지 않는 것이 이려운 일인지, 스님이 살생을 하는 것이 더 어려운 일인지 의문이 든다. 또 다툼의 본질은 고양이가 아니었다는 의미이다. 발에 신는 신발은 어떤 상황에서도 모자가 될 수 없다고 조주스님은 본말의 전도를 행동으로 보여주었다. 기성세대가 젊은 세대를 이해하지 못하는 것도, 자식들이 부모들이 살아온 삶과 유사한 패턴을 지니길 바라는 것도 신발을 머리에 쓰는 것과 같지 않을까 생각해본다. 반대로 자식들이 부모들을 이해하지 못하는 것도 같을 것이다. 각자가 각각의 주장만을 하면 소통은 어려워진다. 소통이 어려워지면 극단에는 고양이가 죽는 결과를 가져올 수 있다.

세상의 모든 일은 반복하여 숙달되면 쉬워진다. 쉬운 일이란 어려움이 반복되어 익숙해졌다는 의미이다.

모든 것을 안고 가기가
힘들고 버거울 때

놓아버리면 모든 것이
엉망이 될 것이라는 걱정에 차마 놓지 못한다.

그 때가
자신의 욕심을 내려놓고
하늘의 뜻에 맡길 때이다.

그 때가
멈추고 다만 기도할 때이다.

그 때가
바로 마음을 비울 때이다.

너무 힘들고
마음이 아프다고 느낄 때

하늘이 주지 않은
욕심이 무엇인가를 생각한다.

그 때가
마음에서 비울 때이다.

하나를 비울 때,
하나의 행복이 오고
행복이 오면 평화가 따라온다.

Ⅲ. 힐링

– 배려와 존중으로 본 병원이야기

치과신문 제454호

'손에 쥔 거울의 의미'

진료를 위하여 환자 옆에 앉는 순간 언제부터인가는 모르지만 환자를 관찰하는 버릇이 생겼다. 헤어스타일, 옷의 종류, 구두, 핸드백, 손에 무엇을 쥐고 있는가를 본다. 필자가 스토커라서가 아니고 그것이 치료하는 데 많은 정보를 준다는 것을 오랜 진료를 통하여 경험하였기 때문이다.

머리를 드라이하고 힘을 주고 오신 분은 진료 중에 절대로 머리를 건들거나 흩트려서는 안 된다. 고가의 옷을 입고 오신 분에게는 치과약품이나 물이 튀지 않도록 조심해야 한다. 또한 화사한 색을 선택한 환자는 그날의 기분이 좋은 상태이고 어두운 옷을 입은 경우에는 기분이 다운되어 있을 가능성이 있으니 가급적 대화 속에서 자극하지 않는 것이 좋다.

특히 손톱이나 발톱을 예쁘게 정리하고 화려한 칼라를 사용한 경우에는 기분이 좋은 상태일터이고 얼굴이 가려지도록 모자를 쓰고 온 경우에는 머리를 정리할 시간이 없었거나 귀찮은 상태일 가능성이 높다. 물론 외모로 사람을 평가하지는 않지만 그래도 그 사람의 기분 정도를 조금은 가늠할 수 있다. 그 중 유니트체어에 진료를 하려고 앉았을 때에 환자가 거울을 들고 있었다면, 그것은 대부분 '원장님 나는 거울을 보며 조목조목 짚어가며 원장님에게 할 말이 많아요!' 란 의미이다.

그리고 그런 환자일수록 먼저 말을 꺼내기 싫어하는 타입일 가능성이 많다. 따라서 이런 경우에는 환자에게 거울을 보시면서 하고 싶은 말이 있는지를 먼저 물어보는 것이 환자의 불만 표출이나 궁금증 개선을 위한 길고 긴 여정(?)을 단축시키고 그 과정에서 속타야 할 스탭들의 고충도 줄여줄 수 있다.

거울은 인류가 생기면서 같이한 수많은 애환을 가진 물건이다. 여성에게는 항상 가까이 하는 중요한 소지품 중에 하나이다. '여성에게 백 개의 모자를 주고 거울을 안 주는 것은 고문이다' 라는 말이 있듯이 자신의 외모를 돌보는 절대적 물건이다. 이런 거울이 치과에도 많이 있다. 우선 치아의 구석구석을 보기 위한 치경이 있다. 대학시절의 실습시간에 처음 치경을 만지며 신기해하였고 치경을 보면서 어떻게 하이스피드 핸드피스를 써야 할까 하는 우스운 걱정도 했던 기억이 있다. 원장실과 스탭실 문 앞에 걸린 거울도 있다. 진료실로 나가기 전에 본인을 한번 돌아보라는 의미이다. 또한 환자를 위하여 메이크업실에도 준비되어 있다.

그리고 유니트체어마다 하나씩 손거울이 놓여있다. 환자들이 구강을 자세히 보고 싶을 때를 위한 것이다. 그리고 구강사진 찍을 때 필요한 반사경도 있다. 이렇듯 거울은 치과에서도 가히 절대적으로 필요한 물건 중의 하나다.

최초의 거울은 사람들이 물에 비친 모습을 보았다고 추측하며,

'물거울' 이 거울의 시작이라고 보는 견해가 많다. 그리고 영어 'mirror' 는 '보다' 라는 뜻의 라틴어 'mirare' 에서 유래되었으며 '신기하게 생각하다' 라는 뜻의 'mirari' 와도 밀접한 관련이 있다고 한다.

더불어 '거울' 이란 말은 옛날에 얼굴을 냇가나 개울물에 비춰 보면 좌우가 바뀌어(거꾸로)보이기 때문에 이로부터 무언가에 비춰보는 것을 '거구루' 라고 하였고, 이 말이 '거울' 로 변하여 오늘날 '얼굴 같은 것을 비춰 보는 것' 이라는 뜻을 갖게 되었다고 한다.

비대칭을 주소로 내원하는 환자들이 "사진을 보면 얼굴이 더 많이 삐뚤어 보여요"라고 하는 이유가 이렇듯 사진 속의 얼굴과 거울 속의 얼굴이 반대여서이다. 모든 사람들은 남들이 보는 본인의 모습이 아닌 거울 속의 반대의 모습을 자기 모습이라고 혼자만 착각하고 사는 것이 마치 우리가 살아가는 한 모습인 것 같다.

거울이 나를 보는 것이 아니고 내가 거울을 본다. 그런데 거울을 보는 것이 아니고 내 얼굴만 본다. 그런데 거울속의 얼굴은 절대로 먼저 내게 웃어주지 않는다. 내가 웃어야만 나에게 웃어준다. 오늘 필자도 거울을 본다. 그리고 백설공주의 왕비처럼 거울에게 물어본다. "거울아! 거울아! 내가 왕비는 아니니?"

치과신문 제452호

"원장님! 화가 나셨나요?"

지난주 열렸던 강연을 마치고 나서 비로소 마음이 편해지는 것이 그동안 스트레스가 적지 않았던 것 같다. 전날까지도 강연의 시작을 무엇으로 할까 고민이 많았다. 그래서 처음 필자가 심리학을 공부하게 된 동기를 생각해보았다.

가느다란 기억의 끈을 잡고 들어가 보니 그 끝에 "원장님, 화나셨나요?", "기분 나쁘신가요?", "제가 진상인가요?"라는 세 가지 질문이 있었다.

이 세 가지 질문에는 몇 개의 심리적 딜레마가 있다. 첫째로 환자의 부당한 행동과 말에 필자도 화가 나있는 상태이므로 환자도 그것을 인식하고 물어본 질문이었다. 그런데 이 질문은 대답이 상당히 곤란한 바둑으로 치면 외통수의 질문이다.

화가 났다고 솔직하게 이야기하면 의사라는 전문직업인으로서 감정을 조절 못한 무능한 사람이 되고, 반대로 화가 나지 않았다고 말하면 감정을 숨기려고 거짓말을 하는 파렴치한 사람이 되기 때문이다. 대답이 곤란한 이 질문을 받고 아무 말도 하지 못하다가 결국에 거짓말보다는 진실을 택하였었다.

살면서 어려움을 겪을 때마다, 선택의 기로에 설 때마다 비록 당시는 힘들어도 지나고 나면 좋은 결과를 가져오는 최고의 방법은 '정공법' 이라는 것을 깨달았었다. 그래서 "네, 지금 화가 나있습니다. 그러나 나는 의사고 당신은 환자이니 당신이 의사를 선택할 권리가 있습니다. 그러니 다른 곳으로 옮기셔도 되고 저를 선택하신다면 저는 의사이니 기분과 상관없이 진료에 임할 것입니다. 그리고 이번 일을 계기로 다음 진료부터는 좀 더 신경을 쓰게 될 것입니다."라고 답변하였다. 그리고 그 순간은 해결되었으나 내원 때마다 이런 저런 불만을 토로하였고 필자는 온 힘을 다하여 미워하지 않으려 노력 하였다.

그러던 어느 날, 전화로 불만을 토로하며 "제가 진상인가요? 그래서 진료를 대충하는 것은 아닌가요?"라는 질문은 또 한 번 필자의 말문을 막았다. 한참 후에 역시 있는 대로 긍정해주기로 하고 "네, 솔직히 말하면 그렇습니다만, 저에게 치료를 받는 이상은 저도 빨리 진료를 끝내고 안 보아야 하니깐, 최대한 진료를 잘해서 빨리 끝내는 것이 저에게 최선의 방법이 아닐까요?"라고 답하고 전화 불만은 종료되었다.

그 후로도 여러 차례의 불만 끝에 결국 환자는 치료비 환불을 요구하였다. 그 동안 심신이 지치고 지친 필자는 원하는 대로 해주고 악몽 속에서 벗어났지만, 가슴 속에 남은 억울함과 상처는 시간이 흘러도 두고두고 필자를 괴롭혔다. 그 때부터 사람들의 속마음이 너무도 궁금해졌고 그 일을 계기로 심리학을 공부하게 되었다.

필자가 생각한 심리학은 상대의 마음을 알기 위한 것이었는데, 상대에 대한 이야기 없이 본인의 내부 속에 있는 것들을 파악하는 자기심리학이란 것에 처음엔 실망하였다.

심리학의 기본 개념은 나의 내부 속에 있는 기억이나 경험이 외부의 자극에 반응한다는 것이다. 2년 이상을 공부하면서 내 마음을 조금씩 이해하기 시작했다. 그후로 마음의 흐름과 아픔, 그리고 필자의 상처들이 무의식 속에 넣어져 있는 것을 알았다. 그러다가 그들것이 본인도 모르게 튀어나오는 것이 조금씩 보이기 시작했다.

그날 강연 후에는 모처럼 뿔뿔이 흩어져 살던 가족 넷이 임재범 콘서트를 보러갔다. 모두가 일어서서 노래를 따라 부르고 환호하고 춤을 추는데 필자의 앞자리에 앉아 있던 20대와 50대 초반의 모녀로 보이는 여자 둘의 행동이 공연 내내 집중을 방해하였다. 어머니로 보이는 여자는 모두가 일어서는데도 다리를 꼬고 앉아 시종일관 꼼짝도 하지 않았고 딸은 엄마 눈치를 보며 간간히 일어났다 앉았다를 반복했다.

끝날 무렵에나 무안한 딸의 속삭임에 마지못해 일어났었는데 그것도 잠깐이고 다시 원래대로 돌아갔다. 이를 보며 필자는 '마음속에 얼마나 무거운 것을 넣어 두었길래…' 하는 마음에 50대 여성도, 같이 있는 20대 딸도 모두 안쓰러웠다. 아마도 본인은 모를 것이다. 우리 역시 어느 곳에서 그런 모습으로 행동하고 있지나 않은지…

치과신문 제453호

"오른쪽부터 치료해 주세요"

얼마 전, 진료를 막 시작하려고 하자마자 환자가 치료 전에 할 말이 있다고 하며 오른쪽부터 치료해 줄 것을 요구하였다.

이에 필자는 오른쪽에서 시작해서 왼쪽으로 끝나든, 왼쪽에서 시작해서 오른쪽에서 끝내든 결과는 똑같다라고 원리적인 설명을 하였지만 끝까지 오른쪽부터 치료해주길 요구하여 원하는 대로 해드렸더니 나름대로 만족하고 병원문을 나섰다. 아마도 의사들이 생각할 수 없는 환자들만의 세계가 있는 듯하다.

필자가 살면서 이해하기 힘든 세 부류가 있다면, 아이, 여자, 환자였다. 이들에게는 전혀 예측하지 못하는 생각과 철학의 세계가 있는 듯하다. 그 중 아이들과 여성의 심리에 대하여서는 많은 부분이 학문적으로 밝혀져 있다. 하지만 환자는 여성이기도 하고 아이이기도 하니 그 다양성이 너무 많아 단편적으로 정리하기가 쉽지 않다. 이번 사례를 생각해 보자.

일단 환자는 깊이 생각해보고 오른쪽에서 고무줄을 건 것이 좋을 것이라는 생각이 지속적으로 강화되어서 믿음으로 자리 잡았을 가능성이 있다. 이런 경우는 거의 모든 사람이 지니고 있는 약간의 편집성과 강박성일 수도 있다. 예를 들어 필자도 자주 경험하는 일 중 하나로 출근할 때 아파트 현관까지 오면 그때서야 가스밸브를 잠갔는지, 안 잠갔는지가 궁금해지고 결국은 다시 올라가서 확인하고 내려오는 일이다. 일종의 강박증세인것이다.

두 번째는 주술과 같은 믿음이다. 일종의 징크스 같은 것일 수 있다. 출근하는 길이 두 가지가 있다고 가정했을 때 오른쪽 길로 갔을 때 좋은 일이 발생했던 경험과 왼쪽 길로 갔을 때 나쁜 경험이 겹치면 마음속에서는 무의적으로 강화가 일어나고 그것을 우리는 징크스라고 표현을 하니 그것 또한 무의식의 장난이라고 볼 수 있다.

다른 하나는 정말로 전혀 이해할 수 없는 다른 생각과 논리에 의거한 주장으로 전혀 타인의 말을 들으려고도 이해하려고도 하지 않는 경우인데 이 경우에 해리성 장애를 생각해볼 수도 있다.

필자도 나이가 들이가면서 전에는 전혀 신경 쓰이지 않던 것들이 조금씩 신경이 쓰인다. 집을 나선 뒤 가스불이, 형광등이 궁금한 것이 그렇고, 겨울에 병원을 나선 뒤 전기난로를 껐는지 궁금해서 다시 확인하는 날들이 부쩍 많아졌다. 물건을 사고 와서도 뭔가 잘 안되면 불량품을 사온 것이 아닌가 하고 노심초사하다가 다음날 점원들의 설명을 듣고 안심하며 멋쩍은 적도 있었다. 이와 같은 맥락이지만 조금 다른 경우가 있다.

얼마 전이다. 환자가 "지난 번 치료에 스케링을 한 뒤에 이가 시려서 집에 가서 보니 이가 깨져 있다"고 주장하였다. 치아는 깨진 것이 아니고 자연적인 마모현상이었는데 여러번 거울을 보고 발견한 것이었다. 환자에게 초진 치아모형을 보여주며 교모임을 설명하여도 닫히고 의심하는 마음엔 마치 사고치고 덮으려는 변명으로만 들리는지 닫힌 마음을 풀지 않아서 결국엔 발치한 치아를 직접 가져다가 환자 눈앞에서 직접 치아가 갈리지 않는것을 시연하였다. 그렇게 확인시켜주고서야 의심을 풀었다.

그리고 차분히 왜 그런 생각을 했냐고 물으니 전에 치료받고 난 뒤에 금니에 스크래치가 난 것을 보고 치아가 상했을 거라고 판단했다고 하였다. 그래서 치아는 금니보다 더 강하여 손상되지 않으니 걱정 안 해도 된다고 설명하고 일단락됐다.

이 경우는 피해의식이 강화되고 확대된 경우였다. 이와 유사한 경우들은 보통 사람들에게도 흔하게 일어날 수 있는 마음의 변덕이다. 그러므로 비단 치과만의 문제가 아니고 모든 분야에서 발생한다. 결국 이것을 어떻게 풀어야 하는가, 어떻게 현명하게 대처하느냐는 우리들의 몫이다. 어렵지만 여유를 갖고 한발 물러선 관찰적 입장에서의 판단과 대처가 요구된다.

결코 쉽지 않은 일이다. 그래도 그런날 저녁엔 소주 한 잔보다는 난타공연을 구경 가는 것이 좋을듯싶다.

치과신문 제455호

숫자들의 의미

우리는 수많은 숫자들 속에서 살고 있다. 몸무게는 73.6kg이고 저녁에 많이 먹으면 1kg이 는다. 웨이트하고 수영하고 나면 300g이 줄어든다.

10시까지는 출근을 하고 7시엔 퇴근을 하며 출근 시간은 밀리지 않으면 21분이 걸리고 거리는 13.3㎞이다.

예전이라면 정확히 아는 것이 어려웠겠지만 지금은 아이폰의 구글이나 다음지도에서 검색하면 바로 1~2분이면 알 수 있다. 노래방에서 가수 백지영의 '총 맞은 것처럼' 은 30425번이다. 치아 개수는 사랑니 빼고 28개이고 유치는 20개이다. 치과는 4층에 있다.

나이는 50이고 아이는 둘이다. 진료실에서 에칭은 15초를 하고 광조사는 예전에는 30초를 하던 것이 이제는 프라즈마로 인하여 3초를 한다. 1월엔 세무신고를 하고 5월 7월 12월엔 세금을 낸다.

10일에는 4대 보험료를 내야하고 25일엔 은행 대출이자를 내고 월세를 보내고 30일에는 월급을 준다. 그리고 남들이 궁금해 하는 것 중 하나가 직원은 몇 명이고 병원은 몇 평인지, 유니트체어가 몇 대인지이다.

또한 크라운은 얼마고, 임플란트는 얼마인지 인레이는 얼마인지도 질문을 받는다. "1시간을 기다렸다"고 환자들은 불만을 말하고 "열흘 동안에 단 하루만 1시 이전에 들어왔네요"라는 와이프의 잔소리도 있다.

신문을 봐도 많은 숫자들을 발견한다. 우리나라의 1년간 치과 총매출은 4조이고 치과의사 수는 26,218명이고 협회에 등록된 의사는 약 18,000명 정도이다. 개원의원은 14,071개이고 병원은 178개이다. 인구 1,000명당 치과의사수는 0.43명이다. 또 치과의사에 대해 검색해 보면, 은퇴 연령을 65세로 설정해 가용 치과의사인력을 구한 뒤, 치과의사 취업률 85.88%를 적용해 실제 활동 치과의사수를 추계한다는 기사가 보인다.

공급추계에 따르면, 2005년을 기준으로 활동치과의사수는 2010년 1만9천802명, 2015년 2만2천593명, 2020년 2만4천865명 등으로 추산됐다.

반면 치과의사 1인당 총 진료시간, 성별. 연령별 치과의료 이용량 등을 고려해 연도별 치과의사 수요를 계산한 결과, 국내 필요 치과의사수는 2010년 1만9천130~2만1천579명, 2015년 2만574~2만3천192명, 2020년 2만2천19~2만4천801명 등으로 추정됐다. 따라서 2020년에는 공급과잉이 될 것이라는 기사가 눈에 띈다. 얼마 전 치과계 전문지에서 간첩들의 난수표 같은 표가 보였다.

요즘 잡음이 많은 모모 치과들에 근무하는 치과의사 수가 443명 이라는 것이다. 총 치과의사의 1.7%이다. 개업의의 2.4%이다.

김동인의 소설 감자에서 주인공 복녀는 열다섯에 스무 살 연상의 홀아비에게 팔십 원에 팔려갔다. 1831년에 괴테는 파우스트를 발표하고 파우스트는 100세 때 메피스토펠레스와의 계약에서 벗어났다.

가수 이수미가 1986년에 발표한 앨범의 둘째 장 4번째 곡이 '길 잃은 철새' 이고 노래의 첫 소절은 '무슨 까닭이 있겠지, 무슨 사연이 있겠지' 이다. 성경책 마태복음 26장 39절은 '뜻대로 하소서' 이다.

남전대장경(南傳大藏經)의 '소부경전(小部經典)' 에 수록된 '숫타니파타' 에는 '무소의 뿔처럼 혼자서가라' 는 말이 20번 나온다. 설득 심리학에서 숫자의 사용은 듣는 이에게 말의 신뢰성을 증가시킨다고 되어 있다.

그런데 '독도는 우리 땅' 이라는 노래의 세종실록지리지 50페이지 셋째 줄에는 독도란 말은 없다. 가사를 만들 때 찾아보니 책에 우산국 내용이 있기는 한데 발음상 그렇게 했단다. 오늘 필자가 사용한 숫자 중에도 틀린 것도 있고 시간이 지나서 지금은 맞지 않은 것도 있을 것이다.

하지만 숫자는 그 나름대로 의미로 가슴에, 머리에 와 닿는다. 오래 전 수련 받을 때였나보다. 같은 병원에서 수련 받던 안과 선생이 농담 삼아 한 말이 생각난다. "치과는 좋겠어요, 눈은 두 개인데 치아는 28개이니 안과의사보다 개원하면 더 잘될 것 아니겠어요" 오늘따라 그때가 그리워진다.

완벽하게 치료되었나요?

환자들과 상담하다보면 자주 듣는 질문 중에 하나가 "완벽하게 치료될 수 있나요?"이며, 치료를 마무리 할 때도 "치료가 완벽하게 되었나요?"라는 질문이다. 이런 질문을 받으면 답변이 간단하지 않다. 치아교정치료를 업으로 삼고 사는 필자에게 있어 '완벽한 교정치료의 종료'는 완벽한 이상교합(ideal occlusion)을 의미한다.

그런데 과연 인체에서 이상교합을 실현한다는 것이 현실적으로 가능할까 하는 의문이 있다. 골격 형태, 치아 형태, 환자의 연조직 구조 등등 수많은 변수를 지닌 인체에서 완벽한 이상교합의 재현은 신이 아니고서는 불가능할거란 생각을 지녔던 필자이기 때문에 이 질문은 한 동안 치료 철학에 대한 의문을 불러일으키기에 충분했다.

결국 최고의 치료는 현재 환자의 상태에서 얻을 수 있는 최선의 결과를 만드는 것이라 생각하고 치료를 하던 필자이기 때문에 '완벽' 이란 단어에 더욱 예민한 반응을 하는 자신의 모습을 종종 보게 된다. 결국 그런 상황에 처할 때마다 필자는 환자에게 "어떻게 사람이 사람을 치료하는데 완벽할 수 있나요? 다만 할 수 있는 한 최선을 다하고 지금 상태에서 최선의 결과를 만들기 위해 노력하는 것이지요"라고 답변하곤 한다.

지난 환자 중에 상하악치조골 돌출을 주소로 내원하여 소구치를 발치하고 치료를 행한 환자가 있었다. 진단에서 돌출도가 심하여 교정 후에도 표준치까지 도달하기 어려울 것으로 판단하였다. 만족도를 높이려면 수술교정을 하여야 하고 그게 아니면 최대한 노력하여도 표준에는 못 미침으로 만족도가 떨어질 것이라고 설명하였으나, 환자는 수술을 피하고 교정치료만을 요구하였다. 결국 교정치료 종료 후 환자는 입 돌출에 대하여 지속적인 불만을 토로하였으며, 이 정도로 마무리 될 줄 알았다면 치료받지 않았을 거라고 이야기하였던 기억이 난다.

그 환자는 필자가 보기에 상당히 많은 개선을 보였었다. 아마도 치료를 통하여 외모가 개선되는 것을 보면서 변화에 대한 믿음이 생기고, 그 후에 더욱 개선되지 못한 것에 대한 아쉬움이 결국 불만으로 표출된 것은 아닌가 생각된다. 경험상 외모가 잘 생긴 경우가 그렇지 못한 경우보다 만족하기 어렵다.

즉 예쁜데도 더 예쁘게 해달라는 것이 가장 어려운 치료이다. 치료 자체가 기술적으로 어려운 것이 아니고 그 미묘한 부분을 해결해 달라는 마음을 만족시키는 것이 어려운 것이다. 치료를 하다보면 외모의 변화가 많이 개선된 환자에서 불만이 더 많은 경우를 종종 접한다. 아마도 예뻐지고자 하는 끊임없는 욕망 때문이 아닌가 싶다. 아니 숨어있던 욕망이 표출되어 나타나기 시작한 것일지도 모른다.

요즘은 연예인들의 성형수술이 숨길 일이 아니고 자기 관리적 차원에서 해야 하는 당연한 일 정도로 받아들여지는 사회가 되었다. 성형으로 인해 비슷비슷한 얼굴로 구분이 잘 안될 정도이다. 그러나 이런 사회 풍토의 부작용으로 의료와 상술 사이에서 고통받을 환자들이 많아질 것에 대한 우려 또한 적지 않다.

물론 예뻐지고자 하는 마음은 필자도 잘 이해하지만 브레이크 없는 욕망의 추구가 최종적으로 충돌이라는 종말로 끝나지 않을까 하는 우려가 생긴다. 돈을 따라가는 욕망도, 미를 추구하는 욕망도 적절히 멈추지 못할 때 파멸로 이르는 경우를 종종 목격한다.

원래 완벽이란 사마천의 사기에 나오는 조나라의 「화씨의 벽(和氏之璧)」을 말하며 티 하나 없는 고리모양의 옥으로 된 최고의 보물이었다. 이를 탐낸 진나라에서 15성과 바꾸자는 제안를 하고 거절하면 전쟁을 일으키거나 혹은 물건을 받으면 성을 안주려고 계획하였다. 이때 인상여가 진나라에 들고 가서 왕에게 보여주었더니 돌려줄 생각을 안하자, 옥에 티가 있다고 속이며 돌려받고는 부수어버리겠다고 협박하여 무사히 돌아왔다는 일화가 있다.

여기서 '완벽'과 '옥에 티'란 말이 유래되었다. 전혀 상반된 단어가 같은 일화에서 시작되었고 그 말의 뒤에는 인간들의 욕망이 숨어 있다. '옥에 티'만으로도 대단하거늘 '완벽'을 추구하는 것이 인간의 욕심인 듯하다. 끊임없는 욕망을 절제할 수 있을 때에 비로소 '완벽'해 질 수 있는 것이 아닐까?

치과신문 제464호

못생긴 것은 질환이 아니다.

환자와 상담을 하다보면 가끔 이야기의 흐름이 재미있게 흘러가는 경우를 본다. 예를 들자면 어느 날, 한 여성 환자가 오른쪽에 씹히는 것이 이상하다는 것을 이유로 내원하였다. 언제부터였냐는 질문에 환자는 거울을 들여다보니 얼굴이 비대칭이었고, 자세히 보니 이가 안 맞고, 그 때부터 씹히는 것이 이상하다고 하였다. 구강 내 검사 소견 상에서 경미한 치아의 회전은 있었으나 가지런한 편이었으며, 하악 운농에노 벌나른 특이힌 사항은 발견되지 않았다.

환자에게 조금 지켜보자는 말로 마무리하였으나 실제적으로 문제가 있어 보이는 경우는 아니었다. 가끔 환자들과 상담을 하다보면 마치 '못생긴 것은 병이고, 잘생긴 것은 병이 아니다' 라는 식의 논리가 환자들의 인식 속에 들어있는 것 갔다.

이런 식의 사고방식은 턱관절 환자들에서 종종 접한다. 턱관절이 아프면 환자들은 턱관절과 가장 먼저 입속의 치아의 배열을 본다. 그리고 치아의 배열이 잘못된 부정교합을 발견하면 치열의 예쁘지 않은 것이 턱관절의 통증의 원인이라고 생각하게 되는 것이다. 물론 교합의 이상이 턱관절 질환의 수많은 원인 중의 한 가지에 포함이 될 수는 있으나 그 영향이 미비하기 때문에 그것만으로 통증이 왔다고 할 수는 없다. 하지만 이미 마음이 그 곳에 쏠린 환자는 여간해서는 본인의 믿음을 꺾으려 하지 않는다. 심지어는 아니라고 말하는 의사인 필자를 돌팔이가 아닌가 하는 식으로 의심하기까지 한다.

이때 필자는 "치열이 나쁜 것이 원인이라서 생긴 병이라면 치열이 예쁜 사람은 턱관절질환이 없어야겠네요? 그럼 김태희씨와 같은 미인은 예쁘기까지 한데 병까지도 없겠네요."라고 이야기한다. 아무리 미인이고 치열이 가지런해도 턱관절 동통은 감기에 걸리듯이 항상 있을 수 있는 일이다.

또 다른 생각의 착각 속에는 예쁜 사람이 못생긴 사람보다 착할 것 같다고 생각한다는 것이다. 이 또한 못생기면 질환에 걸리기 쉬울 것 같다는 생각의 오류와 유사하다. 그럼 왜 이런 생각들을 하는 것일까? 필자는 이런 생각의 시작은 동물의 진화론에 기반을 두고 있다는 생각을 해본다. 동물들은 진화론적으로 우성 유전자를 보존시키기 위하여 예쁘고 아름답고 힘이 쎈 것을 추구하는 본능이 유전자 속에 심어져 있다. 그래서 무의식적으로 논리적으로 전혀 타당성이 없는데도 불구하고 은연중에 그렇게 인식하게 되는 것이다.

하지만 지금 시대에 예쁜 남자, 예쁜 여자가 대세이고 보니 필자는 확성기를 들고 다니며 "못생긴 것은 병이 아닙니다." 라고 외치고 싶은 심정이다.

아니 어쩌면 추한 것을 병보다 더 싫어하는 지경에 이르렀는지도 모른다. 우리 사회의 심미에 대한 인식이 그런지도 모르겠다. 이런 사회적인 흐름이 성형 천국이란 말을 듣게 만들었을지도 모른다.

환자가 독감이나 암과 같은 질환에 의하여 병원에 내원하여 치료를 받는 것은 진정한 의료행위이고 치료라고 정의할 수 있다. 이는 선택의 여지가 없기 때문이다. 하지만 쌍꺼풀 수술이나 가슴 확대수술 같은 미용을 위한 성형인 경우는 선택 사항이다. 그럼 이들이 받는 진료는 의료행위에 포함되지 않는 것은 아닐까라는 의구심이 들기도 한다.

그래서 정부는 이런 미용을 위한 성형치료를 의료가 아닌 소비행위라고 규정하고 상품으로 취급하여 부과세를 걷겠다고 하였다.

하지만 사람은 자동차와 같은 공산품이 아니고 영혼을 가지고 있다. 즉 유명한 선풍기 아주머니처럼 추한 것을 질환이라고 생각할 수 있는 정도라면 그것은 마음의 질환으로 보아야 한다. 다만 어디까지를 정상으로 판단하고 어디부터 마음의 질환으로 판단할 수 있는가라는 문제가 남는 것이다.

본능 속에 프로그래밍된 인간의 인식 양상을 보면서, 다윈이 느꼈을 생명의 신비를 생각해 보며 요즘도 환자들에게 '김태희양도 턱관절이 아플 수 있습니다' 라고 말한다.

치과신문 제467호

기억 그리고 망각

방학이 되어 아들이 충치치료를 받겠다며 내원하였다. 교정만을 치료하는 필자가 오랜만에 와동형성을 하고 레진으로 충전하였다. 교정치료를 배운 후로 20년 가까이 하지 않았던 터라 스스로 서투른 생각이 들었다. 그리고 치료방법을 많이 잊어버린 모습에 잠시 놀랐다.

그 후 아는 선생님께 자세히 물어보니 지금 레진이 버전7까지 시판되고 있음에 다시 한 번 놀랐다. 사용하지 않음으로 인하여 기억에서 사라짐과, 잠시 잊고 사는 동안에 발달해 버린 기술에 대한 놀라움과, 멈추고 있을 때 뒤쳐진다는 것을 확실하게 확인하는 기회였다. 인간의 기억에 관한 것은 인지심리학 분야에서 연구하는 주제이다. 인지심리학에서는 기억을 감각기억, 단기기억, 장기기억의 3단계로 나눈다. 외부에서 들어온 정보가 처음으로 기억되는 곳이 '감각기억' 이다. 이곳에 저장되는 기억은 극히 짧은 정보로 지속시간도 짧아 눈으로 본 것은 1초 정도이며 귀로 들은 것은 4초 정도 기억된다. 그리고 감각기억 중에서 의식적으로 주의를 기울인 정보만이 단기기억에 보내져서 저장된다.

그러나 이곳에서도 유지기간은 짧은 편으로 대체로 15초 정도이며, 정보량도 5개 내지 9개 정도에 그친다. 단기기억에서 반복되는 연습을 했을 때만 장기기억으로 저장된다. 여기서 연습이란 정보를 몇 번 씩이나 머리에 떠올리거나 입으로 중얼거려 보는 것을 말한다. 다시 말하면 들어온 정보를 생각 없이 듣고만 있다면, 그 정보는 지워져 버린다. 즉, 긴장상태에서만 기억할 수 있다.

한편 반대로 망각의 메커니즘도 있다. 친구와의 약속을 잊어버리거나 시험을 보려고 열심히 외운 것이 막상 시험장에서 문제지를 접하는 순간 기억이 나지 않는 경우가 이에 해당한다. 반복된 연습에 의하여 장기기억 속에 저장하여 두었는데도 불구하고 이와 같은 현상이 발생한다. 망각에는 몇 가지 해석이 있다. 우선 '간섭설' 이 있다. 이미 받아들인 정보보다 다음에 입수된 정보 혹은 그 이전에 존재하던 정보에 의하여 그 정보의 보전이 간섭을 받거나 방해를 받는 것이다.

예를 들어 시험공부를 한 후에 잠을 잔 사람과 잠을 자지 않은 사람이 있다면, 선잠을 잔 사람이 자지 않은 사람에 비하여 기억능률이 좋다(선잠효과). 이는 잠을 자지 않은 사람은 무의식 중에 여러 가지 정보가 머릿속에 파고 들어와서 학습의 보전을 방해하였기 때문이다. 따라서 시험보기 전날에는 중요한 것만 외우고 숙면을 취하는 것이 기억을 효과적으로 되살리는 비결이기도 하다.

또 한 가지는 심리적인 보상기전으로, 괴로운 기억이나 고통스러운 추억을 무의식적으로 지우는 것이다. 반면 노화현상으로 치매가 오는 경우도 있으며, 전신적인 병에 의한 기억 소실도 있을 수 있다. 이 이외의 기억은 위조되기 쉬운 특징이 있다. 요즘 유명한 '나는 가수다' 프로그램에서 가수들은 가급적이면 나중에 노래하기를 선호한다. 이유는 나중에 노래한 사람의 감동이, 이전에 노래한 사람보다 여운이 남아있기 때문이라고 설명한다. 이를 심리학에서는 '절정과 종결의 법칙'이라 한다. 기억이 과거의 경험을 객관적으로 파악하기보다는 경험의 절정 혹은 종결 시의 본인 감정에 따라서 기억의 강도가 달라진다는 것이다.

인간의 기억을 왜곡시키는 것은 마지막 5분이라고 한다. 따라서 '끝이 좋으면 다 좋다'라는 말이 여기서 나왔는지도 모른다. 또한 위조된 기억의 대표적인 것의 예는 어떤 식당에서 형편없는 음식이 나온 반면 종업원들이 매우 친절하였을 경우, 이런 친절한 종업원이 인상에 남았다면 그 음식점의 음식마저 훌륭했다고 기억을 한다는 것이다. 치과 외래에서 정말 열심히 치료를 해주었음에도 불구하고 아주 사소한 것에 표정이 달라지는 환자를 보며, 의사 본인만 아는 아픈 기억을 대부분의 치과 선생님들이 가슴 한편에 지니고 있으리라. 그것은 인간의 심리적 장난이었으니 망각으로 잊어주길 바란다.

치과신문 제470호

5분 지각과 30분 지각의 차이

'따르릉 따르릉' 스마트폰이 9시 25분경에 울린다. 아침 출근시간 5분 전에 울리는 전화는 직원 중에서 누군가가 지각한다는 이야기를 전하려고 걸려오는 전화이다. 개원하고 10여년 동안 줄곧 지속해 온 우리 병원만의 규칙 중 하나로 지각하는 사람은 반드시 원장과 담당 상급자에게 보고하는 것을 원칙으로 해왔다.

적어도 원장은 직장의 인원수의 동향은 정확하세 알고 있어야 한다는 취지였다. 만약에 전화가 안 될 상황이라면 문자라도 남겨야 한다. 그런데 종종 보면 항상 전화는 하는 사람만 하고 안하는 사람은 전화하는 일이 거의 없다. 결국 항상 지각하는 사람이 지각한다는 것이다. 그리고 직원들의 성향을 보면 먼 곳에 사는 사람일수록 일찍 출근한다. 예외의 경우가 있기는 하지만 직장에 가까운 사람일수록 지각을 자주한다. 물론 아주 많은 시간은 아니고 1~2분이나 5분 내외인 경우가 많다.

심리적으로 분석해 보면, 멀리 사는 사람은 미리 준비를 하고 출근을 여유있게 하는 반면 가까운 곳에 사는 사람은 금방 출근할 수 있으므로 출근보다는 다른 일을 우선적으로 하다 보니 항상 지각하게 되는 것이라 생각할 수 있다. 아니면 성격상 미리 준비하지 않고 닥쳐서 하는 게으른 사람일 수도 있다. 혹은 약속이나 시간의 개념이 흐린 사람일 수도 있다. 하지만 확실한 것은 다시 또 지각할 가능성이 아주 높다는 것이다.

직장이라는 조직사회에 지각하는 사람들이 미치는 영향을 생각해 보자. 얼핏 생각하면 5분 지각하는 사람보다는 30분 지각하는 사람이 더 나빠 보인다. 하지만 이것은 시간의 양에 따른 결과를 단순히 생각할 때이다. 이것을 직장 조직원들의 심리적 측면에서 생각해 보면 아주 많은 차이가 난다.

우선 30분을 지각하는 사람은 다른 사람들이 납득할 만한 분명한 이유가 있다. 따라서 지각을 하여도 다른 동료들과 공감대를 형성할 수 있다. 더불어 본인 스스로도 조직원들에게 장시간 지각에 대한 미안한 마음을 갖게 된다. 따라서 30분 지각하는 사람으로 인하여 직장에서 받는 피해는 다른 직원들이 대신하므로 거의 없다고 할 수 있다.

반면 5분 지각하는 사람은 절대 스스로 반성하지 않는다. 반드시 1~5분 지각한 본인만의 이유가 있고 그것으로 합리화 한다. 또한 동료들에게 본인의 일이 떠넘겨지지 않았으므로 미안한 마음도 없다. 하지만 동료들은 그 직원으로 인해 일을 시작함에 있어 약간의 리듬이 깨진다. 더불어 가끔은 열심히 출근하는 본인이 한심해 보이기도 한다. 이쯤 되면 그 조직은 위험해진다. 직원들 간에 말하지 않고 동화되지 않는 미묘한 한랭전선이 흐르기 때문이다. 그러다 어떤 사건이 발생하면 폭발하는 경우도 있다.

5분 이내 지각하는 자는 계속해서 반복적으로 지각하게 될 것이고 그것의 방치는 결국 장기적으로 조직에 해를 끼친다. 따라서 30분 지각하는 직원보다 1~5분 지각하는 직원이 더욱 위험하다. 더불어 여유 있게 출근한 직원과 헉헉대며 출근한 직원의 하루 일과가 매끄럽게 융화될 수 없는 것은 당연지사다. 결국 오너는 조직 전체를 위하여 5분 지각을 최대한 막을 수 있는 방법을 찾아야 한다.

처음 개원하여 직원을 구할 때의 일이다. 어머니와 식사를 하는데, "직원을 뽑을 때 절대로 가까운 곳에 사는 사람은 뽑지 마라"라고 말씀하셨다. 일반적으로 가까운 직원을 채용하는 것과 상반된 말씀에 이유를 물어보았다. "직원을 뽑을 때는 나갈 것도 생각하여야 한다. 좋은 관계로 나갈 수도 있지만 나쁜 관계로도 나갈 수도 있다. 그 경우엔 나쁜 소문도 날 수 있으니 그러는 것이 좋다" 어머니의 연륜에서 나오는 지혜를 느끼는 순간이었다.

더불어 집에서 학교가 가까운 아이들이 자주 지각한다는 말씀도 하셨던 기억이 난다. 올해 여든 둘이신 어머니가 요즘은 열심히 운동을 하신다. 건강을 유지해야 자식들에게 피해주지 않는다고 하신다. 삶의 지혜를 주신 어머님께 감사드리며 오래도록 건강하시길 기원한다.

치과신문 제488호

직업만족도

며칠 전 뉴스에 요즘 직업에 대한 만족도의 순위가 발표되었다. 이는 2012년의 759가지 직업에 대한 만족도를 한국고용정보원에서 평가하고 발표한 내용으로 1위가 초등학교 교장 선생님이었다.

필자가 치과의사이다보니 그 중에서도 의료인들에 관한 내용에 관심이 먼저 간다. 의료인 중에서는 한의사가 12위로 가장 높았고, 다음으로 의사가 44위를 하였다. 치과위생사는 189위를 하였고 간호사가 250위였다. 우리 치과의사는 291위였다. 반면 유사 의료직업인 음악 치료사가 44위, 의학연구원은 49위, 미술치료사는 76위, 임상연구 코디네이터는 96위를 하였다. 모든 의료인 직업 중에 최하위를 한 것이다. 보고에 의하면 간호사들은 70%가 직업에 불만을 지니고 있으며, 제일 힘든 일이 감정을 숨기고 웃어야하는 고통으로 88%이며, 70%가 스트레스로 두통을 앓고 있다고 보고되었다. 더불어 1년 이내에 이직하고 싶은 사람도 32.1%나 되었다.

그런데 안타까운 것은 아무리 찾아도 간호사보다도 만족도가 낮은 치과의사에 대한 이러한 자료가 없다는 것이다. 이것은 치과의사의 집단이 간호사보다 훨씬 더 폐쇄적이거나 아니면 사회적으로 접근하기 어려운 직업이거나, 통계를 내기에 비협조적인 집단일 가능성이 높아서가 아닌가 생각해 본다. 그런데 250위인 간호사보다도 만족도가 떨어지는 것을 보면, 통계를 내보아도 간호사보다 좋은 결과가 나오지 않으리라는 유추가 가능해진다.

과거의 통계 자료와 비교하여 차이가 많이 나는 이유는, 전에는 주로 금전적인 것과 명예 등을 주로 고려하였다면 이번 통계에서는 개인 시간의 자유로움과 여가 선영이 추가되었다고 한다. 그런데 시간이 없기는 치과의사도 의사와 별반차이나지 않는다. 그렇다면 44위인 의사와는 달리 291위를 하는 것은 또 다른 이유가 있다는 생각이 든다. 사람은 아무리 고생스러워도 누군가에게 인정을 받는다면 그 고생을 정신적으로 감내할 수 있다. 반대로 그렇지 못하다면 어려움은 더욱 배가 될 것이다.

치과의사들은 임플란트 등 새로운 치료 기술의 습득을 강요받았고 이를 습득하고 행하는 과정에서 많은 스트레스를 감수하였을 것이다. 더불어 환자들의 불신과 의료인이라기보다는 서비스맨의 한 일원으로 대우를 받을 때마다 자존감이 붕괴되었다.

더불어 타당성 없는 환자들의 불만과 의료분쟁 등도 한몫을 하였을 것이다. 게다가 최근 심하여진 불법 네트워크 치과들의 행태와 대응을 보면서 같은 직업인으로서의 자존심에 상처를 받고 심한 자괴감을 느끼기까지 하였다. 필자 또한 그리 느끼었기 때문에 지금의 291위는 결코 거짓이 아니란 생각이 든다. 결국 직업적 생활이 즐겁지 않다는 말이다. 즐겁지 않으면 피하면 되는데, 할 줄

아는 것이 이것뿐이기 때문에 피할 수도 없다.

누군가가 피할 수 없으면 즐기라는 말을 하였다. 결국 우리가 과거에 선택한 이 길이 옳든 그르든 지금은 다른 방법이 없다. 그래서 이제 우리에게 남은 선택은 즐길 것인가 아니면, 그냥 그렇게 살 것인가이다. 최선을 다하여 즐기려 한다면 조금의 변화가 올 것이지만 그냥 그렇게 산다면 다음번 조사에서는 291위가 아닌 500위 밖으로 밀려날 수도 있다.

오늘은 아침에 출근하는 차 안에서 요즘 나빠진 실물 경기를 걱정하다가 보니 문득 10년 전에도 똑같은 걱정을 하던 모습이 떠올랐다. 그리고 10년 뒤에도 똑같은 걱정을 하지 않을까 하는 걱정이 들었다. 20년 동안 같은 걱정을 하고 살아가지나 않을까 걱정이 된다.

치과신문 제490호

예쁘다, 아름답다, 섹시하다.

환자와의 상담이 끝날 때 즈음에 가장 많이 듣는 말 중에 하나가 '예쁘게 해 주세요' 이다.

예뻐지고 싶다는 것은 동물들이 지닌 가장 원초적인 욕망이다. 유전학에서 우성인자로 인식하는 것이 예쁜 개체이다. 따라서 모든 동물은 짝짓기 배우자의 우선 순위로 예쁜 것을 찾는다. 그래서 동물들은 암컷보다 수컷이 더욱 화려하다. 꿩이 까투리보다 화려하고 숫사자의 갈퀴가 암사자보다 화려한 이유다.

이런 동물이 예쁘기 위해서는 몇 가지 조건이 있다. 첫째가 대칭성이다. 좌우가 대칭이어야 예쁠 수 있는 조건을 갖춘다. 둘째는 비율성이다. 미술에서 말하는 황금비가 있듯이, 인간에게는 8등신이 가장 예쁘게 보인다고 하는 것과 같이 동물마다의 황금비가 있다. 셋째가 색채의 화려함이다. 공작, 꿩 등의 화려함은 놀라울 정도이다. 이와 같은 조건이 부합될 때 동물들은 예쁘다는 표현을 할 수 있다. 따라서 사람도 이 세 가지 조건에 맞을 때 비로소 예쁘다고 할 수 있다.

그럼 '아름답다' 는 표현과 '예쁘다' 와는 무엇이 다른 것일까?

우리가 자주 표현하는 말에 '아름다운 삶' 이란 표현을 하듯이, 아름다움은 '예쁘다' 가 객체의 외형을 주로 인식하는 것과는 다르게 사람의 마음속에 감동을 유발시킬 때 느끼게 된다. 따라서 예쁘지 않은 외형일지라도 감동을 일으킬 수 있다면 아름답다는 표현이 얼마든지 가능해진다. 예를 들어 아침 새벽길을 청소하는 나이든 미화원의 모습이 아름다움을 유발할 수 있다. 공원에 노인 부부가 손을 잡고 걸어가는 모습도 아름다움을 준다.

반면 '예쁘다' 와 '아름답다' 와는 조금 다른 뉘앙스로 자주 사용하는 표현 중에 '섹시하다' 가 있다. 이는 성적 매력이 있다는 표현으로 많이 사용한다. 이 말을 정확하게 의학적 견지에서 표현하면 '탄력이 있다' 이다. 동물들은 나이를 먹어가면서 점차로 근조직의 탄력이 소실되어간다. 생물학적으로도 탄성이 좋은 콜라겐의 타입이 I에서 탄성력이 적은 콜라겐 타입 Ⅱ나 Ⅲ로 바뀌게 된다. 따라서 '예쁘다' 와 '섹시하다' 는 유전적이고 선천적인 요소가 많이 지배를 한다.

하지만 아름답다는 사람의 마음에 감동을 주어야 하기 때문에, 이는 그 사람의 내면에서 나오는 정서적 깊이가 필요하다. 쉽게 말하자면 흔히 이야기하는 '마음이 예뻐야 한다' 는 표현이다. 마음속에 있는 정서적인 요소의 아름다움이 외면적으로 표출되었을 때 우리는 감동받고 아름답다고 느끼게 된다. 요즘 많은 사람이 예뻐지기 위하여 성형을 하고 피부숍을 다니고 운동을 하며 많은 시간과 경제적인 투자를 한다.

필자도 치아교정과 턱교정수술을 위한 교정치료를 업으로 하다 보니, 의도적이든 비의도적이든 정상교합을 위하여 치료를 행하지만 그 결과는 역시 예뻐지는 부수적인 효과를 만들어내는 일을 하고 있다. 하지만 그렇다고 사람의 내면이 바뀌는 것이 아님을 자주 목격한다. 요즘 인터넷에 화젯거리였던 막말녀 기사와 사진을 보았을 때에 짧은 미니스커트를 입고 있는 모습을 보고 외모적으로 예쁠 수는 있지만 결코 아름다울 수는 없다는 생각이 들었다.

경기가 좋다는 이야기를 들어본 적이 없는 듯한 지속적인 경기불황에 사람들의 마음도 각박해지고 불황만큼이나 불안감도 높아지고 있다. 그 만큼 마음의 여유는 없어지고 내면의 아름다움을 조금씩 상실해나가고 있다. 학교에서 공부하는 아이들도 치열한 상대적인 비교에 따른 압박감에 내면의 아름다움을 키울 수가 없다.

아마도 치과 외래에 내원하는 환자들도 예전에 비하여 훨씬 까다롭고 예민하고 불만이 많아졌다고 이야기하는 원장님들의 말들이 이런 원인에서 기인했을 것이다. 부디 하루 빨리 경제적인 어려움에서 벗어나 모두가 편안할 수 있는 날을 기대하여 본다. 더불어 요즘의 빈곤은 절대적 빈곤이 아니고 상대적 빈곤이기에 내가 남과의 비교를 접을 수 있다면 조금 더 빨리 행복에 다가가지 않을까 생각해본다.

치과신문 제498호

스마일 마스크 증후군

어느 조사기관에서 설문조사한 것을 보면 간호사가 직업 중에서 가장 힘든 일이 무엇이냐는 질문에 88%의 답변이 감정을 숨기고 웃어야 하는 고통이라고 답변하였다. 이런 경우 심리학에서는 '스마일 마스크 증후군(Smile mask syndrome)' 이라한다. 즉, 겉으로는 웃고 있지만 내면에서는 인정하지 않음으로 인하여 그 뒤에는 오히려 더 우울해지는 증상이 나타난다. 그리고 임상적으로는 만성피로, 소화불량, 불면증 증상을 보인다. 결국 내면의 기분과 상관없이 항상 동일한 웃음을 주어야 하는 직업 종사자들이 모두 당면한 일이다. 아마도 의사, 치과의사, 간호사뿐 아니라, 스튜어디스, 백화점 종사자, 호텔리어, 은행원 등 창구에서 대민업무를 시행하는 서비스 종사자는 모두 해당된다. 특히 친절을 강요당하는 간호사, 스튜어디스나 호텔리어는 더욱 심할 것이다. 그리고 그들이 그들만의 심리적 해결 방법을 찾지 못한다면 다른 신체적인 증상이나 우울증 같은 정신적인 문제가 발생할 가능성이 높다.

이에 필자는 환자나 고객을 상대하는 자를 방어적 집단, 원하는 것이 있는 환자나 고객 등을 공격적 집단으로 분류하고 각각의 직업에 대한 특수성을 감안하여 발생 가능한 문제를 비교해 보았다. 그 결과 방어적 집단은 공격집단의 요구가 타당성이 있는 경우에는 좀 심한 처사를 당하여도 심리적 상처가 없는 반면에 타당성이 없는 강짜라던가 무조건적인 대우를 강요받을 때 가장 심리적 상처가 많은 것을 보았다. 이는 미국의 어느 항공사의 CEO가 비신사적이고 비상식적인 고객은 영원히 당사의 비행기를 못 타게 하는 처분을 내리며 "항공사의 직원도 보호받아야 할 충분한 가치가 있다"고 말했다는 유명한 일화와도 일치한다.

이런 경우는 치과외래에서도 종종 접하는 부분이다. 과연 이런 경우에 최종관리자는 어떤 판단을 내려야하는가는 매우 중요한 부분이다. 부당함에도 불구하고 고객의 편을 들면 충성직원의 신뢰도가 무너지면서 애사심이 사라지고, 직장에 대한 애착이 없어지는 계기가 된다. 반면 직원의 편을 들어 준 경우는 고객이 줄어드는 것은 물론 안티고객을 양성하게 되며 심한 경우에는 인터넷에 악성 댓글을 올리는 경우가 비일비재하게 발생한다.

지금의 사회는 너무 개방성이 심하여 최종결정자의 작은 결정 하나가 큰 획을 긋는 일들이 발생하므로 쉽지 않은 사회이다. 결국 치과의사 또한 매일 매일 외래에서, 환자들 속에서 부딪히는 문제이다. 아니, 데스크에 있는 실장들이 더 많이 겪는 문제일 것이다. 세월이 오래 되어 베테랑이 되면 심리적으로 군살이 배기어서 아프지 않을 것이라고 생각할 수도 있지만 사람의 마음은 좋은 것은 쉬 잊어버리고 나쁜 기억은 오래 남기 때문에 그때 그때 서운한 일들이 겹치게 되어 종국에는 증폭되는 경우가 많다. 즉, 오래된 경험자일수록 더욱 심리적인 고통이 심할 수 있다. 거기에다경력자라서 화도 잘 내기 어려운 지위라면 처음 들어온 새내기처럼 울거나 화내며 풀어버리지도 못해 더욱 더 아픔이 내면적으로 크게 작용할 수 있다. 항상 웃는 모습 뒤에 숨어있는 아픔의 깊이를 가늠하기는 쉽지가 않다.

얼마 전인가 보다. 웃음전도사로 유명한 사람이 자살한 사건이 발생했을 때 대부분의 사람들이 납득하기 어려워하였다. 이것 또한 같은 심리적인 상태에서 발생된 일이다.

"그 누군가가 조금이라도 이런 나의 마음을 이해해주고 알아주는 사람이 있다면 나는 행복하고 지금 같은 고통이 없을 텐데"라며 이 글을 읽고 계신 독자가 있지 않은지? 그렇다면 생각나는 가장 첫 번째 사람에게 커피 한 잔이라도, 작은 선물이라도 하나 건네 보시기를 권한다.

치과신문 제502호

치과응급은 응급의학과에서 받으세요!

며칠 전 청주시립무용단의 공연이 있어서 인간문화재 선생님과 몇몇 지인들과 같이 공연을 관람하고 돌아오는 길에 엄청난 폭우를 만났다. 앞이 전혀 보이지 않는 관계로 결국 새벽 3시 즈음에 서울에 도착하게 되었다. 그런데 일행 중 한 분이 오전부터 약간의 치통을 호소하더니 공연 후 뒤풀이 모임에서 한잔 한 이후로 통증이 심해지고 서울로 돌아오는 차 속에서는 매우 아픈 상황이 되었다. 급성치수염 정도가 아닐까하는 생각이 들었다. 일행들이 치과의사인 필자를 바라보았으나 필자의 병원은 교정치료만 하다 보니 일반 진료 기구가 준비되어 있지 않은 관계로 치료가 어려운데 일반인들에게 설명하기가 여간 껄끄러운 것이 아니었다.

그래서 결국 종합병원 응급실로 가기로 하고 강남에 있는 모 대학병원 응급실로 가서 접수를 시키며 치과선생님들이 계신지를 물으니 계신다는 답변을 들었으나, 일단은 응급의학과에서 보고 난 다음에 치과 선생님을 불러준다고 하였다. 그리고는 지금 환자가 많이 밀렸으니 1시간 정도를 기다려야 할 거라는 답변을 들었다. 치과환자를 응급의학과가 보아야 한다는 말이 도무지 수긍이 안 된 필자가 신분을 밝히고 응급의학과 담당의를 만나서 치과진료를 응급의학과에서 하는지를 물어 보았다. 담당자는 응급의학과에서 보고 치과의사를 불러주는데 신경치료 같은 것은 안하고 골절만 볼 수 있기 때문에 신경치료는 치과대학이 있는 병원으로 가야만 한다는 답변을 들었다. 정말 황당한 순간이었다. 1시간을 기다리고 만날 응급의학과 의사로부터 들어야할 이야기가 치료를 못하니 다른 병원으로 가라는 말이란 결론이다. 그 순간 필자의 머리에는 '아! 이래서 급한 응급 환자들이 병원을 떠돌다가 죽는구나!' 하는 생각이 분노와 함께 올라왔다.

하지만 일행들이 보는 관계로 조용히 강북에 있는 모 치과대학병원 응급실로 갔다. 접수를 하고 선생님이 내려오고 이야기를 좀 나누다가 일반 치아 방사선 촬영은 가능한데 파노라마는 못 찍는다는 이야기를 듣고 또 한 번 놀랐다. 한국 최고의 치과대학병원에서 응급환자의 파노라마 사진촬영을 못한다는 것이다. 그 순간 필자의 머릿속에는 수많은 생각이 뒤엉켰다. '만약 장관이 응급으로 왔더라도 이럴까?' 하는 생각과 20여년 전 필자가 구강외과 수련시절에 1년간 당직을 서면서 응급으로 내원하는 환자의 모든 치료를 다하고 나면 새벽에 날이 훤하게 밝아왔던 그때보다도 못한 현실이 당황스러웠다. 더불어 '그럼 그 많은 야간의 응급환자들은 어떻게 지낼까?' 하는 생각에 너무도 끔찍스러웠다. 급성치수염으로 죽지는 않는다지만 아침에 치과 문을 열 때까지 고통을 감수해야 한다는 사실이 끔찍하다.

20년 전에는 모든 중소 종합병원에는 구강외과가 있었다. 그래서 응급실에는 인턴이 항상 상주해있었다. 그러던 것이 전문의제도가 시행되면서 전문의 수련기관의 규정을 강화하고부터 몇 십

년을 존재해왔던 중소 종합병원의 구강외과가 폐지되고 따라서 상주하는 인턴들이 사라졌다. 그리고 오늘과 같이 응급환자를 볼 수 있는 병원이 거의 다 사라져버린 것이다. 이것은 참으로 가슴 아픈 일이다. 적어도 모든 치과의사들은 환자의 고통을 해결해야 하는 최소한의 사명을 지녔다. 그런데 야간의 치과응급환자에게 죽지 않으니 아침까지 견디라고 하는 것은 그 고통이 얼마나 큰 것인지를 아는 치과의사로서 매우 잔인한 일이다.

사연이 어떠하건, 법이 어떠하건, 분명한 것은 치과의사란 집단은 반드시 야간 치과응급환자를 치료할 수 있는 시스템을 만들어야 한다. 이것은 치과의사로서의 반드시 해야 하는 사명이다. 대국민 응급치과진료를 외면하고, 그 환자가 응급의학과에서 계속해서 황당한 답변을 받는 순간, 치과의사들이 사회에서 존경받는 직업으로 가는 길은 점점 더 요원해진다. 우리의 할 일을 해야 할 때, 그때 존경도 받을 수 있는 것이다. 그럴 때 치과의사를 보는 사회의 부정적인 눈이 조금씩이나마 긍정으로 바뀔 것이다.

치과신문 제506호

명의(名醫), 신의(神醫), 심의(心醫)

유명하여 이름이 널리 알려진 의사를 '명의' 라 한다. 신이 내린 실력을 지닌 의사를 '신의' 라 한다. 우리나라 최고의 명의는 허준이며, 중국 최고의 명의에는 화타와 편작이 있었다. 그들은 '신의' 의 경지를 넘어 마음으로 치료하는 의사 최고의 경지인 '심의(心醫)' 이신 분들이었다.

환자를 치료하느라 과거 시험을 못 본 허준의 일화는 유명하다. 의성 화타는 어느 부잣집 하인이 왕진을 부탁한 일화가 있다. 주인이 감기 정도로 부른 것인데 화타가 직접 왕진을 하였다. 이에 굳이 직접 가지 않아도 되는데 왕진하는 것에 제자가 돈 때문인가 하고 묻자, 화타는 본인이 가지 않으면 하인이 추궁당할 것을 염려하여 간다는 말을 하였다. 그렇듯 마음의 의사였고 삼국지의 조조가 주치의로 지속적으로 군영에 머무를 것을 명령하자 자신을 필요로 하는 백성을 치료하러 가야한다며 명령을 거부하여 사형을 당하였다. 그리고 의사는 환자 앞에 있어야 한다는 말을 남겼다. 의료인의 마음의 자세를 말한 것이다.

의사의 경지가 아닌 성인의 반열에 이르신 분이라 하여 '의성(醫聖)' 이라 하였다. '신의' 편작은 병이 시작하기 전에 미리 질환을 다루는 것이 최고의 의사라 하였다.

그런 편작도 6가지의 불치병을 이야기하였다. 첫째, 환자가 교만하고 방자하여 의사의 치료에 어긋나는 주장을 하는 사람은 고칠 수 없다(驕恣不論於理 一不治也). 내 병은 내가 안다고 하면서 의사의 진료와 충고를 따르지 않는 교만한 사람이기 때문이다. 둘째, 자신의 몸을 가벼이 여기고 돈과 재물을 더욱 소중하게 여기는 사람은 병을 고칠 수 없다(輕身重財 二不治也). 돈과 명예를 중시하여 몸을 가벼이 여기는 현대인들에 대한 경종이라 할 수 있다. 셋째, 옷과 음식이 적절함을 벗어나는 것 또한 불치병이다(衣食不能適 三不治也). 몸매를 위해 다이어트하고 유행에 따라 계절에 벗어난 옷을 입는 요즘의 세태이다. 넷째, 음양의 평형이 깨져 오장의 기가 안정되지 않은 경우다(陰陽并 藏氣不定 四不治也). 다섯째, 몸이 극도로 쇠약해져 도저히 약을 받아들일 수 없는 상태다(形羸不能服藥 五不治也). 여섯째, 무당의 말만 믿고 의사를 믿지 못하는 환자다(信巫不信醫 六不治也). 즉, 한마디로 환자가 의사를 믿지 않으면 고칠 수 없다는 말을 한 것이다.

요즘 매스컴은 치료에 임하는 의사들이 헌신적이지 않다는 내용을 강조하면서 환자의 역할은 이야기하지 않는다. 아마도 의사와 환자의 관계를 갑을관계로 생각하기 때문일 것이다. 원래 환자와 의사의 관계는 질병이라는 공통의 적을 무리치기 위한 동반과 협력의 관계이어야 한다. 아니 의사가 환자를 돕는 관계이어야 치료에 효과가 좋다. 그런데 그것이 거래관계로 변질되며 의사의 위치가 장사꾼으로 변하게 되었다. 이런 상황이 더욱 의사다운 의사의 모습을 어렵게 만들고 있다.

요즘 의사들의 이야기가 연일 매스컴에 등장한다. '명의' 라는 다큐멘터리가 있고, '닥터진', '골드타임' 등 드라마가 인기이고, '신의' 라는 드라마도 방영을 시작했다. 더불어 뉴스에는 어느 산부인과 의사의 이해하기 어려운 행동으로 환자의 사망이 의료사고인지 살인인지를 가리기 위한 내용이 계속해서 방송된다. 그리고 현실성을 무시한 응급의료법이 시행됨에 따라 혼란을 겪고 있는 응급실이야기들이 다뤄지고 있다.

사회의 관심이 의사에게 집중되는 듯한 느낌이다. 의료인의 한 사람으로 그리 반가운 일은 아니다. 이야기들이 대부분 현실과 동떨어진 슈바이처와 같은 이야기로 끝나기 때문이다. 물론 시대가 너무 삭막하기에 헌신적으로 봉사하며 정이 흐르는 마음이 간절하여 메시아를 기다리는 심정으로 허준과 같은 명의를 기다리는 것인지도 모른다.

이제 시대는 '명의' 를 넘어 '신의' 를 요구하는 시대이건만 의료계의 현실은 점점 어려워만 간다. 그래서 세상과 의료인과의 거리도 점점 멀어져만 간다. 의료인에게도 메시아가 진정 필요한 때이다.

치과신문 제509호

세로토닌 건강법

평소 통증에 조금 예민하게 반응하던 30대 여성 환자가 3달 만에 내원해서는 치료가 끝나고 나자 이런저런 불편과 불만을 쏟아낸다.

이야기를 들으며 말 속의 내용들과 진위를 생각해 보았다. 일단 만약에 치료를 받고 계속 아팠다면 3달 만에 내원하지 않고 더 빨리 내원했을 것이기에 항상 존재하는 통증은 아니고 어떤 상황에서 통증을 느꼈을 것이다. 그리고 교정치료를 하고부터 소화가 되지 않고 위궤양이 생겼다는 것은 교정치료로 인해 많은 스트레스를 받고 있다는 의미이고, 단순히 교정만의 문제가 아니라 환자가 그동안 받고 있던 스트레스가 교정치료를 통해 추가되며 폭발되어 고통의 레벨까지 왔을 가능성도 있다. 이는 구치부에 크라운을 하나 해주었는데 끊임없이 높다고 느껴 계속 교합 조정을 하고, 심지어는 교합이 닿지 않는데도 불구하고 높다고 호소하는 환자들과 비슷한 상황이다.

뭉쳐있던 스트레스와 불만 등이 치과치료라는 불안과 합류하면서 심리적 돌파구가 크라운이 된 경우다. 이런 경우와 같이 과학적으로 알 수 없는 환자들의 마음의 문제 때문에 많은 치과원장이 지금도 현장에서 마음고생을 하고 있을 것이다. 여기에 불안장애 중의 하나인 건강염려증이 있는 환자라면 더욱 심하게 나타날 것이다.

또 누우면 혀가 밀리는 듯 한 느낌에 대해 왜 그렇게 생각하는지를 물어보니 발치하고 공간을 폐쇄하면서 치아들이 안으로 들어가면 혀가 놓여있는 공간을 축소시키니 그런 것 아니냐고 대답을 했다. 조금 예민한 상상력을 지닌 사람이라면 충분히 가능한 생각이고 그것에 집착하면 이상한 느낌을 받을 수도 있다. 이에 환자에게 주걱턱인 사람은 양악수술을 하여 얼굴을 작게 만들 때, 15㎜ 이상 하악을 넣어 주는 경우도 많은데 별로 환자들이 불편을 안 느끼는 이유는 혀의 신축능력이 충분하기 때문이고 교정할 때 축소되는 공간은 그것에 비하면 조족지혈이라고 설명을 해주자, 그때서야 이해를 하고 얼굴색이 밝아졌다. 건강염려증에 일종의 폐쇄공포증이 같이 있는 경우하고 생각해볼 수 있다.

필자가 아는 지인 중에는 자동차에 세 명이 같이 못타는 분이 계시다. 좁은 공간에서 세 명이 숨을 쉬면 답답해진다는 것이다. 이 또한 폐쇄공포증의 일환이라고 보아야 한다. 그런데 이런 증상들은 요즘 알게 모르게 심한 스트레스를 항상 받고 사는 현대인들은 누구나 다 한 두개씩은 지니고 있다고 할 수 있다. 아침에 병원을 출근하려하면 긴장이 되는 필자도 일종의 불안장애를 지녔다고 생각한다. 20여 년간 환자를 보면서 겪었던 마음 아픈 기억들이 필드가 바뀌지 않아서 사라지지 않고 계속 연장되고 쌓이기만 한 결과이다. 어쩌면 20여 년 환자를 본 결과에 따른 상처뿐인 훈

장일지도 모른다.

정신과에서 우울증치료제 중 부작용이 적어서 많이 사용하는 것이 SSRI이다. 선택적 세로토닌 재흡수 억제제(Selective Serotonin Reuptake Inhibitors; SSRI)이다. 세로토닌의 재흡수를 막아서 적절한 농도를 오래 유지한다는 의미이다. 세로토닌은 평상심 유지에 중요한 요인이나. 세로토닌 건강법 전도사인 이시형 박사는 세로토닌이 분비되는 건강한 삶을 주장한다. 세로토닌은 햇볕을 쬘 때, 걸을 때, 복식호흡을 할 때, 좋아하는 사람들과 같이 있을 때, 사랑할 때, 천천히 씹을 때 많이 분비되고 또 먹는 것으로는 초콜릿, 치즈, 견과류, 그리고 우유, 고기 등이 있다. 그 안에 전구물질인 트립토판이 많기 때문이다. 그래서 아침식사를 조금이라도 먹는 것이 기분 전환에 도움이 된다. 필자도 화가나면 초콜릿을 먹는다. 힘든 시기에 스스로를 지키는 세로토닌 건강법을 생각해본다.

치과신문 제515호

아랑사또전과 도덕적 행동

넘어지면서 이가 약간 흔들린다는 5학년 남자아이가 내원하였으나 큰 문제가 없어 관찰하기로 하고 돌려보냈다. 재진 때 어떤지 물어보니 아이는 이상 없다고 대답하였다. 다른 치료를 하고 나간 5분 뒤에 실장이 들어와서 다친 곳을 보아주었냐고 엄마가 묻는다고 했다. 이에 필자가 대기실로 가보니 엄마 옆에 아이가 있고 엄마가 재차 물어보아서, 진료 시에 아이에게 물어보았고 이상 없는 것을 확인하였다고 답하였다. 이런 일련의 과정을 겪는 동안 아이는 아무 반응도 답변도 없었다.

'아랑사또전' 이라는 TV드라마가 끝났다. 전설로 전해오던 아랑귀신 이야기를 현대적 시각으로 다시 조명한 내용으로 '아랑' 이란 귀신이 부임사또 앞에 나타나서는 자기의 억울한 죽음을 하소연하려 하지만 귀신을 본 사또들은 기절하고 바로 죽었는데 한 사또가 죽지 않고 살아서 억울함을 풀어준다는 내용이다. 그런데 극에서는 아랑이 사랑하는 사람을 위하여 죽음을 택하는 모습이 나온다. 또 사또는 정의를 위하여 악마에 지배당하는 어머니를 죽인다는 내용이 있다. 이와 같이 아랑은 사랑을 위하여 희생을 하고 사또는 정의를 위하여 어머니를 희생하고 사다함과 관창은 나라를 위하여 희생하였다. 반면 지하철에서 추행을 당하는 여성을 아무도 도와주지 않고 바라만 보았다는 방송이 나온다. 그런 것은 무엇의 차이인가?

심리학자 레스트는 도덕적 행동을 4요소로 설명했다. ①도덕적 민감성(어떤 상황을 도덕적인 문제 상황으로 감지하고 그 상황에서 어떠한 행동을 할 수 있으며 그 행동들이 관련된 사람들에게 어떠한 영향을 미칠 수 있는가를 상상해 보는 측면:아랑이 자신을 희생하여 사또의 어머니를 구하면 사랑하는 사또가 기뻐할 것이란 생각) ②도덕적 판단(어떤 행동이 도덕적으로 옳은지 그른지를 판단하는 것 : 사랑하는 이를 위한 희생은 옳다고 생각하는 아랑, 악령을 무찌르는 것이 어머니를 구하는 것보다 옳다는 판단) ③도덕적 동기화(도덕적 가치가 다른 가치, 예컨대 경제 · 사회 · 종교적 가치들보다 더 우위에 두려는 동기 : 자신을 희생할 수 있을 만큼 사랑하고 있다는 믿음의 아랑, 악령을 무찌르려는 사또의 정의감) ④도덕적 품성(실천의 장애 요인을 극복할 수 있는 인내심, 용기, 확신 등의 품성 : 희생을 위한 거침없고 저돌적인 행동의 아랑, 악령을 무찌르기 위하여 어머니를 찌르는 사또의 용기). 이런 이유로 아랑은 사랑하는 이를 위하여 희생하려 하였고, 사또는 악령 퇴치를 위하여 어머니를 비녀로 찌른 것이다. 즉, 레스트 이론의 핵심은 도덕성을 인지 측면에서만 보지 않고 정서와 행동의 측면까지 포함시켜 종합적으로 파악하는 것이다.

반면, 심리학에는 '방관자 효과' 가 있다. 1964년 3월 새벽 3시경 미국 뉴욕의 어느 주택가에서 당시 28세 여성 제노비스가 괴한에게 습격을 당했다. 당시 여성은 30분 동안 강렬하고 시끄럽게 저항을 하였고 이로 인하여 주변 주택에 살던 38명이 목격하였다. 그런데 특이한 것은 아무도 도와주거나 경찰에 신고하지 않아서 결국엔 여성이 살해당한 사건이었다. 내가 아니라도 누군가가 도와줄 것이라는 생각(책임회피 : 책임의 분산)과 자신이 도우러 갔는데 별일이 아니라서 무안하거나 수치심이 생길까 우려하는 마음(평가우려)과 다른 사람들이 가지 않는다면 도움이 필요 없는 상황일 것이라는 생각(다수의 무지)이 원인이었다.

이 두 가지를 놓고 보면 가장 중요한 것은 자기(나)라는 주체에게의 동기부여(사랑, 사회정의 구현 등등)와 타당성(뿌듯함, 영웅적 대접, 역사를 바꾼다는 영웅의식 등등)이 행동의 시작이라 볼 수 있다. 반면에 자기라는 주체(자아)의식인 자존감이 적을 때 행동이 나타나지 않는다.

요즘 아이들은 어머니의 판단 속에 본인의 자존감이 소멸되고 있다. 과도한 어머니의 사랑이 관심을 넘어 간섭으로 아이들의 정신적, 정서적 발달을 막고 있다.

때로는 용기있는 어머니의 무관심이 필요하다.

치과신문 제516호

숨겨진 1인치를 아시나요?

요즘 들어서 의료마케팅이란 단어들이 보이고, 환자 한명 데려오면 치료는 무료라는 1+1 이라는 광고도 보인다. 더불어 인터넷을 보면 미끼성 광고나 덤핑 광고까지 다양함을 보인다. 극심한 불황에, 과다경쟁에, 모 네트워크 치과의 횡포에 따른 치과의사들 간의 동료애의 추락 등 여러 가지 원인이 있을 것이다.

그런데 여기에는 중대한 착오가 하나 있나. 모든 이야기들이 input에 대한 이야기만하는 것이다. 어디를 보아도 output에 대한 이야기가 없다. 여기에서 문제가 발생한다. 이는 몇 가지를 고려하지 않은 것이다. 마치 환자를 치료하는데 부작용에 대한 설명을 빠트리고, 주목하거나 주의하지 않고 치료하는 문제와 같다. 일단 치료하는 주관자가 기계가 아닌 사람이라는 것이다. 결국 무리한 input은 치료하는 의사를 힘들게 한다. 기계라면 새로이 교체하면 되지만 의사는 스스로의 몸과 마음에 병이 든다. 몸의 병은 인식할 수 있으나 마음의 병은 인식하지 못한 채 점점 심화될 수 있다. 아무리 심리적으로 강한 사람일지라도 지속적인 스트레스에는 결국 폭발하는 것이 이치이다. 밖으로 폭발하면 폭력, 폭주, 폭언 등과 같은 이상 행동이고 안으로 들어가면 우울증이 된다. 마음의 상처를 받는다는 이야기이다. 둘째는 치료받는 환자도 사람이라는 것이다. 게다가 환자는 돈을 주었기 때문에 확실하게 받고자 하는 마음이 아주 많은 사람이다. 마치 생일날 대단한 선물을 받고자하는 아이와 같다. 그런데 거기에 훌륭한 것을 주겠다는 바램까지 넣어주면 결과는 실망으로 돌아올 것이 기정사실이다. 즉 당장의 상담성공률은 높을 것이지만 그 이후에 다가올 모든 심리적인 부담은 모두가 진료하는 의사의 몫이다. 의사는 환자에게 희망을 줄 수 있지만 환상을 주어서는 안 된다.

마케팅이라는 단어는 팔기위한 작업을 의미한다. 결국 무엇인가를 파는 것이다. 의료에서는 두 가지가 있다. 기술과 웃음이다. 이 두 가지 변수에서 기술은 상품성을 위한 포장이 가능하지만 요즘은 경쟁력이 별로 없다. 결국 웃음이다. 그런데 웃음은 두 가지의 얼굴을 지닌 양날의 칼이다. 웃는 자가 행복해서 웃으면 즐거움이지만 어쩔 수 없이 웃으면 괴로움이기 때문이다.

의료행위는 부작용을 보험회사의 약관처럼 작은 글씨로 읽기 어려운 위치에 적을 수 있는 것이 아니다. 동네치과에서 보험회사처럼 약관에 있으니 마음대로 하라고 할 수 있는 것은 더더욱 아니다. 그래서 '의료마케팅' 이란 문구를 접할 때 마다 필자는 마음이 조금 답답하다. 마치 급한 운전자가 신호등에 주의를 기울이지 않고 달리는 것과 같은 생각이 든다. 결국 접촉사고는 필연이고 그것에 따른 마음의 고생 또한 당연하기 때문이다. 물론 아무리 주의를 기울여도 접촉사고를 피할 수 없는 것도 필연이지만 최대한의 노력이 필요하다. 그런데 '공격적 마케팅' 아라는 미명 아래에서 그것을 외면을 하였을 때 받아야 할 마음의 고통 또한 적지 않을 것이다.

많은 이들이 마음의 상처를 간과한다. 아마도 눈에 보이지 않기 때문이다. 피부의 상처가 scar를 남기듯이 마음의 상처 또한 깊은 scar를 남긴다. 99명을 잘 치료해도 치료가 잘 안 된 한명의 환자로부터 받아야할 의사들의 마음의 상처는 두고두고 오래간다. 결코 감사함을 전하는 99명의 말로 치유되지 않는다. 돈으로 환산할 수 있는 것은 더욱 아니다. 그런데 요즘 다시 마케팅이라는 단어들이 들려온다. 불황의 늪이 너무 장기화되었기 때문이라는 생각이 든다. 하지만 이럴 때 일수록 자신의 위치를 돌아볼 때라고 생각한다.

환자가 적으면 그 동안 무리하였으니 하늘이 건강을 관리하라는 의미인가 보다라고 긍정적으로 생각을 바꾸어 본다. 비 오는 날이면 짚신장사 아들을 걱정하고 날이 맑으면 우산장사 아들을 걱정하여 매일 매일이 걱정이었던 할머니가 어느 날 생각을 바꾸어 날이 맑으면 짚신이 잘 팔려 기쁘고 비가 오면 우산이 잘 팔릴 생각에 매일이 기쁘게 바꾸었다는 우화가 생각난다.

한 생각 차이

진료 대기실에서 순서를 기다리고 있는 환자나 보호자들의 모습을 보면 그 모양새가 천차만별이다. 느긋하게 앉아서 잡지를 보거나 스마트폰을 보는 사람, 동행인과 열심히 대화하는 사람, 주위를 의식하지 않고 전화를 하며 떠드는 사람, 무엇엔가 쫓기는 듯 의자에 앉지도 않고 그냥 서 있는 사람, 오래 기다렸다는 것을 데스크 직원에게 어필하려고 계속 쳐다보는 사람, 언제 부르려나 하고 진료실 유리 넘어 기웃거리는 사람, 진료는 끝났는데 컴퓨터 앞에서 게임을 하는라 자리를 뜨지 못하는 아이 등등 다양한 모습을 본다.

특히 환자가 조금 밀려서 30분 이상 기다리게 된다면 모두의 눈이 스텝의 일거수일투족을 따라다니며 원망의 눈길을 끊임없이 쏘아 댄다. 그 쯤 되면 스텝들도 자리가 좌불안석이 되고 심지어는 진료실로 피난(?)오는 지경에 이르기도 한다. 이때에 의료진도 화장실 가려면 환자들의 원망에 찬 눈길을 받으며 지나야하기 때문에 예전엔 치과인테리어 할 때, 화장실용 뒷문을 만들어 놓는 치과들도 종종 있었다.

그렇게 기다리다 짜증이 난 환자의 성난 질문은 “이렇게 기다릴 것이면 왜 예약을 받는 거지요?” 이다. 사실 환자의 말도 맞지만 치과 진료 특성상 진료를 하다보면 시간이 늘어지는 경우가 많다. 신경치료를 하다 잘 안 되는 경우, 발치하다가 치근이 부러지는 경우, 인상이 잘 안 나오는 경우, 보철물이 잘 안 맞는 경우, 환자의 불만족이 해결이 지연되는 경우 등등 그야 말로 조금 과장해서 몇 천개가 넘는다는 치과 재료 만큼이나 많다고 해도 과언이 아니다.

조금 오래 전의 일인데 어느 날 데스크가 소란스러워 나가 보았더니 1시간 정도 기다린 환자가 필자에게 “예약 시간에 왔는데 왜 이렇게 오래 기다리게 하느냐, 그러려면 왜 예약을 해주느냐?” 라고 상기된 목소리로 따지듯 질문하였다. 당시 필자도 나이가 많지 않던 시절이라 놀면서 안 봐준 것이 아니라는 생각에 섭섭한 마음이 들어 “얼마나 기다렸나요?”라고 묻자, “ 1시간 이상 더 기다렸어요!”라고 대답을 하였다. 그 순간 필자는 쉬지 않고 열심히 진료했는데 하는 마음에 순간적으로 “저 역시 당신을 치료하기 위하여 30여 년을 공부하였고 40년을 기다렸으니 조금만 이해해주시면 어떻겠습니까?”라는 말이 나와버렸다. 순간 환자는 당황하여 아무 말 없이 돌아가 자리에 앉아 버렸다. 돌이켜 보면 필자가 생각해보아도 황당한 말이고 그 환자 분을 이해하고 존중하여 주지 못한 탓이다. 아직까지도 그 환자분에게 늘 미안한 마음이고 지면을 통해서라도 사과드린다.

요즘은 필자가 다른 장소에서 기다리는 입장이 되었을 때, 상대방이 잘못이나 실수 때문에 오래 기다리는 상황이 되어도 예전과는 다르게 덜 화내고 덜 분노하는 본인의 모습을 본다. 이런 모습을 누군가는 늙어가는 증거라고도 하고, 기가 쇠한 것이라고도 하고, 도가 깊어진 것이라고도 하지만 필자의 생각은 좀 다르다. 그저 갑과 을의 위치를 한 번 바꾸어 생각해보는 버릇이 생긴 것뿐이다. 그 장소를 치과 외래라고 생각해 본 것만으로도 한결 마음의 여유를 가질 수 있게 되고 이해할 수 있는 여유가 생기게 됐다.

심리치료에서 역할 치환극을 사용하는 경우가 있다. 부모자식 간, 부부 간, 친구 간 등등 의 역할을 바꾸어 연극을 하는 것이다. 그것을 통하여 상대방의 입장을 이해해 보자는 취지로 행한다. 필자는 한동안 심적으로 어렵고 힘들게 하는 까다롭고 신경질적인 환자를 접하고 나면 다음 환자를 진료하는 데도 영향을 미치는 경우가 있었다. 하지만 요즘은 조금 달라졌다.

물론 환자들이 달라진 것은 없다. 다만 내가 생각을 바꾸어 본 것이다. 내가 그 사람이 되어 보는 경우도 있지만, 그것보다는 치과가 아니고 다른 장소라고 생각을 바꾸어 본다. 내가 의사가 아니고 목사나 스님 같은 성직자라고 생각을 바꾸어 본다. 만약 신부님이었다면 이 상황에서 과연 무슨 말을 할까?

치과신문 제535호

범죄경력증명서

며칠 전이다. 보건소에서 병원에 근무하는 모든 의료인의 범죄경력증명서를 경찰서에서 발부받아 병원에 비치하라는 연락을 받았다. 결국 필자도 위임장에 사인을 하고 범죄경력증명서를 발부받았다. 정확히 성추행경력증명을 위해 행한 일이다. 법으로 정하니 시행하지만 참으로 어이없는 일이란 생각이 든다. 물론 그동안 몇몇 자질이 없는 의료인들의 행태가 실로 창피하였지만, 그렇다고 해서 모든 의료인에게 범죄경력증명서를 받는 것은 무리한 요구이다. 차라리 인터넷에서 검색하여 성범죄경력이 있는 사람들만 검색될 수 있게 한다면 모든 의료인이 필요 없는 일에 수고하는 것을 덜 수 있을 것이다.

생각해보면 10년 전과 비교하여 얼마나 많은 서류들이 증가하였는가? 지금은 너무도 많은 서류를 지녀야하기에 진료 외의 잡무가 많이 증가하였다. 고용계약서, 현상액 폐기물서류, 적출물서류, 방사선 촬영기록, 방사선 기계등록서 등등에 이젠 범죄경력증명서까지 필요하다. 한해가 지나면 지날수록 비치해야 할 서류는 점점 늘어만 간다. 조그만 의원 하나 하는데 이렇게 많은 서류가 있다는 사실에 놀랄 따름이다. 아마도 전시행정이 만들어낸 부산물일 것이다. 아니면 실무를 외면한 탁상행정일 수도 있다.

범죄경력증명서를 비치하는 행동의 귀찮음보다도 환자를 진료하며 인간의 생명을 다루는 의료인으로서 최소한의 양식이 있어야하거늘 그런 믿음이 부서진 것에 대한 안타까움이 앞선다. 차라리 성범죄경력이 있는 자에게서 영원히 의료인 자격을 박탈하는 것이 옳다고 생각한다. 그것이 환자를 위하는 길이며 길게는 의료인의 자질을 향상시키게 될 것이다. 그리하면 모든 의료인이 범죄경력증명서를 비치해야하는 처참함을 면할 수도 있다. 범죄경력증명서 발부 위임장에 사인을 하면서 참으로 참담한 느낌이 들었다.

더불어 사회 속에서 의료인의 현주소를 느낄 수 있었다. 차라리 의사협회, 치과의사협회, 한의사협회, 간호사협회가 같이 만나서 성범죄자의 영원한 퇴출을 위하여 면허취소를 건의했다면 이런 추한 모습은 보이지 않아도 될 수 있었을 것이다. 물론 요즘은 의료행위를 단순히 돈을 버는 수단으로만 생각하는 사람들도 많이 증가하였다. 하지만 의료행위는 인류가 존재하는 한, 존립해야 하는 필수불가결한 행동이다. 더불어 의료인이란 직업은 자긍심이 없다하더라도 생명에 대한 외경심과 진료에 대한 두려움과 최소한의 도덕성을 지녀야 한다. 그래서 의료행위를 빙자하여 파렴치한 성범죄를 행하는 자는 영원히 의료행위를 할 수 없도록 면허취소를 하는 것이 옳다.

프랑스에는 대학등록금이 없다. 교육비가 모두 무료이기 때문이다. 반면에 한번 지원한 전공에서 유급하면 영원히 두 번 다시 같은 과를 지원하지 못하도록 하였다. '아니면 말고' 라는 식이 아니라 결과에 대한 철저한 책임을 요구한다. 이와 같이 우리 의료인도 수준미달의 도덕성을 지닌 자는 영원히 추방하는 것이 옳다. 그것이 의료인들의 자긍심을 높이고 떨어진 권위를 높이는 것이고 선량한 의료인을 보호하는 길이다. 물론 이런 생각이 극단적이라고 생각될 수도 있으며 아전인수(我田引水)로 이 정도 일로 면허취소까지는 과잉처벌이라고 생각할 수도 있다.

지금은 금전적 이유를 목적으로 의료행위를 하는 자가 많이 증가되었지만, 아직도 대다수의 의료인이 근본적인 마음속에 의료인으로서의 생명에 대한 외경심을 지니고 있다. 그리고 그들은 진심으로 환자들이 낫기를 바라고 회복되는 환자에게 감사할 줄 안다. 비록 명의라 소문나지 않고 동네의원 선생님이라 불려도 그들이 진정한 의사이다. 그들이 있기에 아직도 의료인이 최소한의 존경을 받는다. 그들은 비록 범죄경력증명서 발부 위임장에 사인을 할지언정 양심에 위배되는 진료행위에 사인하지 않는다. 그들이 진정한 의사이다. 그들에게 진심으로 감사의 마음을 전한다.

치과신문 제539호

꽃과 자존심

환자 심리에 대한 강연이 끝나고 어느 젊고 상냥한 미모의 선생님으로부터 질문을 받았다. 그 선생님은 요즘 한 명의 환자로 인하여 여러 날을 신경쓰고 있다고 호소했다. '여러 날'이란 말에 잔뜩 긴장하고 집중하여 이야기를 듣기 시작했다. 그런데 일반 진료를 해본 치과의사들이라면 한 두 번 정도는 겪어봤음직한 흔한 내용이어서 일단 안심하였다.

내용인 즉 상악 7번의 치아우식이 좀 진행된 듯하여 인레이 후에도 증상이 있으면 신경치료 후에 크라운이 필요할 것이라는 설명을 하고 인레이를 하였다. 그러나 그 후에도 예민하게 반응을 하였고 결국 신경치료 후에 크라운을 해주자 인레이 비용 이상을 지불하지 못하겠다고 억지를 부려 며칠간 신경을 쓰고 있다는 내용이었다. 이에 필자는 "다행입니다. 대단한 일이 아니어서요"라고 답했다. 듣는 선생님은 "저는 무척 속상합니다. 그리고 뒤에서 저를 마구 험담하는 말도 들립니다"라고 말했다. 물론 속상한 일이다.

예견하고 미리 이야기마저 해주었건만 들은 척도 하지 않고 자신의 이야기만 하는 환자들을 만나면 당하는 치과의사들은 끝없이 억울하다. 하지만 환자의 생명과 관련이 없고 실명이라든지 피부 손상과 같은 비가역적인 신체 손상도 아니고 소송과 같은 법적 분쟁도 아니기 때문에 일단 다행이다. 다만 환자들이 손해를 보기 싫나는 이기심과 생떼가 포함된 행동을 하는 것으로서 필자는 이를 소박한 비열함이라고 정의한다. 스스로도 마음 깊은 곳에는 잘못이라고 생각하면서 자신의 행동을 합리화하려고 약간의 생떼를 쓰지만 큰 분쟁을 일으키는 과격한 행동은 하지 않는 정도이다. 사건의 규모나 내용을 보면 작은 일이지만 이런 일 일수록 치과의사의 자존심은 심하게 상처받는 경우가 많다. 미묘하게 화가 나고 자존심이 상한다. 그 여선생님 역시 자존심이 무척 상하여 속상한 것이었다.

그래서 필자가 전에 보았던 추적자라는 드라마 중에서 배우 박근형이 한 말이 기억이 나서 들려주었다. "자존심은 미친년이 머리에 꽂고 있는 꽃과 같은기라. 얼굴을 만지고 때려도 하하 웃던 애가 머리에 있는 꽃을 만지면 살쾡이로 변해서 덤빈다. 자기한테는 머리의 꽃이 제 몸보다 중요한기거든, 너에게는 그 꽃이 자존심이다"라는 대사이다.

심리학에서 자존감은 '자아존중감(self-esteem)'이라고도 하며 자신이 사랑받을 만한 가치가 있는 소중한 존재이고 어떤 성과를 이루어낼 만한 유능한 사람이라고 믿는 마음으로 행복을 느끼는데 있어 무척 중요한 요인 중 하나이다. 또 자존심과는 다르다. 자존심은 사전적으로 남에게 굽히지 아니하고 자신의 품위를 스스로 지키는 마음이지만 그 시작은 열등감에서 출발하기 때문이다. 그래서 자존심은 타인의 시선을 중요시 여긴다. 어떤 학자는 간단하게 자존심은 열등감, 자존감은 자신감이라고 표현하기도 한다. 조세핀 킴은 "자존심을 챙기다가 결국 자존감을 잃게 되는 불행한 일은 더 이상 없어야 한다"고 말하기도 하였다. 인간은 사람 없이 살 수 없는 사회적 동물이면서도 또한 경쟁하면서 살아야 하는 동물적 숙명이 있기 때문에 많은 시간을 들여 자존감을 키우기보다는 자존심으로 빠르게 자신을 보호하려 하였는지도 모른다. 그러면서 자존심과 자존감을 구분하기도 어려워졌을 것이다.

필자의 이야기는 자존심을 접으라는 말이 아니다. 자존심과 자존감을 구분하여 자존심에서 자존감으로 이행된 행동을 하라는 것이다. 자존심은 접으면 안된다. 접혀진 자존심은 마음 깊은 곳으로 침잠하여 아픈 상처로 남고 지속적으로 마음을 괴롭히게 된다. 그리고 어떤 형태로든지 변형되어 밖으로 표출되고야 만다. 따라서 자존심은 접지도, 버리지도 말고 다만 그것을 자존감으로 대치시켜야 하는 것이다. 한 배우가 이야기한 내 마음 속의 '꽃'을 스스로 뽑든지 아니면 단지 '꽃'일 뿐이라 인식하는 것이다.

갓 내린 커피 거품 한 모금을 머금고 창 너머 만개한 벚꽃을 보며 내 마음 속의 꽃은 무엇인지 생각해본다.

치과신문 제543호

거짓말을 만나면…

우리는 살면서 거짓과 진실을 구분해야 하는 경우를 많이 직면한다. 그럴 때마다 심리적인 고통을 받거나 정서적으로 힘든 시간을 겪는다. 가까이는 병원에서 같이 근무하는 직원들 간에 분쟁이 발생했을 경우에 서로 간의 이야기가 전혀 다른 경우를 종종 접한다. 그때마다 원장들은 판단의 어려움을 겪는다. 또 드문 일이지만 대변인 성추행사건처럼 기자회견을 하면서까지 자신의 진실을 주장하는 것이 속속 거짓으로 들어나는 것과 같은 사회적 문제에서도 진실과 거짓을 구분하여야 하는 경우가 있다. 필자가 국가적인 거짓말을 처음 눈으로 접한 것은 일본에 갔을 때이다. 일본 정부가 너무도 당당하게 독도가 자기 것이라고 말하는 것을 보면서 국가도 거짓말을 할 수 있다는 사실에 적지 않게 놀랐다. 그것이 심리학에서 말하는 권위를 이용한 거짓말이다.

이런 식의 크고 작은 거짓말들을 사회생활을 하면서 접한 필자는 나름대로 거짓말에 대하여 생각을 정리해 보았다. 첫째, 거짓말은 필요에 의해서 나오는 것이며 진실과는 거리가 멀다. 둘째,

거짓말을 하는 사람은 진실을 생각하지 않는다. 필자가 세운 이 가설을 사건들에 대입해보니 모든 것이 잘 해석되었다. 사실 가장 이해하기 어려운 부분이 금방 탄로날 일을 왜 거짓말을 하느냐는 것이다. 환자가 데스크에서 눈 한번 깜빡 안하고 말한 이야기가 불과 몇 분 사이 바로 원장 앞에서 바뀐다. 그런 일을 겪는 스탭들은 황당하고 분을 삼켜야 하지만 전혀 이해되지 않기 때문에 더욱 억울하다. 거짓말의 문제는 반대편에 진실이 있다는 것이다. 진실이 외면되면 억울함이 발생한다. 그리고 그것을 규명하는 것이 어렵다는 것이 가장 큰 문제이다. 병원에서 스탭간의 분쟁이 있었을 때, 서로가 강하게 상반된 주장을 하지만 진실을 규명하기 어려운 경우라면 과연 어떤 판단을 할 것인가. 이런 일은 종종 유사하게 생길 수 있다. 시어머니와 며느리 간, 혹은 아들과 딸 사이에도 발생한다. 과연 어떻게 진실을 파악할 수 있을까. 만에 하나 잘못 판단하여 진실이 왜곡되면 그 억울함과 상처는 어찌될 것인가. 참 난감한 일이다.

우리는 사회생활 속에서 늘 원하든 원하지 않든 이런 상황을 자주 접하게 되며 어쩔 수 없는 선택을 강요받게 된다. 이럴 때에 필자가 사용하는 방법은 도피이다. 즉, 진실을 규명하여 이긴 자와 진자 혹은 억울한 자를 만들지 않는 것이다. 거짓말과 진실을 규명하는 것은 심리적인 규명을 해야 하는 것으로 변수가 많고 원인론적 접근을 하여야 한다. 그런데 그것을 결과론적 입장에서 접근을 하거나 심리적인 문제를 완전히 제거할 수 있는 프로세스적 해결법을 쓰는 것이다. 예를 들면 분쟁이 발생되면 진실을 밝히지 말고 서로가 원하는 결과만을 먼저 묻는다. 그리고 그 원하는 바가 상반되면 분쟁의 책임을 진실과 거짓을 5대5로 잡는다. 그리고는 원인규명을 하지 않고 전혀 연관성이 없는 프레임으로 결정하게 한다. 그 프레임은 쉽게는 가위바위보가 될 수도 있고 다른 기준이 될 수도 있다. 예를 들어 연인끼리 싸움을 하여 옳고 그름을 따질 상황이면 짝수 날은 남자가, 홀수 날은 여자가 사과하기로 미리 정하는 것과 같은 방법이다.

우리 치과에서는 스탭 간에 분쟁이 발생하면 먼저 입사한 사람이 무조건 옳은 것으로 프레임을 정했다. 즉, 분쟁이 발생하면 옳고 그름을 묻지 않고 누가 먼저 입사했는가를 묻는다. 심리적인 것을 객관적인 프레임으로 바꾸는 것이다. 이런 객관적인 프레임이 생기면 거짓말할 일이 줄어든다. 이미 서로가 결과를 알고 있기 때문이다. 이런 결과론적인 프레임을 서로가 미리 인식한다면 분쟁과 거짓말을 점차 줄일 수 있다.

거짓말은 심리적 자기보호방어기전(Host depense mechanism)의 일환이다. 인간이 말을 하기 때문에 다른 동물보다 거짓말이란 보호기능을 한 가지 더 지닌 것이다. 나무꾼과 사슴이야기처럼 말이다. 우리가 때로는 나무꾼이기도하고 사슴이기도 하니, 거짓말에 조금 너그러워지기를 바라는 마음이다.

치과신문 제544호

감정적 분쟁을 만나면...

이미 사회 속에서도 많은 곳에서 자신들이 만들어 놓은 객관적인 프레임을 알게 모르게 사용하고 있다. 말은 객관적이라 할 수 있겠지만 사실은 집단 이기주의적 경향을 짙게 띠고 있다. 원인은 따지지 않고 결과만을 생각하여 필요에 따라서 생각과 행동을 지배하는 프레임을 만드는 것이다.

예를 들면 청소년 학교폭력이 증가하는 것을 모두가 인식하고 있는 사실인데도 불구하고 구체적인 데이터가 없는 것이다. 심지어 학교폭력이 있는 학교를 실태조사하면 학교폭력이 발생한다고 보고하는 학교가 거의 없다. 이것은 학교폭력을 직접 담당하는 일선 학교에서 폭력사실이 학교 밖으로 알려지는 것을 싫어하면서 나타나는 현상이다. 따라서 학교폭력이 발생하면 원인을 찾아서 밝히는 노력을 하는 것이 아니라 어떻게든지 별일이 없는 것으로 덮으려고 한다. 이것이 학교의 집단적인 이익을 위한 이기주의로 만들어진 묵시적인 프레임이다. 이런 것은 바람직하지 않은 객관적 프레임의 한 형태이며 사회 곳곳에서 볼 수 있다. 소위 말하여

'쉬쉬 한다' 라는 표현을 사용하는 곳에는 거의 같은 현상이 있다. 이것이 부정적인 객관적 프레임의 형태이다.

반면 긍정적인 형태를 생각해 볼 수 있다. 식당처럼 부부가 같이 일을 하는 직업이라고 가정해보자. 부부는 직장에서 생긴 문제를 집에서까지 대화한다. 이런 경우, 정신적으로 집과 직장이 분리되지 않아서 정신적인 스트레스를 집에서도 쉴 수 없는 문제점을 유발시킨다. 그런데 이들이 만약 집에서는 절대로 직장 일을 이야기하지 않기로 같이 약속을 한다면 집과 직장이 분리될 수 있다. 이 같은 형태의 생활 프레임들은 원인을 따지지 않고 얻을 수 있는 긍정적인 면이다.

우리 사회에서 원인을 따지면 따질수록 해결되지 않고 더욱 복잡해지는 몇 가지 사안들이 있다. 고부갈등, 부부갈등, 형제유산갈등, 직장동료간의 횡적 갈등과 같은 감정이 깊숙이 개입된 사건들이다. 감정적으로 근접한 사람들 간의 문제이므로 객관적인 설득이 어렵다. 부부갈등이 있을 경우에 몇 가지 프레임을 생각해보자. 무조건 집이면 아내가 옳고 집 밖이면 남편이 옳은 것으로 정할 수 있다. 혹은 무조건 가위바위보로 결정할 수 있다. 아이가 있다면 아이의 나이와 무관하게 아이를 포함하여 무조건 다수결의 원칙으로 정하는 방법도 있다. 이런 식의 프레임을 미리 정해놓는다면 원인을 따질수록 더욱 감정이 깊이 상하는 문제점을 막을 수 있다. 원인을 따져 진실을 찾는 노력이 과학적 사고인 객관주의이다. 하지만 사람의 감정은 과학적이지 않기 때문에 원인을 규명하는 것이 어렵다. 따라서 원인론보다는 결과론적인 접근이 더욱 현명할 때가 많다. 결과론에서는 인식하지 않은 것은 없는 것으로 본다. 집에 가는 길목에 놓여있는 눈에 띄지 않는 돌멩이 하나를 없는 것으로 보는 것이 결과론적 인식이며, 있다는 것이 과학인 원인론적 인식이다.

병원에서 발생하는 곤란한 일들 중에서 감정적인 문제가 개입되는 사건들도 있으며 거의 일정한 패턴이 있다. 스탭 간의 갈등, 의사 간의 갈등, 의사와 스탭 간의 갈등, 스탭과 원장 사모님 간의 갈등, 탈의실 도난, 수납금 분실 등의 사안들이다. 이런 문제는 개별적으로 보이지만 사실은 모든 병원에서 나타날 수 있는 일반화된 일들이다. 따라서 원장과 스탭들이 같이 생각해서 원인을 따지지 않을 수 있는 객관적인 프레임을 사안별로 만들어 놓는다면 분쟁을 최소화 할 수 있다.

예를 들어 필자 병원은 잘잘못을 따지기 어려운 상황은 무조건 먼저 입사한 사람이 옳은 것으로 정했다. 물론 나중에 입사한 사람이 억울한 일이 발생할 가능성도 있다. 하지만 그의 억울함은 잘잘못의 원인을 따지는 과정에서 진실이 외면된 결정에서 오는 분노와 억울함보다는 적다. 차라리 말도 되지 않는 듯한 룰의 프레임에 억울한 것이 조금은 덜 억울하다.

독자 분들 중에도 감정적으로 반복되는 어떤 상황을 겪으신다면 이런 객관적 프레임을 만들어 보면 어떨지 권해본다.

치과신문 제561호

신문지 회장과 분노조절

며칠 전 또 승무원 폭행 사건이 발생했다. 모 항공사의 국내선 창구에 비행기 출발 1분 전에 도착한 국내 아웃도어 회사의 회장은 탑승을 요구하고 거부당하자 담당 승무원을 손에 쥐고 있던 신문지로 때린 것이다.

이 사건이 인터넷상에서 기사화되자 누리꾼들은 그를 '신문지 회장'이라 이름 붙여주었다. 포스코의 왕상무 사건, 롯데호텔 벨보이 장지갑 폭행사건 등 우리 사회 甲의 위치에 있는 이들의 비정상적인 무법자적, 특권자적인 행동이 또 발생한 것이다.

우선 그 당시 신문지 회장의 머릿속으로 들어가 보자. 1분 전에 도착했으니 비행기를 못 탈 수 있다는 생각보다는 아마도 탈 수 있다는 생각이 더 지배적이었기 때문에 거부되었을 때 분노가 올라왔을 것이다. 만약 자신이 늦어서 못 탈 수도 있다는 생각이 지배적이었다면 분노로 표현되기보다는 실망이나 절망으로 나타났을 것이다. 그러나 그는 대단히 분노하였다. 그의 분노는 자신의 생각이 거부된 것과, 그 다음으로는 자신이 회장이고 비행기 출발 1분 전이면 비행기가 4분만 늦게 떠나면 된다는 생각이 있었을 것이다. 항상 제 시간에 출발하지 못하는 비행기인데 자신에게 4분도 배려해 주지 않는 것에 대한 불만이었을 것이다. 즉 특권자에 대한 배려가 없는 것을 무시당한다고 해석해 분노했을 것이다. 순간적으로 올라온 분노를 조절해야 하지만 회장의 신분이어서 평소에 분노를 조절할 이유가 많지 않다보니 분노를 조절하는 방법을 잘 모르고 또한 익숙하지도 않았을 것이다. 결국 그렇게 조절되지 않은 분노는 신문지를 상대방에게 던지는 사회적으로 미성숙한 행동으로 이어졌다. 그는 사회적으로는 성공하였고 나이로는 성인이지만, 분노를 조절할 수 있는 심리적 성숙도 면에서는 미성숙자였던 것이다.

화를 내거나 참지 못하는 이유는 분노 때문이다. 분노는 과거의 경험이나 해결되지 않고 마음속에 축적된(부당하거나 억울한) 것들이 어떤 원인으로 밖으로 표출되는 것이다. 따라서 사람마다 분노하는 패턴이 있다. 분노를 유발시키는 단어라든지 행동이라든지 상황 등이 있다. 그런 유사한 trigger point가 자극되면 바로 분노는 올라온다. 그리고 분노를 조절해본 경험에 따라서 분노를 유도하여 발산하거나 누르거나 할 수 있다.

분노조절장애는 이상심리학에서 충동조절장애의 간헐적 폭발성 장애에 해당한다. 충동조절장애에는 병적 도박증, 물건을 훔치는 도벽증, 불을 지르는 방화증, 간헐적 폭발성 장애 등이 있다. 물론 일반 사람에서 분노가 치밀어 화를 내는 것은 분노조절장애가 아니다. 장애란 병적인 상태를 말하기 때문이다. 스스로 해결하거나 개선되기 어려운 상태를 말한다.

신문지 회장 같은 경우는 분노조절장애라기보다는 분노를 조절할 이유가 별로 없다보니 익숙하지 않았다는 표현이 더 옳을 것같다.

필자도 때때로 분노가 올라오고는 한다. 생각하지 못한 일이 발생하거나 원하는 데로 되지 않거나 무시를 받거나 옳지 않다는 생각이 들면 그러하다. 그런 분노가 올라오면 분노조절을 위하여 나름대로 부단한 노력을 한다. 문밖으로 나가서 장소를 이동하여 환경을 바꿔주거나 상대방에게 대꾸해야 할 상황이면 잠시 쉬면서 생각을 정리하여 시간적인 환경을 바꿔준다. 심리학에서 분노가 올라올 때는 장소를 이동하여 시간과 공간적인 환경을 바꿔 주는 것이 분노조절에 도움이 된다고 한다.

오랜 시간 많은 노력을 하였지만 이따금 올라오는 분노를 바라보면 아직도 필자의 마음속에 사회생활에서 얻은 트라우마의 깊이가 어느 정도인지 가늠되지 않는다.

얼마나 많은 시간이 흘러야 분노반응이 없어질 수 있을까?

치과신문 제562호

치과의사가 본 서울대 담배녀 사건

요즘 서울대 담배녀 사건으로 떠들썩하다. 학생들 스스로 성폭력에 대한 가이드라인을 제시한 것이 대견스럽기까지 하다. 사건의 시작은 작년이었다. 지난해 3월, 서울대 사회과학대에 재학 중이던 한 여학생이 연인관계였던 같은 대학의 남학생으로부터 이별을 통보받는 과정에서 성폭력을 당했다고 학생회에 고발하였다. 고발 내용은 "대화할 때 줄담배를 피우며 남성성을 과시해 여성인 나를 심리적으로 위축시키고 발언권을 침해했다"는 것이었다. 그리고 이 고발을 받은 여자 학생회장은 내용을 검토하고 성폭력이 안 된다고 판단하고 사건을 반려하였는데 신고자는 다시 학생회장을 2차 가해자라고 주장하여 학생회장이 사퇴한 사건이다. 그리고 그 이 후, 지난달 서울대 사회과학대학 학생회가 성폭력에 대한 기준을 발표하였다. 발표된 내용은 과거의 규정인 '성적이거나 성차에 기반을 둔 행위'란 회칙을 '상대의 동의를 받지 않은 성적 언동을 함으로써 인간의 존엄을 해치는 행위', '일방적 신체 접촉, 성적으로 모욕적인 발언, 성적으로 불쾌한 분위기를 조성하는 것 등 유 · 무형의 다양한 행위' 등으로 바꿨다. 이는 성폭력에 해당되는 행위에 대한 기존의 애매모호한 기준을 명확히 규정한 것이다. 즉, 성폭력의 정의에 대한 해석에서 '피해자 감정'을 중시하던 것을 '맥락과 상황을 고려한 공동체의 객관적 기준'으로 바꿔 피해자 중심의 판단 방법을 객관화시키려는 노력을 하였다. 더불어 가해자라는 용어도 '가해피의자'라는 단어를 사용해 가해자로 지목된 사람이 억울하게 몰릴 경우에 대해 배려하였다. 이는 성폭행이 아닌 성폭력이란 단어의 모호함을 법원에서도, 경찰에서도, 정치권에서도 해결하지 못한 것을 학생회에서 해결한 대단한 용기이며 지성이기에 찬사를 보낸다. 이는 과거 군사정권에 대항하던 학생회의 모습에 비견할만한 일이다. 성폭력을 일방적인 피해자 감정중심 시야에서 탈피하여 피해자와 가해피의자의 사이에서 객관화하려는 모습이 기특하다. 기득권적인 요즘의 페미니즘을 자발적으로 떨쳐낸 지성이 대견하다.

얼마 전 코미디프로에서 한 여성 코미디언이 자신 앞에서 귤을 까먹은 남성을 성폭력으로 고소한다는 내용으로 이 사건을 패러디한 코너가 상당한 인기가 있었다. 이런 상황이라면 농담 같은 말이지만 치과에서 남자선생님들이 핸드피스를 잡고 있는 모습이 성폭력이라고 주장하는 황당한 일이 벌어질 수도 있다. 실제로 치과 진료실에서 환자와 근접 진료가 많은 관계로 원하지 않는 신체접촉이 발생할 가능성이 높다. 물론 매우 조심한다고 해도 치과의사는 이 사건과 유사한 상황에서 자유롭기는 쉽지 않기 때문에 필자는 이번 학생회의 결정은 많은 의미가 있다고 생각한다. 물론 치과 외래에서 원치 않는 필요이상의 신체접촉으로 불쾌한 환자들도 있을 수 있으나 반대로 이를 악용하려는 블랙컨슈머도 있을 수 있기 때문이다. 과거 성폭력의 정의가 피해자 중심이었기 때문에 치과의사 입장에서는 100% 잘못이었지만 지금 정의의 해석이라면 조금의 여유가 생긴 것이다. 의료인을 고용할 때 성범죄경력

확인서를 경찰서에서 발부받아서 병원에 반드시 비치해야하는 현실에서 서울대 사회과학대학 학생회의 판단은 잘못되어 가는 일방적인 생각과 매도를 차단해주었기에 고마운 것이다. 한두 명의 잘못을 전체로 확대 해석하는 것에 대한 경종이고 아전인수적인 악용에 대한 단죄이기에 의미가 있는 것이다. 진료의자에 앉으면 민망할 정도로 노출이 심한 요즘 여성들의 의상은 눈을 둘 곳이 없을 정도이며 더욱 조심스럽게 만든다. 그래서 필자는 에이프런을 하지않은 환자는 진료하지 않는 원칙을 세웠다. 또한 과도하게 짧은 치마는 에이프런을 2개 사용한다. 그리고 최대한 머리 뒤쪽에서 진료를 행하여 접촉을 최소한으로 줄인다.

하지만 서울대 담배녀와 같은 누군가가 핸드피스를 잡은 손을 보고 성적 수치심을 느꼈다고 성폭력이라고 주장한다면 과연 어떻게 자유로울 수 있을까.

치과신문 제566호

이해와 경험

3일 전부터 우측 턱관절이 아프다. 20년 동안 턱관절 환자를 보아왔지만 정작 필자가 아파보니 느낌이 다르다. 그동안 환자들의 통증 호소를 이해한다고 생각했으나 실제가 아닌 관념 속에서의 아픔에 대한 이해였다는 것을 깨달았다. 악관절의 해부학적인 지식을 꿰고 있다고 생각했건만 정작 아픈 부위를 정확하게 인지하는 것이 생각보다 쉽지 않았다. 일순간 그 동안 통증을 호소한 환자들의 밀이 주마등처럼 머릿속을 스쳐가며 이제야 이해되기 시작하였다. 요즘 유머 프로그램의 유행어처럼 "느낌 아니까!"였다. 그동안의 치료 행위가 마치 장님이 말로만 들어서 상상하던 풍경이 눈을 뜨고 실제 모습을 볼 때의 그런 느낌이었다. 스스로 통증이 생긴 원인을 생각해보지만 알 수 없었다. 그때 책을 찾아보니 첫 번째 원인이 스트레스란다. 두 번째가 새로이 생긴 일들이란 문구가 보인다. 문득 지난 몇 주간의 일들이 떠올랐다.

2주일 전이다. 허리 통증과 다리 저림으로 고생하시는 어머니의 통증이 더 심해지셨고 MRI 결과에서 수술이 필요하다고 결론이 나왔다. 결국 2주 후에 수술하기로 예약하고 왔지만 통증은 점점 심해져 어쩔 수 없이 오후 1시경 응급실로 모시고 갔다. 그리고 입원하기까지 24시간을 응급실에서 지냈다. 25년 전, 구강외과 수련의 시절에 당직의로 다니던 응급실을 환자 보호자의 입장에서 날을 샐 때의 입장은 사뭇 달랐다. 의사들이 와서 묻고 상태를 보고는 가건만 정작 그 의사가 응급의학과 의사인지 정형외과 의사인지도 구분되지 않는다. 이름표 앞에는 볼펜을 주르륵 달아서 소속과는 고사하고 이름도 정확히 보이지 않는다. 그냥 여긴 그런 곳이니 싫으면 객이 떠나란 뉘앙스이다. 어떤 의사는 와서 3차병원 응급실은 생명을 다루는 데라서 통증으로 죽지 않으니 입원해 줄 수 없다고 돌아가라고까지 말한다. 그런 그들의 모습을 보며 마음속에서 화와 분노가 올라왔지만 지난 세월 필자가 환자들을 보면서 행했던 말과 행동들이 떠올랐다.

그들의 모습이 과거에 필자의 모습과 별반 다르지 않았기 때문이다. 24시간의 응급실에서의 풍경은 쉰이 넘은 필자에게 많은 생각할 것을 주었다. 기다리다가 화가 나서 큰소리를 치는 보호자, 이리 뛰고 저리 뛰는 간호사들, 피곤에 쩌든 당직의사들, 그리고 매너리즘, 초조한 환자와 보호자들, 병원 현관에서의 노조파업, 파업 농성에 지쳐 구석에서 잠을 자는 사람들 어느 누구하나 편한 사람이 없어 보였다. 그리고 잘못된 의료보험제도, 잘못된 병원 시스템, 결국 이런 모든 것이 어느 누구하나만의 문제가 아니었다. 결국은 풀 수 없는 우리나라의 입시위주 교육제도와 같은 총체적인 문제를 지닌 의료의 제도적인 문제였다.

수많은 우여 곡절 끝에 수술을 받고 퇴원하시고 일반 정형외과로 어제 모시고 나니 턱관절이 아파온 것 같다. 오십견으로 어깨가 아픈 것은 이미 몇 해 전이니 그냥 훈장처럼 살아왔건만 악관

절이 아픈 것은 뜻밖이었다. 나이를 먹는다는 것을 47살에 노안이 오면서 알았고, 그 후에 오십견을 알았고, 한달 전에는 책을 보려고 돋보기안경을 맞추었다. 세월이 지나며 이제야 책 속에 적힌 뜻을 체험으로 문득 문득 이해하기 시작한다. 이제야 비로소 악관절 통증을 이해할 수 있게 되었다. 그동안 치료해 온 환자들에게 그들의 아픔을 관념적으로만 이해하고 치료를 행해 온 것에 대하여 미안한 마음이 든다.

세월이라는 시간의 흐름이 생각의 깊이를 숙성시킨다. '百術不如一誠(백술불여일성: 백 가지 기술이 한 가지 정성만 못하다)' 라고 수련을 마치는 날에 붓 글씨를 써주신 스승님의 가르침이 관념을 넘어 이제야 가슴에 다가온다. 더불어 세상의 모든 고통들이 도를 깨닫게 하기 위한 방편이라고 말씀하신 부처님의 말씀이 조금은 이해가 된다. 어둠이 짙어야 새벽이 밝은 이치를….

필연과 우연의 역할

아침에 출근해보니 관리실에서 올라오고 대기실에 사람들이 모여 있고 난리가 아니다. 우리 병원 대기실의 바로 밑층에 있는 3층 소아치과에 물이 새면서 관리실에서 조사를 나온 것이었다. 그런데 우리 층에서 물기를 발견하지 못하여 원인을 찾지 못하고 있는 중이었다.

필자가 3층으로 내려가 보니 천장에서 비가 오듯이 물이 내린다. 결국 우리 병원의 메인 밸브를 잠그고서야 물 새는 것이 멈추었다. 분명히 우리 병원의 어딘가가 샌 것이 분명하기 때문에 인테리어 사장님을 불러서 점검을 해보니 정수기가 원인이었다. 벽에 매설된 정수기의 물 빠지는 호스가 노화되고 삭아서 부서진 것이다.

일단 원인은 잡았지만 황당한 것은 갑자기 물벼락을 맞은 소아치과 원장님이다. 물이 떨어진 곳의 체어가 작동이 멈추고 벽지는 들뜨고, 결국 3일이 지나서 수리가 완료되었지만 들뜬 벽은 다시 도배가 필요한 상태이다. 보상 문제를 정수기 회사에 연락하니 친절하게 누수 보상팀에게 연결을 해주고 기다리면 보상팀에서 연락이 갈 것이라는 말을 듣고는 기다렸다.

그런데 2~3시간이 지나자 2년 전에 처음 정수기를 설치한 기사가 나타나서는 이런 문제가 발생하면 회사는 모든 책임을 설치기사에게 지운다고 한다. 정수기 한 개 설치해서 2만원을 받는데 치과용 의자가 망가졌다고 사색이 되어서 이야기한다. 생각해 보면 그의 잘못은 정수기를 설치하며 예전에 매설된 라인을 사용한 죄인 것뿐이다. 결국 필자가 유니트체어 회사에 알아보니 15만원 정도의 메인 기판을 갈면 해결될 것이란 말을 듣고, 병원 경비로 지불하기로 하고 사건을 일단락 지었다.

그리고 이 일을 생각해 보았다. 사건은 10년이 된 노화된 호스 하나가 당연히 터진 것인데, 아래층 소아치과 원장님이 가장 큰 피해자이고 그 다음은 필자이고 설치한 기사 또한 책임은 있으나 피해자의 한 사람이다. 더불어 누수 사실을 빨리 필자에게 보고하지 않아서 야단을 맞은 실장도 피해자이다. 살면서 이와 같이 가해자가 없이 피해자만 있는 경우가 가장 황당하다.

사실 정확히 이야기하면 원장인 필자의 주의부족이라고 생각해야 한다. 유니트체어에는 작은 고무호스가 많이 매설되어 있고, 우리 병원처럼 10년 이상 된 체어에서는 언제든지 노후로 인한 누수가 1년에 한번은 발생하므로 항상 진료실의 수도의 메인 밸브는 잠그고 퇴근하는 것이 원칙이기 때문이다. 그런데 인테리어가 10년이 넘으면 대기실의 수도도 메인 밸브를 잠가야 한다는 것을 생각하지 못한 필자의 잘못이다.

병원에서 발생할 수 있는 가능한 일은 거의 경험했다고 생각을 하였건만 아직도 전혀 생각지도 못한 일들이 발생한다. 그나마 밤사이에 발생하지 않고 출근해서 발생한 것이 다행한 일이다. 또 물먹은 체어를 지혜롭게 켜지 않아서 손상을 최소한으로 할 수 있어서 다행한 일이다. 더불어 물벼락을 맡은 원장님께서 이해해주시니 정말 감사할 따름이다. 다만 아쉬운 것은 실장이 연락을 빨리 주었다면 수도 메인 밸브를 빨리 잠글 수 있었을 것이라는 점이다. 항상 연락을 잘하던 이가 역시 일이 꼬이려니 판단 미스를 한 것이다.

이번 사건을 정리해보면 여기에는 모든 사건에서와 마찬가지로 필연적 상황과 우연적 상황이 있다. 누수의 발생은 이미 10년 전에 고무호수를 설치할 때 예견된 필연적 상황이다. 그리고 그것이 밤에 터지느냐 낮에 터지느냐는 우연적 상황이다. 다행히도 우연적 상황이 어려움을 적게 하였다.

세상에서 발생하는 모든 사건은 이와 같이 필연성과 우연성을 동시에 지니며, 각각의 비중의 정도에 따라서 사건의 경중과 수혜자와 피해자가 발생하기도하고 경우에 따라서는 바뀌기도 한다. 진시황이 사구에서 죽지 않고 함양에서 죽었다면 중국의 역사는 바뀌었고, 맥아더가 천왕을 전범처리 했다면 지금의 극우 일본은 없었을 것이다. 역사, 인생, 삶이란 것에 대하여 다시 한 번 돌아보며 생각해 본다. 더불어 한 번 더 아래층 소아치과 원장님께 미안한 마음과 감사의 마음을 전한다.

치과신문 제571호

존중할 수 있다면…
존중받을 수 있다면…

1년 전 쯤이다. 20대 여성 환자가 타당성이 없는 주장을 한 일이 있었다. 반복되는 질문과 답변을 하다가 문득 필자가 "객관적으로 말이 안 된다고 생각하지 않으세요?" 라고 질문을 하자, 그녀는 "내가 돈을 내고 진료를 받으면 이 정도의 부당함과 기분이 나쁜 것은 감수하셔도 되지 않나요? 그리고 내가 이 정도는 말할 수 있지 않나요?"라고 답변하였다. 필자의 일반적인 생각을 넘는 답변이었고 그 순간 한동안 모든 생각이 멈췄었다. 필자는 "아! 그렇군요"라고 답변하였다. 말한 환자도 본인이 좀 심했다고 느꼈는지 그냥 서로 차분하게 정리되고 마무리되었다. 하지만 그날의 충격은 아직도 필자의 머릿속에서 지워지지 않는다. 그날 필자는 사람들의 다양성을 알았고 생각의 시점에 따라 해석이 달라질 수 있음도 알았다. 그 환자의 말을 통하여 의사와 환자의 관계를 자판기와 같이 생각하는 이들도 있음을 알았다. 커피자판기에 동전을 넣고 커피를 받고는 커피자판기에 감사하다고 생각하는 이는 없으니 말이다. 그러면 그녀의 말이 옳을 수도 있다.

요즘은 모두가 의료를 상품 취급을 하니, 이 시점에서 의료라는 상품의 본질을 생각해 볼 필요가 있다. 시장에서 옷을 파는 장사꾼들과 우리 치과의사들과의 차이는 무엇일까를 생각해 본다. 일단 옷장사는 옷이라는 유형의 상품이 있다. 반면 의료에는 옷과 같은 유형의 상품이 있는 것이 아니라 무형의 행위가 있다. 이런 무형의 행위에는 안마사나 세신사도 있다. 그들과의 차이는 의료는 서비스를 받는 자의 생명과 연관성이 있다는 것이다. 따라서 일반적인 안마사와는 절대적으로 다르다. 신체의 접촉이 요구되는 경우에는 두 가지가 있다. 감정이 흐르는 경우와 감정이 흐르지 않는 경우이다. 예를 들어 사랑하는 연인 사이는 감정이 흐른 후에 신체가 접촉되는 경우이다. 반면 마사지를 받을 경우엔 감정이 차단된 상태에서 신체적인 접촉만이 존재한다.

하지만 의료는 환자의 생명이 관련되어있기 때문에 감정의 교차가 발생하는 것은 당연하다. 물론 위의 연인과는 다른 감정이다. 환자는 의사에게 믿고 의지하는 마음이 생길 것이고 의사는 환자를 치유시키겠다는 마음과 안쓰러운 마음이 있을 것이다. 이런 두 마음이 교감된 후에 진료가 행해지는 것이 가장 이상적인 진료행위가 될 것이다. 하지만 환자의 마음속에 이 의사 말고도 얼마든지 의사는 많이 있다는 생각과 한 푼이라도 돈을 덜 내야 한다는 생각이 치유에 대한 감정을 흐려지게 만든다. 그리고 의사 또한 항시 똑같은 일의 반복에 의한 매너리즘과 과거의 상처받은 경험에 의한 방어심리가 이런 마음을 흐리게 한다. 물론 여기에 경제적인 생각마저 복합되면 더욱 흐려지는 것은 당연하다. 결국 이런 환자와 의사가 만나게 되면 배가 산으로 가는 것은 당연지사다.

여기서 생각해봐야 하는 또 하나의 문제가 있다. 처음부터 그런 환자가 있었다기 보다는 환자도 이런저런 의사를 만나다보니 몇 번의 안 좋은 경험을 하게 되고 그런 과거의 경험이 그렇게 변하게 했을 가능성을 생각해 볼 수 있다. 이와 같이 의사도 처음엔 안 그랬으나 여러 환자를 경험하다보니 그렇게 바뀌었을 가능성이 높다. 이 두 가지 상황을 보면 결국 서로가 서로에게 상처를 주는 악순환 구조를 지닌 것이다. 우리의 삶 속에서 악순환 구조를 지닌 경우는 많이 있다. 악순환 구조의 성향은 시간이 흐를수록 점점 더 나빠지는 것으로 최종에는 최악의 종말이 있다는 것이다. 이런 악순환 구조로부터 벗어나는 것은 생각보다 매우 어렵다. 이미 어쩔 수 없는 상황이기 때문이다. 따라서 이것을 발견하는 순간에는 모든 희생을 감수하면서라도 빠져나오고 그리고 선순환 구조로 만드는 것이 중요하다. 이것이 악순환 구조에서 탈출하는 유일한 길이기 때문이다. 환자와 의사의 악순환 구조를 선순환 구조로 바꾸는 것은 존중이다. 의사가 환자를 존중하고 환자가 의사를 존중할 때 최선의 의료가 탄생할 것이다.

배려를 지나 힐링을 넘어 이젠 존중이 필요한 때이다.

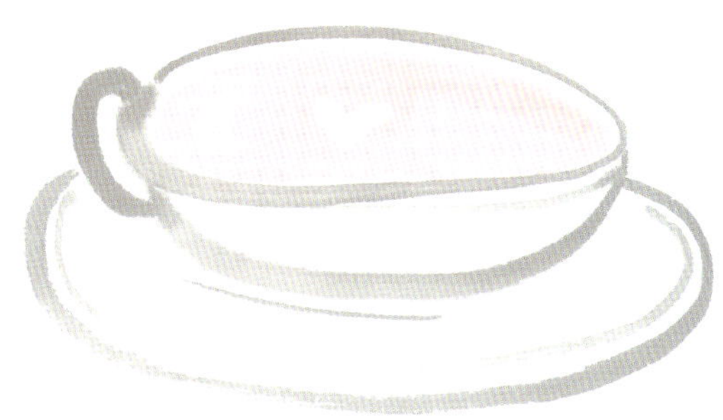

배려보다 아름다운 존중

인 쇄 2014년 2월 14일
발 행 2014년 2월 24일
지은이 최 용 현
발행인 안 영 택
편 집 황 진 선
발행처 M 명문출판사
등 록 제 6-0212호
서울시 동대문구 답십리로 63길 90번지
전 화 (02) 2248-7586, 2246-7804 팩 스 (02) 2248-0598
http://www.teethbook.co.kr

ISBN 978-89-6808-107-1

정가 : 19,800원